节令智道

佟辉◎著

中国社会出版社
国家一级出版社★全国百佳图书出版单位

图书在版编目(CIP)数据

节令智道/佟辉著. --北京：中国社会出版社，2012.4
(中国古代智道丛书/王熹主编)
ISBN 978-7-5087-3985-4

Ⅰ.①节… Ⅱ.①佟… Ⅲ.①节令—风俗习惯—研究—中国—古代
Ⅳ.①K892.18

中国版本图书馆 CIP 数据核字（2012）第 061202 号

节令智道

丛 书 名：中国古代智道丛书
主　　编：王　熹
著　　者：佟　辉
责任编辑：牟　洁
出版发行：中国社会出版社　　　　邮政编码：100032
通联方法：北京市西城区二龙路甲 33 号
编辑部：(010) 66063028
发行部：(010) 66085300　　(010) 66080300
(010) 66083600
邮购部：(010) 66061078
网　　址：www.shcbs.com.cn
经　　销：各地新华书店
印刷装订：中国电影出版社印刷厂
开　　本：170mm×235mm　1/16
印　　张：13.5
字　　数：190 千字
版　　次：2012 年 7 月第 1 版
印　　次：2012 年 7 月第 1 次印刷
定　　价：32.00 元

图一 夜观天象

图二一 君王祭天

图三　张衡测震

图四 重阳登高

图五　中秋赏月

图六 百官朝贺

总 序

中国有五千年的发展历史，是一个文献典籍资源极为丰富的国度，国人以此为荣耀和骄傲。我们的先人怀着对中国历史发展无比崇敬的热忱，特别注重对历史过程的探索，注重历史发展规律和经验教训的总结及借镜。他们以继承和发展、开拓与创新为重，以赴汤蹈火、前仆后继的大无畏民族精神，不顾身家安危，敢于向皇权和邪恶势力作斗争，直面千夫指，捍卫了历史的尊严与神圣，载述了历史发展的轨迹，极大地丰富了历史科学的内涵，进而使我们拥有了二十五史、地方志、实录、文集等林林总总、无与伦比的历史文化遗产，为我们继往开来、建设更加繁荣强盛的国家提供了科学依据。

历史是不能假设的，否则就是荒谬；现实是需要面对的，否则就是逃避，而沟通历史、现实与未来的桥梁，恰恰就是文化与智慧。历史为我们提供了动力的源泉，使我们懂得伟大源自平凡，崇高源自执着，魅力源自孤独，成功源自独创，生存源自选择。中华人民共和国成立后，毛泽东等老一代革命家将历史研究与认识国情、建设新中国紧密联系，赋予历史科学新的生命活力，使中国的史学研究和发展有过一段前所未有的辉煌时期，涌现出许许多多像范文澜、郭沫若、翦伯赞、白寿彝、蔡美彪等在海内外都享有盛名的历史学家，他们撰写的中国通史、断代史、专门史以及普及教育的历史著作，培养造就了一大批专业史学工作者和历史爱好者，使中国的传统史学研究有了传人和继承者，这是祖宗的恩赐，更是老一代革命家的冀盼和厚望。正是在先辈的感召和谆谆教诲下，20 世纪 90 年代的初期，一批专门从事中国历史研究颇有造诣的年轻史学工作者，因应广西教育出版社江淳女士、李人凡先生的要求，将各自在史学研究领域，钻研积累的个人心得认识贡献出来，由涓涓细流汇集为《中国古代智道丛书》系列出版，取得了较好的社会效果，赢得了读者的赞赏。这说明历史文化本身就是一种生产力，它是推动历史、现实，更是推动未来向前发展的动力。

回首往事，斗换星移，当年的年轻学者如今有的是教授、研究员、博士生导师，有的是科研部门的骨干力量；往昔出版社的独具慧眼，使我们能够捷足先登，得以充分展露自己的才华睿智，获得社会和世人的认同，的确幸莫大焉。而今中国社会出版社重新出版我们的研究成果，致力于服务大众和弘扬祖国的历史文化，他们确实具有远见卓识，令人为之振奋。这是我们著者的机缘，也是读者的幸运，更有可能“走出去”，让世界人民了解我们中国古代灿烂的文化和悠久的历史。《中国古代智道丛书》是从我泱泱中华文明之树上采撷的一批智慧之果，经由最耐得住寂寞的专家、学者的阐释、总结、提炼与升华，形成了一套关于天地、节令、宫省、君臣、治国、人际、军事、用人、饮食、服饰的中国古代智道丛书。它们自成一体，各有侧重；互相映衬、珠联璧合。这套源自中国古代人民智慧的丛书，是迄今仍具活力的灿烂奇葩。它香溢神州，芳播四海。它是古代炎黄子孙的伟大创造，更是世界文化宝库的璀璨明珠。它为全人类所仰慕，理应为全人类所利用。

有感于此，是为序。

王　熹

2012 年 5 月于澳门理工学院成人教育及特别计划中心

目　录

第一讲

天时物候与年令节道

中国古代的天时物候与岁时节令，源远流长，内涵宏富，其形式多种多样，与中华文明形成相始终，奠定了中国农业发展的坚实基础，因此受到历朝历代统治者的高度重视，不断赋予它新的内容和活力，使之传承相继，长盛不衰。追根溯源，中国的岁时节令活动，内涵底蕴深厚，具有浓郁的中国传统文化特色，是中国文化发展颇具生命力的重要源泉。从其发展轨迹与文化特质看，各代都有其显著的时代特征，自先秦至明清时代，随着时代的推移、文明的进步、生产的发展、科技的繁荣，虽然其发生了诸多内容和形式上的变化，但内涵却不断得以升华，最终成就了中国文化特有的非凡气度和博大精深。

中国古代各种特定的节令风俗，是在农业文明发展过程中，融会历代人文智慧和发明，日益完善和定型的，其肇始和发展始终离不开社会民众的发明创造和实践过程，它不仅与古代社会各阶层的日常与年节生活、各自不同的文化心态与价值取向有着密切的关系，而且对它们产生了重大而深刻的影响。这些影响作用，有的是直接的，有的是间接的；有的是表象的，有的是潜在的。而节令文化生活本身，作为人们社会生活中不可或缺的重要组成部分，也对国家政务活动产生了重要影响，所以古代统治者很会利用这样一种特有的形式和场合，以实现或贯穿其政治意图，通常的做法是颁布诏令以促农耕生产，目的是兴年节而冀治国安民；对广大民众而言，定期的节令活动，则提供了敦睦亲情、传习技艺、传播信息、交流感情、商贸往来、礼仪交际、人伦教化、祭祖祀神的最佳时机和理想场合，各种思想相互交流，得以在生产和生活领域进行实践，形成新的形态和观念。随着时光的流逝、岁月的交替，文化的积淀，呈现在人们面前的一幅幅色彩斑斓、气象万千的节令文化与年节智道活动的生动画面，这不仅是各族民众集体智慧的结晶，而且是其所独具的文化隐义的再现形态。

四时有节与物候天象

中华民族的发展史，就是各族人民共同创造、共同探索、共同实践、共同繁荣的历史过程，也是寻求掌握天地与人类、自然与社会、科学与文明规律的奋斗史。大量的历史文献和文物证实，我们的先人们，在治水、天文历算、岁时节令、大地测量、农业耕作、制陶冶金等方面的成就，都早于西方一千多年。有民俗研究者认为，中国传统的岁时节日体系所依据的时间系统主要是阴历，同时兼用阳历。这是一个兼顾日月、协调阴阳的时间框架。阴历依据月亮的弦、望、晦、朔确定月的周期，阳历依据从地表观测到的太阳的变化确定年的周期。在汉代完备起来的二十四节气就是一个科学的阳历年的周期。如春节、中秋节等与月的圆缺联系在一起，夏至（端阳节）、冬至等与太阳在回归线上的来往周期联系在一起。综合太阳和月亮与人和自然的关系来确定节日的时间，能够更好地体现人与天（自然）的关系。中国人对月亮和月光的细腻感受发展为很独到的文化创造，由此积累的文化对人类文明是一个巨大的贡献（高丙中著：《中国民俗概论》，北京大学出版社，2009 年 10 月）。

中国作为世界农业古国之一，在科技方面，其最突出的成就是掌握了丰富的农业技术，积累了相当的岁时节令经验，形成了系统的文字记述，以及各种形态的文化遗存等，这些成为了中国无与伦比的优势。其中，若以岁时节令而论，它不仅与古代社会重要的生产部门农业有着极为密切的关系，而且对社会生活施加了重大而深刻的影响。岁时节令源于古代天文学家、历法专家的独特时空观和制订的各种历书所列的丰富内容和长期实践过程中，因此，对古人在岁时节令方面所做的探索实践、认识过程和演变情况做系统的梳理，全面而客观地总结其规律，为人们勾勒出一个较为完整的轮廓，就显得非常的重要和迫切，这是揭示中国岁时节令文化发展历史的重要课题，具有划时代的现实意义。

1. 独特的时空观与古历法

中国古代独具东方特色和智慧之道的时空观，是通过历代所修订施用传承的各种历法书科学而系统地反映出来的。

历法，是人类对自身社会生产生活时间规律的一种系统而科学的编排：一种对天、人、时、空内在联系方面的探寻与掌握。各种历书和历法编制之后，是专供人们在较长时间内作计算之用的。由于人类生存、居住、繁衍在地球上面，而地球上一切生命的能量源泉，主要来自太阳，也就是说，它不过是太阳能的转换形式而已，因此，人类的各种生产、生活的运行和状况，也就必然接受太阳的支配和控制。在编订各种历书时，古人对天象最自然的认识，首先以昼夜交替的一日和寒暑变迁的一年来作为历的标准尺度，即以“日”作为短时间的单位，以“年”作为长时间的单位。但要精确知道一年之间的日数很困难，所以古人又根据太阴（即月亮）光面圆缺的变化周期作为“月”的单位。使用这样的方法，求一日、一月及一年间的相互关系，以适合人类社会实际生产、生活的需求，便成为所有历法在编制时必须遵循的原则了。因为历法规定了这种“年”、“月”、“日”的分配法则，所以分配方法的好坏、优劣，对于人类社会的生产、生活的质量和水平的提高，都有着极为重要和深层次的影响。然而需要引起注意的是，一年的“年”的长度，又非是一月的“月”的整倍数，不能够以 12 整除它，所以年、月、日的分配在实际操作中确实有一定的困难，因而由此也产生了各种不同的历法，并导致了历史上多次对历法修订改革与不断完善的过程。

迄今为止，人类所创造、使用的历法，有三种不同的类型：其一为“太阳历”，它是以太阳一年中运转、运动的测算为基础的；其二为“太阴历”，它是以月球（太阴）光面的圆缺晦明形象的变动为基础的；其三为“阴阳合历”，它是把太阴历、太阳历两者加以调和而形成的一种历法。如果将此三种类型历法进行比较便不难发现，阳历只注重太阳的运行（实际上是人类对地球运行所产生的视动而已），完全不问太阴（月亮）的运行；而阴历则仅仅注意太阴（月亮）的运行，而不问太阳的运行。尽管阴历不顾太阳的运行，却又不能不问不管一年中四季的差别；所以又有折中的历法，即阴阳合历。中国古代的历书即属于这种阴阳合历。具体详言之，所谓折中的办法，就是用设置“闰月”或采用其他计算法以调和四季的差异，使季候能近于天时的实际变化动态，便于农事的耕耘、播种和收获，把握农时，适时开展生产和生活。

中国古代历法，具有很高的科技成就。它不仅是古代时空观的科学反映与记录，而且还是中国古代独有的二十四个节气所赖以存在的科技依据和理论基础。同时，它又是中国古代节令文化与节令智道中"时"、"空"、"人"、"文"等文化要素的最真切的体现载体，是四者内在联系规律的生动反映和科学揭示。

早在中国新石器时期，不仅诞生了历法，还有了使用物候指时的记载。如在中国古代典籍《世本》中，即有"容成作历，大挠作甲子"的记载，这表明古人已非常注重观察各种天文、自然现象，并逐步掌握了天文、气象、自然之间的规律，以历法来决定一年的四季和节令，从而使得各种农事活动能够得以适时顺利地进行。《尚书·尧典》有"祺三百有六旬有六日，以闰月定四时成岁"的记载，说明当时确实能将一岁分为四季（即四时）；一年有三百六十六天；并有闰月的安置。由于人们已对一年四季、暑往寒来的转换规律有了深切的认识，所以能保障春耕、夏耘、秋收、冬藏等农事活动适时、有效运作而不耽误生产生活。

在确立"年"、"月"、"日"的具体方法上，中国古代的科学工作者表现出了独特的智慧，具有很强的科学应用性。我们从古代遗留下来的历法来看，古代的科学工作者有一套严格科学的确定准则，他们的方法是：以夜半（即子夜）为一天的开始；以朔旦（就是朔）为每月的开始；而以"冬至"为一年的开始。由此可以推知，古人制历的基本观念，则以恰好是夜半、朔旦、冬至的"甲子"那天作为推算历法的起始，这叫做"历元"；除了这个标准之外，还要求"日月合璧"、"五星联珠"，并将它定为"上元"。其中，所谓"日月合璧"本来是日月同升的意思。古人认为这种天象很不容易遇到，故视它为祥瑞之兆，后来将它推广，只要日月同在一宫（即黄道十二宫之一）或对照（日月在相对的位置），都可叫做"合璧"。直到清代，钦天监还以"合朔"为限，即遇历书每月的初一日时，仍称做"合璧"。至于"五星联珠"，它的确切本意，是指金星、木星、水星、火星、土星五个大行星同时并现于一方的意思，对此，古人也认为是难得遇见的天象，蕴含有吉祥的征兆。所以后世推广运用此种方法，并以五颗大行星各居一宫，彼此相连不断为"连珠"。但到清代的时候，钦天监却以五个大行星在经度上相距四十五度时，算作五星"连珠"之象。

为了制定历法，中国古代的天文学家要努力观测星象。他们白天用中国古代独有的天文仪器"圭表"观察太阳影子的长短，夜间则观测中星（系指过子午圈的星），以便推算冬至、朔旦能在同一天。他们还通过推算"日月合璧"发现了日食、月食的成因：即日、月在"朔"相交时，便要发生"日食"；而如果日、月在“望”相交时，便会出现“月食”现象。同时，古代的天文学家为了推算“五星联珠”的时刻，在观察五个大行星运行的情况时，发现了五星出现的周期规律，同时掌握了五个大行星的顺行、逆行等天文现象。

从先秦至明清，通观中国古代的历法制订、测算、变革过程，以及由此反映出来的时空观念和实践活动等，则具有如下一些特点：

其一，历元推算，务求精确。所谓历元推算，就是指制历专家所要求的年、月、日的实际运行周期。据朱文鑫《历法通志》、胡继勤《时间和历法》、刘金沂和赵澄秋《中国古代天文学史略》等著述的研究和介绍，在中国最早的六种古历黄帝历、颛顼历、夏历、殷历、周历、鲁历之中，其历元推算的根据，非常科学和实用。其中，有岁实、章、岁、月、蔀、纪等专用名词，如用数学公式，可示如下：

1 岁 $=365\frac{1}{4}$日 $=\frac{1461}{4}$日 $=365.25$ 日（岁实）

1 章 $=19$ 年 7 闰月 $=235$ 月 $=6939.75$ 日

1 岁 $=12\frac{7}{19}$月 $=\frac{235}{19}$月

1 月 $=29\frac{499}{940}$日 $=\frac{27759}{940}$日（朔策）

又，4 章 $=1$ 蔀 $=76$ 年 $=940$ 月 $=27759$ 日

20 蔀 $=1$ 纪 $=1520$ 年 $=555180$ 日

其中，所谓“岁实”，系指从头年“冬至”到第二年冬至的日数，它有零数；后来才知道经四年的冬至，日影才会接近原位，故以四除其总日数，得出一年的长度日数为 365.25 日。同时，又发现冬至十九次的日数与月朔二三五次的日数相等，于是将冬至和朔旦同在一天的周期叫做“一章”；又规定四章为“一蔀”，并以月数除这个日数，得出一个月的日长之数，称为“朔策”或“朔实”。此外，二十部被称为“一纪”，即到此日重复即是甲子、夜半、朔旦、冬至；将三纪作为“一元”，又称为“历元”，共 4560 年，若用干支纪年法，则那年的干支岁名重又会复原。由此可见其推算的精准程度非同一般，具有很强的科学性。

其二，历算进步，独创新法。通观中国古代历算的进步和革新，新历法的创制过程大致可以分为四个不同的发展阶段：第一阶段为“古历时期”，泛指汉武帝太初以前使用的古历，可惜这些古历没有传世，只能考文献的点滴记载略窥其概貌。第二阶段为“中历时期”，系指从汉代太初年间至清代初年使用的历法，

也是中国历法进行独立创作与实测造历的时期。第三阶段为“中历西法时期”，清代康熙二十三年（1684年）时，中国的历法家以西洋传教士汤若望（1629年来华传教）的“新法历书”为基础编成《历象考成》42卷，改用西洋的椭圆算法，颁定历法，在全国通用，但历的形式仍与旧历一样。第四阶段为“公历时期”，指辛亥革命以后，即自公元1912年起中国改用罗马格里哥里十三所定的历法，也就是现在国际上通用的“阳历”。

应当指出的是，在中国历法的第二、第三发展阶段，历法在使用中又先后经历过五次较大的改革过程：第一次在汉代，汉武帝时，因古历与天象不合，诏命议订汉历。因初制历法，不便施行，又增聘邓平、落下闳进行专门研究。邓平创制八十一分法，这是历法史上的第一次大改革，其所制定的历法为“太初历”。第二次，是东晋咸康年间（335年—342年），虞喜认为“天高穷于无穷。地深测于不测。天确乎在上，有常安之形；地魄焉在下，有居静之体”。主张天高无穷，日月星辰按各自的规律运行。他在历法的改革中，发现并计算出冬至太阳位置每50年向西移动一度（现代测定为71年零8个月），即为“岁差”。到北齐祖冲之撰修成“大明历”时，首先将岁差计算在内，提高了历法的精密度。第三次历法改革在唐代，唐以前的历法都用“平朔”（也称恒朔。它是根据月相变化周期的长度即朔望月＝29.53059天，尽量将新月“朔”出现的当天作为初一，然后配置大月30日、小月29日），而没有考虑到日月的运行差距，只知道月份有一大一小。因此，这样定出的历法存在偏差，真正的新月“朔”有时可能会出现在前一月的最后一日“晦日”、廿九日或卅日，有时会出现在初二。这种情况下，日食会出现在晦日或者初二。到唐武德二年（619年）时，傅仁均造“戊寅元历”，并采用“定朔”（指日月相合时的真实数值，各月是不等的）。第四次历法改革，是元代郭守敬创制的“授时历”，于公元1281年颁行施用。第五次历法改革是清代的“时宪历”，用西洋法数，结合旧历体例而成。此外，一些王朝也曾采用过西洋历法，如唐有“九执历”，元有“万年历”等，但都使用了很短时间，就废而不行了。

其三，不断创新，实测造历。中国古代历法的变革与创新已如前述。其中，元代郭守敬创造的“授时历”，即根据晷影，注重实测；又采用“平、立、定三差法”来推算太阳盈缩及太阴（月亮）的迟疾。授时历的数据全以实测为根据，所以较前代更加精密和科学。它以365.2425日为一年，只比地球绕日一周的实际周期差26秒，更与现在国际通用的公历（格里历）一年的周期是相同的，而又比西洋早300年，其贡献非同一般。

中国古代为了提高历法的精密度，增强其实用性，有70余位天文学家通过实测创立新的历法，共造历102种，其中有的未能刊用。经过实践检验，刊用且行用年数较长的历法有：

汉代的“太初历”与“三统历”。从汉朝初期开始，中国历法出现了大的转折，全国统一历法，历法也成为了一门较为独立的科学技术。汉武帝责成邓平、唐都、落下闳等人编写了《太初历》，行用188年。之后刘歆作《三统历》，其重要特点是年岁合一，一年的整数天数是365天，不再是之前所沿用历法的366天。以“加差法”替代“减差法”用以调整时差，年岁周期起始相当固定，用数学计算就能确定闰月，用不着“考定星历，建立五行”，至此，阴阳五行基本上退出了历法。之后中国历朝颁布的历法，其计算方法，与太初历大同小异。

晋代的“景初历”，杨伟编，景初元年丁巳成历，行用180年（265年—444年）。

前宋的“元嘉历”，何承天编，元嘉二十年癸未成历，行用65年（445年—509年）；“大明历”，祖冲之编，大明七年癸卯成历，行用80年（510年—589年）。

隋代的“开皇历”，张宾编，开皇四年甲辰成历，行用18年（590年—607年）；“大业历”，张胄玄编，大业四年戊辰成历，行用11年（608年—618年）。

唐代的“戊寅历”，傅仁均、崔善为编，武德二年己卯成历，行用47年（619年—665年）；“麟德历”，李淳风编，麟德二年乙丑成历，行用63年（666年—728年）；“大衍历”，一行编，开元十六年戊辰成历，行用29年（729年—757年）；“至德历”，韩颖编，至德二年丁酉成历，行用5年（758年—762年）；“五纪历”，郭献之编，宝应元年壬寅成历，行用21年（763年—783年）；“正元历”，徐承嗣编，贞元元年甲子成历，行用23年（784年—806年）；“观象历”，徐昂编，元和三年戊子成历，行用15年（807年—821年）；“宣明历”，徐昂编，长庆二年壬寅成历，行用71年（822年—892年）。

后梁的“崇元历”，边冈编，景福二年癸丑成历，行用63年（893年—938年）。

后晋的“调元历”，马重绩编，天福元年成历，沿用5年（939年—943年）；“崇元历”，边冈编，行用12年（944年—955年）。

后周的“钦天历”，王朴编，显德三年丙辰成历，行用8年（956年—963年）。

宋代的“应天历”，王处讷编，建隆三年壬戌成历，行用19年（964年—982年）；“干元历”，吴昭素编，太平兴国六年辛巳成历，行用18年（983年—1000

年）；“仪天历”，史序编，咸平四年辛丑成历，行用23年（1001年—1023年）；“崇天历”，宋行古编，天圣二年甲子成历，行用41年（1024年—1064年）；“明天历”，周琮编，治平元年甲辰成历，行用3年（1065年—1067年）；“崇天历”，又行用7年（1068年—1074年）；“奉元历”，卫朴编，熙宁七年甲寅成历，行用18年（1075年—1093年）；“观天历”，皇居卿编，元祐七年壬申成历，行用9年（1094年—1102年）；“占天历”，姚舜辅编，崇宁二年癸未成历，行用3年（1103年—1105年）；“纪元历”，姚舜辅编，崇宁五年丙戌成历，行用62年（1106年—1167年）；“干道历”，刘孝荣编，干道三年丁亥成历，行用9年（1168年—1176年）；“淳熙历”，刘孝荣编，淳熙三年丙申成历，行用14年（1177年—1190年）；“会元历”，刘孝荣编，绍熙二年辛亥成历，行用17年（1191年—1207年）；“开禧历”，鲍瀚之编，开禧三年丁卯成历，行用43年（1208年—1250年）；“淳祐历”，李德卿编，淳祐十年庚戌成历，行用2年（1251年—1252年）；“会天历”，谭玉编，宝祐元年癸丑成历，行用18年（1253年—1270年）；“成天历”，陈鼎编，咸淳七年辛未成历，行用6年（1271年—1276年）；“本天历”，邓光荐编，景炎二年丁丑成历，行用4年（1277年—1280年）。

元代的“授时历”，郭守敬编，至元十八年辛巳成历，行用87年（1281年—1367年）。

明代的“大统历”，元统编，洪武十七年甲子成历，行用276年（1368年—1643年）。

清代的“时宪历”，汤若望编，顺治二年乙酉成历，行用98年（1644年—1741年）；“癸卯历”，戴进贤编，乾隆七年壬戌成历，行用170年（1742年—1911年）；“天历”，太平天国洪秀全编，咸丰元年辛亥成历，行用14年（1851年—1864年）。

其四，民族历法，各具特色。中国自古以来，是一个多民族的国家。在古代历法方面，除汉族以外的其他兄弟民族也有很多的创造和发明。其中，较为重要的有藏历、傣历、回历、彝族历、高昌历等，历法上各有丰富内涵和民族文化特色。

藏历。西藏地区具有独特的高原气候，其物候与中原也有所不同，再加上西藏在历史上长期与世隔绝，藏族人便以自己的文化去制作历法。相传创始于唐代文成公主入藏之时，而确切纪年则从1027年起算。藏历由藏族文化固有的物候历、由印度引进的时轮历以及由汉人引进的时宪历等三大要素组成。其纪年基本和农历的干支纪年法相一致，只是用阴阳五行代替天干，甲为阳木，乙为阴木，丙为阳火，丁为阴火，戊为阳土，己为阴土，庚为阳金，辛为阴金，壬为阳水，癸为阴水。用十二生肖代替地支。也是60年一轮回，不过不叫甲子而称为绕迴，第一绕迴从公元1027年开始，当时农历正是丁卯年，藏历为阴火兔年。藏历纪月和农历略有区别，不是以朔日为初一，而是以月圆的望日固定为十五，所以有时和农历相差一两天。藏历置闰基本和农历一样，但闰月可能放置不同，所以在闰年有时和农历相差达一个月左右。如2009年藏历新年（洛萨，Losar）是公历2月25号，与农历春节相隔1个月。星期：在上古时代，古人就以日、月与金、木、水、火、土五大行星为七曜，亦作七耀。东晋范宁《穀梁传序》中就有七曜为之“盈宿”的记载。敦煌发现的藏文卷中，七曜的名称是藏族至今通用的藏文名称，依次是：日曜、月曜、火曜、水曜、木曜、金曜、土曜。藏历也是阴阳合历，有大、小月和闰月，岁首放在正月。

傣历。是傣族的历法。又称为小历或祖腊历，傣语称作“祖腊萨哈”或“萨哈拉乍”，是一种阴阳历。傣历开始于638年，该年为“祖腊历零年”，而639年则称为“祖腊历元年”，以此类推。傣历一年的时间为地球绕太阳一周的时间，平年是354天，闰年是384天或385天，闰年较平年多一个闰月，19年7闰，闰月固定在9月，所以闰年又称为“双九月”。月的计算则以月的圆缺为定，单月30天，双月29天，平年有12个月，闰年有13个月。四五年间有一年闰年的八月会是30天。傣历比农历大约早三个月，农历一月的时候，已经是傣历的四月。傣历也用干支纪年，60年一个循环。“傣历”一年只分三季，即冷季（旱季）、热季、雨季。冷季从正月望日至五月的望日（相当于汉历十月半到次年二月半），热季从五月望到九月望（汉历二月半到六月半），雨季从九月望到次年一月望。它的新年不是正月初一，而是约在清明谷雨之间的泼水节。傣历的新年为泼水节，定在每年谷雨期间，即太阳进入金牛座的时期，与月相无关，所以每年泼水节在傣历六月六日和七月六日之间移动。

回历。它由穆罕默德创立于公元622年，元代忽必烈曾颁行过“回回历”。在年法上，回历有两种年法，一是太阴年法，它以朔望月为主，一年中十二月，单月为大尽三十天，双月为小尽二十九天；二是太阳年法，以太阳过黄道十二宫为主，也分十二月。其中，太阴年由于只有三百五十四天，月份与季节有差。故一月份有时是夏天，有时则是冬天。

彝族历。相传彝族曾使用过一种每年十个月，每月三十六天的历法。它以十二种动物的属相来记日，每月三周，一年三十周，共三百六十天，接着过年。

高昌历。行用于公元六世纪初至七世纪中，是新疆地区高昌的历法。它纪年用干支，也有十二年一个周期单用地支的记法，朔日仍用平均运动步算，大小月无规律，朔望设置与中原历法也有差异和区别。

其五，置节设闰，历法独创。中国古代沿用的历法，除设置有闰月外，还缘于生产活动的需要，每年还有二十四个节气的设置，这是中国古代历法创造者科学探索的杰作，也是中国历法的一个独创。

其六，天干地支，配合纪时。所谓天干，即甲乙丙丁戊己庚辛壬癸；地支系指子丑寅卯辰巳午未申酉戌亥，用十天干和十二地支互相配合，称为六十甲子或花甲，用它来纪年纪月纪日纪时，早在殷代甲骨文中已开始应用。这也是中国古代历法的独创之一。

透过以上介绍和论述，不难看出中国古代的时空观、历法创造和实际运用，确有其自身的诸多特点：一是时空人文，皆个性独具。如阴阳五行（如日月合璧、五星联珠等）、甲子干支的采用都孕育着中国人特有的智慧和文明特征。二是注重历法，以应岁时。通过制订、颁施历法，从而使得时空观更为科学化、人文化、通俗化，更具有应用性和实用性。三是节闰相置，以适农事。四是天人相通，和谐相处。这些丰富的内容和历法方面的特征，在不同时期的历法中都有具体翔实的记载。古代国之大事，在祀与戎，而祀戎事大，需观天合历，否则不吉。所以其终极目标在于使之能顺天、应时，为人们的生产和生活服务。

2. 岁时节气与物候观

一年之中“四时有节”的节气，是古代中国人在长期的社会生产、生活实践过程中，对岁时气象、物候的科学认识和总结，也是古代历法重要创造之一。具体而言，节气即是将一年内太阳在黄道上的位置变化，以及所引起的地面气候的演化顺序，分作二十四段；每段约隔半月时间，然后分别列在十二个月里面。其中，在每月月首的叫做“节气”，而在月中的叫做“中气”。此处所谓的“气”确指气象、气候之意。古代天文学家，在华中和华北地区经过长期观察每一个阶段内所特有的气象、物候现象之后，才最终确定出一年之中各阶段的节气名称和规律的。

中国是农业大国，农业发展有悠久的历史，为了适时安排农业生产，中国人从很早开始就重视天象的观测和节气的划定工作。现在保存在河南省登封县告成镇的“周公测景（景通古影字）台”，始建于唐代开元十一年（公元723年），是中国现存最早的天文台之一，也是世界上著名的天文科学建筑物。它表明很早以前中国人就能应用土圭来测量太阳对晷针所投影子的长短（如夏至时太阳最北而近天顶，故日影最短；冬至时太阳南移，距离地平最低，其日影也最长），来正确划分春分、秋分、夏至、冬至。《尚书·尧典》中有仲春、仲夏、仲秋、仲冬的记载，表明早在西周时期，就形成并具备了二分二至的明确观念。而到春秋战国时期，不仅在公元前475年至公元前221年时，二十四节气已见于文献记载，如《逸周书·时训解》中就有具体的节气名称，只是某些节气的次序与后来稍有不同；而且还有关于七十二候的物候记述。可见，此时对二十四个节气的测定，以及各种物候征象、表现的科学认识达到了相当高的水平，相应的知识储备和科学探索，更为以后古代节候学的进一步完善和发展打下了坚实的基础。

关于“二十四节气”名称的由来与演化过程，在古文献中有相当多的记载，若择要予以综合系统的客观描述，则主要呈现出如下代表性的认识特征：

①《尚书·尧典》中有“日中”（相当于“春分”）、“日永”（相当于“夏至”）、“宵中”（相当于“秋分”）、“日短”（相当于“冬至”）的记载。

②《左传》有“启（春）”（相当于“立春”）、“分（春）”（相当于“春分”）、“启（夏）”（相当于“立夏”）、“至（夏）”（相当于“夏至”）、“分（秋）”（相当于“秋分”）、“闭（冬）”（相当于“立冬”）、“（日南）至”（相当于“冬至”）的记载。

③《夏小正》有“启蛰”（相当于“惊蛰”）、“时有养日”（相当于“夏至”）、“时有养夜”（相当于“冬至”）的记载。

④《管子·轻重己》有“春始”（相当于“立春”）、“春（日）至”（相当于“春分”）、“夏始”（相当于“立夏”）、“夏（日）至”（相当于“夏至”）、“秋始”（相当于“立秋”）、“秋（日）至”（相当于“秋分”）、“冬始”（相当于“立冬”）、“冬（日）至”（相当于“冬至”）的记载。

⑤《吕氏春秋·十二纪》有“立春”（相当于“立春”）、“始雨水”（相当于“雨水”）、“雷乃发声、始电、蛰虫咸动、开户始出”（相当于“惊蛰”）、“日夜分”（相当于“春分”）、“萌者尽达（尽萌）”（相当于“清明”）、“时雨将降”（相当于“谷雨”）、“立夏”（相当于“立夏”）、“命农勉作（忙种）”（相当于“芒种”）、“日长至”（相当于“夏至”）、“小暑至”（相当于“小暑”）、“土润溽暑”（相当于“大暑”）、“立秋”（相当于“立秋”）、“凉风至”（相当于“处暑”）、“白露降”（相当于“白露”）、“日夜分”（相当于“秋分”）、“寒气总至”

（相当于“寒露”）、“霜始降”（相当于“霜降”）、“立冬”（相当于“立冬”）、“水始冰、地始冻”（相当于“小雪”）、“日短至”（相当于“冬至”）、“冰益壮、地始坼”（相当于“小寒”）、“冰方盛，水泽腹”（相当于“大寒”）的记载。

⑥《淮南子·天文训》有“立春”、“雨水”、“惊蛰”、“春分”、“清明”、“谷雨”、“立夏”、“小满”、“芒种”、“夏至”、“小暑”、“大暑”、“立秋”、“处暑”、“白露”、“秋分”、“寒露”、“霜降”、“立冬”、“小雪”、“大雪”、“冬至”、“小寒”、“大寒”等二十四个节气的齐全记载。

对一年二十四个节气的确定和划分，在中国古代是将二十四个节气又分为十二个节气、十二个中气，然后再顺次地将它们分配在阴历的十二个月里面。其中，十二节气是：立春、惊蛰、清明、立夏、芒种、小暑、立秋、白露、寒露、立冬、大雪、小寒。十二个中气是：雨水、春分、谷雨、小满、夏至、大暑、处暑、秋分、霜降、小雪、冬至、大寒。如果再就节气的推算和确定方法而言，就有两种方法：其一是等分法，即古历中的“恒气”法。这种恒气也称作“平气”。具体而论，其方法是将一年平均分为二十四个等分；用数学公式便是：365·2422/24＝15·2184日，其结果是每两个节气的间隔，平均为十五日。其二是推算法，又称“定气”法，它源于隋代历法家刘焯的发明创造。刘焯在观察天象中发现，由于太阳在黄道上每天移行的快慢不均匀，如冬至前后移动快些，两气相隔只十四天多；而夏至前后移行就慢些；两气相隔要十六日之多。这样，恒气的均分法就不尽合理，于是创造用定气来规定节气的具体交节日期，相隔日数虽参差多寡不齐，它却能表示出太阳移动的真实、确切的位置，从而使春分、秋分一定能在昼夜平分的那一天。可惜刘焯的历法和“定气”法未能引起足够重视并加以推行。到了唐代，僧一行在制历时就使用“恒气”原理来注历，并用“定气”来推算日月交食。但直至清代历法改革时，才完全采用科学的定气方法。

每年循环往复的节气，不仅能表明一年之中太阳在天空中的不同位置，而且还比较确切地揭示了四季寒暑变迁与易替的规律及特点。我们从地球上看去，太阳每年总是由西向东循着黄道前进和运行，它每移行黄经十五度就是一气，每年太阳总共移行三百六十度，所以一年分为二十四个节气。从冬至开始，每隔三十度遇到一个中气；而从小寒起，却是每隔三十度遇到一个节气，这种天文现象就合称为二十四节气。如果就四季之中，每个节气与太阳的关系、黄经度数以及所遇之宫而论，其关系及过程可作如下记述：

春季：“立春”，黄经三百一十五度，正月节气。“雨水”，黄经三百三十度，入双鱼宫（古称娵訾亥宫），正月中气。“惊蛰”，黄经三百四十五度，二月节气。“春分”，黄经零度，入白羊宫（古称降娄戌宫），二月中气。“清明”，黄经十五度，三月节气。“谷雨”，黄经三十度，入金牛宫（古称大梁酉宫），三月中气。

夏季：“立夏”黄经四十五度，四月节气。“小满”，黄经六十度，入双子宫（古称实沈申宫），四月中气。“芒种”，黄经七十五度，五月节气。“夏至”，黄经九十度，入巨蟹宫（古称鹑首未宫），五月中气。“小暑”，黄经一百零五度，六月节气。“大暑”，黄经一百二十度，入狮子宫（古称鹑火午宫），六月中气。秋季：“立秋”，黄经一百三十五度，七月节气。“处暑”，黄经一百五十度，入室女宫（古称鹑尾巳宫），七月中气。“白露”，黄经一百六十五度，八月节气。“秋分”，黄经一百八十度，入天秤宫（寿星辰宫），八月中气。“寒露”，黄经一百九十五度，九月节气。“霜降”，黄经二百一十度，入天蝎宫（古称大火卯宫），九月中气。

冬季：“立冬”，黄经二百二十五度，十月节气。“小雪”，黄经二百四十度，入人马宫（古称析木寅宫），十月中气。“大雪”，黄经二百五十五度，冬月节气。“冬至”，黄经二百七十度，入摩羯宫（古称星纪丑宫），冬月中气。“小寒”，黄经二百八十度，腊月节气。“大寒”，黄经三百度，入宝瓶宫（古称玄枵子宫），腊月中气。

以上二十四个节气，对于中国古代社会生产的主要部门农业来说，确实有生产“指时针”的重要价值和作用。古代民间流传的农谚：“清明下种，谷雨下秧”就比较形象生动地表明了彼此之间的依存关系。基于这种认识，宋代著名的天文学家和历法家沈括力主使用二十四个节气来定历。公元1108年，沈括在《梦溪笔谈・补笔谈卷二・象数》中提出：“今为术，莫若用十二气为一年，更不用十二月，直以立春之日为孟春之一日，惊蛰为仲春之一日，大尽三十日，岁岁齐尽，永无闰余，十二月常一大一小相间，纵有两小相并，一岁不过一次，如此则四时之常正，岁政不相凌夺，日月五星亦自从之，不须改旧法。唯月之盈亏，事虽有系之者，如海胎育之类，不预岁时寒暑之节，寓之历间可也。”这就是说，不如将一年分为十二气，以立春作春季的开始，立夏作夏季的开始，其余类推，不管月亮的朔望，这样就再没有闰月了。可惜的是，沈括的这个科学主张遭人反对，最终未被采纳和应用。

对以二十四节气为标志而界定的一年四季以及二十四个节气本身的含义，中国不同时代的历法家都有具体的解释和论述。如对四季的意义，刘熙的解释是：

春：蠢也，动而生也。

夏：假也，宽假万物，使生长也。

秋：编写缯也，缯迫品物，使时成也。

冬：终也，物终藏也。

又，陈希龄在《恪遵宪度抄本·节气解》的记载中，对二十四节气的名称及含义，作了以下的释义：

立春：立者见也，九十日之气，往者过而来者续，故谓之立。立夏、立秋、立冬皆同。阳气动物，于时为春。

春，蠢也，物蠢生乃动运也。

雨水：天一生水，人物之生，皆始于水。春属木，木生于水，立春后继以雨水。

惊蛰：气积而奋，震而上达，万物出乎震，震为雷，故曰惊蛰。

春分：分者半也，九十日之半，谓之分，秋分同。

清明：按《国语》四时有八风，历独指清明风为三月节。此风属巽故也。万物齐乎巽，巽日洁齐，清明取明洁之义。俗为民间扫墓的节日。

谷雨：《孝经纬》云：斗指辰为谷雨，言雨生百谷也。（北斗在北极周围，一昼夜一回转，恰如时针指示时间。故每日所增指的方向，平均变更一度。因此，古人将十二月分配十二辰，即据各月北斗星所指方向而定，以冬至为“子”开始。）

立夏：夏，假也。宽假万物，使生长也。

小满：四月干卦，谓之满者，言阳气已满，小者将满犹未至极也。又麦粒将已充足，亦为小满也。

芒种：芒音亡，种上声。谓种之有芒者麦也。

夏至：阳极之至，阴气始生。日北至，日长之至，日影短至，故曰夏至。至者极也。

小暑：温热之气而为暑，小者，未至于极也。

大暑：大者，乃炎热之极也。

立秋：秋，就也，万物就成也。

处暑：处，止也，谓暑气将于此时止也。

白露：水土湿气凝而为露。秋属金，金色白，白者露之色，而气始寒也。

秋分：分者半也，九十日之半，谓之分。

寒露：寒者露之气，先白而后寒，固有渐也。

霜降：气肃而霜降，阴始凝也。

立冬：冬，终也，物终藏也。

小雪：雨为寒气所薄，故凝雨为雪，小者意为未盛之辞。

大雪：雨为寒气所薄，凝雨为雪，大者为已盛之辞，由小至大，亦有渐也。

冬至：阴极之至，阳气始生，日南至，日短之至。日影长至，故曰冬至。

小寒：冷气积久而为寒，小者未至于极也。

大寒：大者乃凛冽之极也。

除此之外，与二十四个节气有关而常用的“岁、年、时、节、气、候”等名称，也都有其特定的内涵：

岁：以中气一周，从冬至到下一个冬至，共有三百六十五日之多，叫做一岁。

年：即以朔气一周，自正月朔到下次正月朔，共三百五十四日之多，叫做一年。

时：又称之为四时，即是春、夏、秋、冬四季。其中，每季可分为孟、仲、季三月。

节气：系中气、节气的合称。

候：古代一候为五日，它具体用鸟兽草木的变动来验证月令的变易（其中，大多以陕西省的气候为准）。一岁为七十二候，每月则有“六候”。

中国古代的二十四个节气，除了在历法方面有所创造表现之外，另一个重要的标志是与此相关联的节气物候观。而二十四节气的命名反应了季节、气候现象、气候变化三种情况。其反应季节的是立春、春分、立夏、夏至、立秋、秋分、立冬、冬至，又称八位；其反应气候现象的是惊蛰、清明、小满、芒种；其反应气候变化的有雨水、谷雨、小暑、大暑、处暑、白露、寒露、霜降、小雪、大雪、小寒、大寒。具体而论，为科学、有效、更切实际地划分、界定这些节气，也为了寻找各个节气之间相互衔接、起始的物化标志，于是有了每月六候、一岁七十二候的区分，才出现了各种应时的物候现象。这些以气象、水温、地温、土壤、地表、动物、植物等变易为其验证的物候，是古代长期社会生产（主要是农业）、生活实践经验的感性认识总结，也是中国古代农学、天文学、气象学、节候学等方面所取得的一项重要科学研究成果。

文献记载表明，中国古代的统治者以及平民百姓出于对社会生产、生活、日常劳作、政务运行的迫切需要，对与此攸关的节气物候现象的观测、记录、分析和研究都非常重视。《左传·昭公十七年》的记载表明，早在新石器时期，中国人就开始使用物候来安排时间和观察季节变化。到西周时，物候也已被人们用来指示农时，其中《夏小正》一书所记录的有关动物物候、植物物候、非生物物候等内容，共有六十条之多。到春秋战国时期，不仅二十四个节气的名称（有些节序与后来稍异）在《逸周书·时训解》中已见有详细记载，而且对一岁之中的七十二候，在同一书中也有详尽的介绍。《礼记·月令》中的记述也颇详。清代的《时宪书》等书，仍将它作为重要内容加以全面记述。

对中国古代每月的物候与自然现象，即每月的五日一候的“六候”，以及一岁之中的“七十二候”的具体内容，根据《礼记·月令》、《逸周书·时训解》和清代《时宪书》等记载，简介如下：

春季

孟春之月（正月）的物候为：东风解冻，蛰虫（藏伏土中之虫）始振，鱼陟负冰，獭祭鱼，雁候北，草木萌动。

仲春之月（二月）的物候为：桃始华，仓庚（即黄莺）鸣，鹰化为鸠，玄鸟（即燕子）至，雷乃发声，始电。

季春之月（三月）的物候为：桐始华，田鼠化为駕（即鹌鹑），虹始见，萍始生，鸣鸠拂其羽，戴胜（鸟类）降于桑。

夏季

孟夏之月（四月）的物候为：蝼蝈（即青蛙）鸣，蚯蚓出，王瓜生，苦菜秀，靡草死，麦秋至。

仲夏之月（五月）的物候为：螳螂生，䴗（即伯劳）始鸣，反舌（百鸹）无声，鹿角解，蜩（即知了、蝉）始鸣，半夏生。

季夏之月（六月）的物候为：温风至，蟋蟀居壁，鹰始挚（即至之意），腐草为萤，土润溽暑，大雨时行。

秋季

孟秋之月（七月）的物候为：凉风至，白露降，寒蝉鸣，鹰乃祭鸟，天地始肃，禾乃登。

仲秋之月（八月）的物候为：鸿雁来，玄鸟（即燕）归，群鸟养羞，雷始收声，蛰虫坏户，水始涸。

季秋之月（九月）的物候为：鸿雁来宾，雀入大水为蛤，菊有黄华（即花），豺乃祭兽，草木黄落，蛰虫咸俯。

冬季

孟冬之月（十月）的物候为：水始冰地始冻，雉入大水为蜃（蛤类），虹藏不见，天气上升，地气下降，闭塞成冬。

仲冬之月（冬月）的物候为：鹖旦（即求旦之鸟）不鸣，虎始交，荔挺出，蚯蚓结，麋角解，水泉动。

季冬之月（腊月）的物候为：雁北乡（同向），鹊始巢，雉鸲（音“够”，雉鸣也），鸡乳（产子也），征鸟（鹰属）厉疾，水泽腹坚。

综上所述可见，中国古代的岁时节气与物候观测不仅有科学方面的独特创见与发明，而且还有诸多丰富的文化内涵与智慧之道。具体而言，体现在如下几个方面：一是“节”、“气”与“物”、“候”有机结合。中国古代，此四者的有机结合，是通过“历法”这个文化“载体”而得以实现和完成的。二是天文、气象与生产、生活，互应互证，相辅相成。它们之间，彼此既有互相验证的作用，又有相互补充的效应。三是物候天象学源于实践活动。中国古代独具内涵的岁时节气的物候天象观，形成和发展均源于自然，同时又以其为坚实的科学基础。因此，以自然为“源”，以科学为“基”，是其显著特点之一。它是古代天文学家和人们对自然现象和物候天象长期观测经验的记录，也是古代科学家们在此基础上以科学为基准的升华和总结的产物。所以它们是“源”于自然又高于自然；“源”于实践却又高于实践，且指导社会的生产实践活动；“源”于生活又高于生活，并对人们的日常生活起着指时定律的作用。四是应时而作，有序不紊。中国古代的岁时节气与物候天象观，逐步形成和丰富完善以后，它对古代社会各阶层人们的日常生产、生活、劳作，不仅发挥强大的制约作用，而且全国不同的地区，还可以克服地理上的差异和不同，根据节气岁时的各种物候征兆和天象变化，从事耕耘和播种，既不误农时，又不违节气，能够应时劳作，维护正常的生活秩序。因此，这种以古代陕西和中原地区物候现象为基准的岁时节气以及“七十二候”

的物候天象，对其他地区而言，则有极为重要的参照对应价值和较为普遍的指导意义，这可以从中国古代历朝历代各地区流传的大同而小异的民间农谚之中，得以生动地体现和印证。

直接影响一年四季节气交替与变换的一个重要自然因素，就是因整个大气环流、海陆热力的变化所引起的季风、信风（预示特定节候出现的风）的作用。对季风与信风对节候的影响问题，古人很早就进行过观测，并作了科学的记录，人们对它的关注度是与物候的观测同步进行的。尤其是在广大的沿海地区，季风与信风与渔业生产和生活关系密切，所以有关的观测和记录非常丰富，它是中国古代节令物候观测的有机组成部分，也是古代节令智道中体现海洋文明的最具特色的构成部分之一。

第一，对季风与节候关系的记述。

中国东部沿海与太平洋相邻，西南部又与印度洋相距不远。由于大气环流的作用，加之海陆热力性质的差异以及冬夏行星风带的南北推移，构成了明显而普遍的季风现象，它对一年四季的节候变换，产生了重要影响。

对于季风现象，古人早有观测与记录。《史记》卷二五《书第三·律》中就有著名的“八方位风”在不同月份吹来的记述：“不周风居西北，十月也”；“广莫风居北方，十一月也”；“条风居东北，正月也”；“明庶风居东方，二月也”；“清明风居东南维，四月也”；“景风居南方，五月也”；“凉风居西南维，六月也”；“阊阖风居西方，九月也”。由此可知，古代人已经认识并掌握了在一年四季之中，冬季吹偏北风，春季吹偏东风，夏季吹偏南风，秋季吹偏西风的规律和特点。在《淮南子》卷三《天文训》中也有以“方位风”对应“八节”的系统记述：距冬至四十五天条风至，距立春四十五天明庶风至，距春分四十五天清明风至，距立夏四十五天景风至，距夏至四十五天凉风至，距立秋四十五天阊阖风至，距秋分四十五天不周风至，距立冬四十五天广莫风至。

将这些关于季风的记载与《周礼·春官》、《易通卦验》、《春秋考异邮》等书有关“八节风”的记载加以综合提炼，其风名、风向（卦位）、控制的节气与大约天数则可概括为如下几个内容：

其一，春季季节风（八节风）

（1）风名：条风；风向（卦位）：东北（艮卦）；控制的节气与大约天数：控制立春、雨水、惊蛰三节气，约四十五天。

（2）风名：明庶风；风向（卦位）：东（震卦）；控制的节气与大约天数：

控制春分、清明、谷雨三节气，约四十五天。

其二，夏季季节风（八节风）

（3）风名：清明风；风向（卦位）：东南（巽卦）；控制的节气与大约天数：控制立夏、小满、芒种三节气，约四十五天。

（4）风名：景风；风向（卦位）：南（离卦）；控制的节气与大约天数：控制夏至、小暑、大暑三节气，约四十五天。

其三，秋季季节风（八节风）

（5）风名：凉风；风向（卦位）：西南（坤卦）；控制的节气与大约天数：控制立秋、处暑、白露三节气，约四十五天。

（6）风名：阊阖风；风向（卦位）：西（兑卦）；控制的节气与大约天数：控制秋分、寒露、霜降三节气，约四十五天。

其四，冬季季节风（八节风）

（7）风名：不周风；风向（卦位）：西北（干卦）；控制的节气与大约天数：控制立冬、小雪、大雪三节气，约四十五天。

（8）风名：广莫风；风向（卦位）：北（坎卦）；控制的节气与大约天数：控制冬至、小寒、大寒三节气，约四十五天。

第二，对信风与节候关系的述论。

所谓“信风”，又称贸易风，在地空从副热带高压带吹向赤道低压带的风，北半球吹的是东北信风，而南半球吹的是东南信风。信风经常会增加热带风暴的威力，影响大西洋、太平洋和印度洋沿海地区。信风年年反复稳定地出现，犹如潮汐有信，因此称为“信风”。古代商人们也利用信风的规律性做航海贸易，因此信风才被称做“贸易风”。这表明信风与海洋商贸文明的发展进步有着非常密切的联系。

中国古代对信风以及信风与节候关系的论述很多，表明对此的极为重视与了解程度。如《风俗通义·佚文》一书记载：“五月有落梅风，江淮以为信风。”晋人周处的《风土记》载称：“六月则有东南长风，俗名黄雀长风。”到了唐代，唐人李肇在《国史补》一书中对信风更有详细论述：“江淮船溯流而上，待东北风，谓之信风。七八月有上信，三月有鸟信，五月有麦信。”宋元以后，关于信风与节候关系的述论更多，描述也更为精准与科学。如宋人陈岩肖在《庚溪诗话》中谈及：“每暑月，则有东南风数日，甚者至逾旬而止，吴人名之曰‘舶风’，云：海外舶船祷于神而得之，乘此风到江浙间也。”元末明初的娄元礼在其所著的中国现存最早的农业气象专著《田家五行·气候类》中对信风曾分类加以介绍："元宵前后，必有料峭之风，谓之元宵风"。"凡春有二十四番花信风，梅花风打头，楝花风打末"。"九月中气前后起西北风，谓之霜降信。有雨谓之湿信，未风先雨谓之料信雨"。"霜降前来信，易过而善；霜降后来信，了信必严毒。此信干湿，后信必如之"。"立冬前后起西北风，谓之立冬信"，"月内风频作，谓十月五风信"。

在诸多的信风之中，对于梅雨（时霉天）以后的江南信风，即"舶风"的情形，苏东坡还有题为《舶棹风》的诗吟咏：

三旬已过黄梅雨，万里初来舶棹风；
几处萦回度山曲，一时清驶满江东。
惊飘簌簌先秋叶，唤醒昏昏嗜睡翁；
欲作兰台快哉赋，却嫌分别问雌雄。

诗中比较形象地介绍了舶棹风出现的时间，应为三十天的时霉天以后及秋季之前。《田家五行·六月类》中也称："东南风及成块白云起，主半月舶棹风，水退兼旱。"此意明确指出舶棹风是主旱的，同时吹东南风，天空多为淡积云。清代，顾铁卿在《清嘉录》对此有非常明确的记载："俗以小暑日东南风主旱。谚云：小暑吹了东南风，四十五天拔草风（即舶棹风之意）。"可见，人们在长期的实践中，经过不断的观察记录，对信风与节候的重要关系有了较为科学的认识和总结。这是一笔宝贵的气象资料，也是中国节令智道文化的魅力所在。

3. "节"和"令"的衍化与传承

中国古代的"节"与"令"有独特的文化内涵和表述方式，其中"节"又称为"节气"、"年节"；"令"可释义为"时令"、"岁令"、"月令"等。它们彼此之间，不仅关系密切，而且有不同的政事内容。《礼记·月令》篇对此有翔实的记载，后又被吕不韦所作《吕氏春秋》一书所继承和弘扬。在这两部著述中比较系统记述了每年夏历十二个月的时令及其相关事物，并把各类事物归纳在阴阳五行相生的系统之中，为节令文化的发展奠定了基础。这两部著述的记载，比最早的行事月令《夏小正》更为丰富和系统，可作为研究战国、秦汉时农业生产和有关时令的重要参考。从《礼记·月令》篇所载的有关“月”和“令”的内容可以看到，此处的“月”确指天文现象，而“令”则指政事活动。台湾学者王梦鸥注译的《礼记今注今译》一书认为，先秦时代，有一派学者认为王者必须承“天”以治“人”，所以设计出这样一套依照“天文”而施行“政事”的纲领，其实它仍似于一种“王制”。古代的天文知识曾被应用于阴阳五行说，因此“月令”也可视为依据阴阳五行而设计的“王制”，不过重点是在天子身上罢了。施行这种王制的天子，必居于明堂以施政，故“月令”，又可称为“明堂月令”或“王居明堂礼”。明堂月令的构想，最早见于《管子·幼官图第九》一书而详于《吕氏春秋》的“十二月纪”。可见，从《礼记·月令》篇中对一岁十二月有关月令的记事的内容作了系统记载以后，后来者对节令文化本身的认识与探索、丰富与完善过程的工作始终没有停止，这是中国节令文化得以继承和弘扬的文脉所在。

其一，古代“节”与“令”有特定的内涵

古代的“节”有“节气”和“年节”之意，它以特定的时空观和物候观为文化内涵；而“令”则是王者按月所行的“政事”活动，它是天子居于明堂上颁布的“政令”或“月令”。所以明人冯应京在《月令广义》一书指出“天子居明堂，以颁月令”，其真正的目的和意义在于使“上敬慎而下信行，务使朝无阙政，民罔怠事”。

古代天子居明堂所颁布的“月令”及“政事”内容，从《礼记·月令》篇开始有明确记载以来，虽经历朝历代有所补充，更加完善，但没有根本的改变。

其二，古代“节”与“令”的沿袭和传承

就古代“节”与“令”的不同文化内涵与功能效应而论，“节气”、“节候”、“年节”好似古时社会生产与生活的“指时器”，而“月令”、“年令”、“时令”则有着政事颁布及开展教化的“风向仪”的作用。两者之间是以不同的方式和渠道进行传承和发展的。前者主要通过历法修订完善的渠道和方式进行的；后者因属于王制的政事，主要通过天子活动、礼官设置，礼仪的沿袭传承等途径，加以实施和完成的。

中国古代历朝历代的统治者对“月令”的政事活动都非常重视。正如明人冯应京在《月令广义》一书所称：“月令者，王事之本，群生之命，治国家、究年寿，未有不繇者也。”因此，对关乎“建皇极，授民事，以为法天循古之治”的头等大事，天子都是亲自过问和积极参与，身体力行，以为大臣楷范，其用意一方面是要更好地行使上天授予他的权力和义务，另一方面是要为天下的百姓大众谋福祉，祈安康。先秦时期“轩辕命大挠作甲子，唐虞历象、日月、星辰，钦若昊天，敬授人时”。“禹洪范九畴，彝伦攸叙”。及至“行夏之时，或曰时，夏小正之属，而月令主夏时，周天子常以季冬正岁，季以序事，颁于官府都鄙，颁来岁十二月之令于诸侯。诸侯再拜庙受而藏诸”。

在汉宣帝时代，丞相“魏相数采明堂月令论奏之”，重申天地变化阴阳五行之说，强调尊天、乘时授民事君、奉顺阴阳之道的重要性。在上疏中，魏相一方面指出，“天地变化，必系阴阳，阴阳之分，以日为纪。日冬夏至，则八风之序立，万物之性成。各有常职，不得相干。东方之神太昊，乘震执规司春；南方之神炎帝，乘离执衡司夏；西方之神少昊，乘兑执矩司秋；北方之神颛顼，乘坎执权司冬；中央之神黄帝，乘坤艮执绳司下土。五帝所司，冬有时也”。强调“东方之卦，不可以治西方；南方之卦，不可以治北方。春兴兑治则饥（意即春行秋令是也）；秋兴震治则华；冬兴离治则泄；夏兴坎治则雹”的重要性。另一方面，又认为明君应当“谨于尊天，慎于养之。故立羲和之官，以乘四时节，授民事君。动静以道，奉顺阴阳，则日月光明，风雨时节，寒暑调和。三者得序，则灾害不生，五谷熟，丝麻遂，草木茂，鸟兽蕃。民不夭疾，衣食有余。若是，则君尊民悦，上下亡怨。政教不违，礼让可兴”。反之，若“夫风不时，则伤农桑，农桑伤则民饥寒，饥寒在身，则无廉耻，寇贼奸宄所系生也”。因此，“盖阴阳者，王事之本，群生之命，自古贤圣，未有不系者也。天子之义，必纯法天地，而观于先圣也”。但是，到汉成帝、汉哀帝年间，“政益衰下，公卿奏请，多违时令。后汉明章大臣鲁恭陈宠之伦，亦各条月令以为言”。

在魏晋南北朝、隋唐时期，除“迨魏晋六代，举而不精”外，到唐贞观年间，“复修四时读令之制，命有司因礼记月令文，以时增损，月读之”。唐玄宗时又将此“命定为礼记首篇。讲官以每月朔，奏读一篇，易名时令四，孟辄亲迎时气”。足见天子对月令政事的重视程度。

但到宋代时，沿袭已久的月令政务，“至宋景祐初，复礼记旧文。其唐时令别行。诏撰宋时令，复不果行”。究其深层原因，则与宋代统治者崇尚程朱理学有一定的关系。明朝建立以后，“特置四辅秩正三品，规模至弘远矣”。在礼制和礼官建设方面有所完善和加强，使固有的传统和政务又得以继承和弘扬。而清代统治者多承明制，深谙其重要性，故将月令之制视为敬天授时和治国安邦之要务而践行不替。

其三，古代“节”、“令”与年节智道的衍化

中国古代参加“节令”文化活动与年节智道活动的人们，尽管其文化心态、价值取向各异，活动的目的性更不相同。但是由于上自帝王群臣，下至庶民百姓的积极广泛参与，使得这一文化活动与年节智道活动，不仅具有传统的色彩和群体的性质，而且随着时代的进步，节令智道自身的不断完善升华，它又衍化和派生出许多新特点，并形成诸多新的发展趋势。即：(1) 多元化特点。从先秦至明清，节令文化与年节智道活动从内容到形式，都日趋多元化。除每岁的二十四个节令之外，又衍化和派生出许多新的年节节日；至于在年节、节令文化活动的内容方面，除了与生产活动、政事活动有密切关联的内容外，还注入并增加了有关商业、娱乐、交际、宴赏、郊游、竞技、体育、歌舞、庙会、信息传播等内容与项目。此外，在这些活动的文化功能、社会效应等方面，还显现出多层次、多侧面的综合性特色。(2) 民间化特点。随着古代节令文化与年节智道活动的发展和繁荣，民众参与的层面趋于广泛和多样性；在内容上，因城镇民众的加入而使其内容更加丰富多彩。(3) 商业化特点。在古代的节令、年节文化和节令智道活动中，商业文化活动是其重要内容之一。诸如庙会上的商贸交易、各种物质的互通有无、商业技术和信息的传播与交流活动，年节岁尾的商品交易活动等，都是其具体的表现形式。(4) 民族化特点。随着中原汉族与边疆兄弟民族交往的频仍、隔阂的消除、彼此在经济生活方面的互补性和融汇过程的加速，从而给古代的节令、年节文化与年节智道活动注入了新的因子和文化内涵，并在此基础上形成了诸多具有民族特色的节令和节日。(5) 地域化特点。中国古代的节令文化与节令智道活动，一直存在着地区和地域性的差异及不同。但是，随着地区经济的发展和区域文化传统的彰显，不仅使得这一文化活动的地方特色更为显著和突出，而且还由此派生出一些具有浓郁地方特色的节日，使得中国传统的节令文化更具活力与魅力。(6) 时尚化特点。趋时务尚一直是中国古代节令文化的一个重要特点，从隋唐开始到明清时期，无论是从参与者的规模和文化内涵的丰富性上看，还是从统治者的重视程度及具体实践要求来讲，此一特点愈益突出。这不仅在帝王、宫中的节令、年节活动和宴饮、祭祀、游乐文化中有所体现，在一些商业繁华之地的民间节令文化活动中，其文化的多样化和时尚化特征，更得到了淋漓尽致的展示。

社会生活与节令风习

在中国古代，世代传承延续，以及由各代自然形成的节令风俗和礼仪习尚，在历代统治者的极力倡导和民众的长期实践中，虽然其形式逐渐被稳定下来，成为社会群体必须遵守和相互监督的公共行为和意识形态，但其内涵却不断丰富和多样化，由此不仅可以了解和认识那个时代社会各阶层的生活风貌、时尚趋向、信息传播、经济荣衰、智力水准、交往仪礼、精神崇尚、文化态势、政治导向、游艺娱乐、岁时民俗、宫廷节仪、民族风情等基本情况，而且这些约定俗称的节令风俗和沿袭已久的礼仪习尚，还在规范和制约各地区、各阶层、各民族的生产活动、日常生活、心理定势、消费观念、社会走向等方面发挥着公共秩序无法替代的积极作用，形成了具有中国特色的节令生活画面。

1. 节令岁时与宫廷礼仪

历代帝王非常重视节令岁时的政事活动，其内容不仅在历朝历代朝廷典制中有明确规定和严格要求，不断适应需要赋予它新的时代内涵，而且每届令节时，宫廷要举行隆重的应节礼仪或祭祀活动，由帝后亲自主持并参与其中，身体力行和积极倡导，自上而下作出表率，以此表明此项活动是国家政务的重要内容之一，具有强烈的政治色彩，其用意一方面要借助节令岁时这个特有的平台营造与民同庆的节日欢乐氛围，展示帝后亲民的形象；另一方面，通过具体的礼仪形式和鲜活的节令内容，将抽象的“礼”文化具体和形象化，赋予它新的活力和功能。

(1) 帝王的岁时“月令”政事活动

中国素有“礼仪之邦”的美誉。礼仪在中国政治和社会发展中具有非同一般的意义。以礼立国，实现安邦治国，是历代最高统治者的理想政治目标。而对于“礼”本身而言，正如《礼记·礼器》篇所载，先王之“立礼”，有本有文。以“忠信”为精神基础，为礼之“本”；以“义理”为制作形式的原则，作为礼之“文”。再进而言之，“礼也者，合于天时，设于地财，顺于鬼神，合于人心，理万物者也。”从礼文化的实质意义来说，古代帝王岁时“月令”政事活动，不仅是体现“礼”本质的最佳实践过程，而且还是将“礼”与“王制”结合的最佳途径和手段。因此，《夏小正》强调指出，“阴阳生物之序，王事之伦，莫大于月令”。明人冯应京在《月令广义》一书的《卷首·叙由》篇中也说，“天子居明堂，以颁月令”，其目的就在于使得“上敬慎而下信行，务使朝无阙政，民罔怠事”。这里所谓的“敬慎”、“信行”等词义，符合“礼”的本意和文化内涵。此为其一。其二，古代帝王还将岁时“月令”政事活动作为“法先王”、修身、建功、立业的“根本”举措之一，不仅亲身实践，设置礼仪官员，履行祭天祀神之大事，而且在宫廷中还置有专门的经筵讲官和侍读，在御前讲授“月令”政事的内容和特别含义。宋代进士张虙，官至国子祭酒，在南宋理宗端平初年作过御前侍读，他将《礼记·月令》篇作成《月令解》十二卷进呈天子御前，作为皇帝的必读政书，期望每月观览一卷，“凡一月之中，阴阳消长之运，星夜出入之躔，气序之迁改，景物之多易，与夫园林草木之华盛，鸟兽虫鱼之生育，田舍耕耘之节，妇子蚕桑之期，历历具载。使置之座侧，又切于崔寔之政论，置之几案，何减乎魏征之谏疏，其于赞化为益多矣”。他认为，若“陛下守此”之道，则可以“裁成天地之道，可以辅相天地之宜”。其三，古代帝王的岁时“月令”政事活动，其本身就有以上“正礼教”，下“导民风”的示范表率作用和积极意义。进而使得“人伦”、“纲纪”乃正，“万物乃叙”，“百灵乃安”，江山社稷才能长治久安。

《礼记·月令》篇是春秋战国至明清时期，历朝历代天子进行岁时“月令”政事活动时遵行的重要礼仪内容之一。该书对每月天子、群臣、嫔妃，乃至庶民百姓等不同社会群体的礼仪活动内容有严格的规定，“应时”而作的祭祀、仪卫、授民、政事、起居、禁忌等也有详细罗列。以“孟春之月”即正月的内容为例，应进行的活动：一是本月的主宰是太仛，神名勾萌。因此，祭祀要以户为对象，祭品以脾脏为上品。二是春季天子应居住在明堂东边名为“青阳”的部分，正月应住在青阳的左边。为顺应时气，保持和谐，天子当“乘鸾路（系鸾铃的车），驾苍龙（苍龙之马），载青旗，衣青衣，服仓玉（青色玉佩）”，食麦与羊；食器、用具应当粗疏而易透气。三是立春之日要举行“迎春”之礼，在朝中赏赐公卿大夫。同时，发布恩德令，褒扬好人好事，赈济贫困，惠及兆民百姓。四是本月要命太史之官从事推算日月星辰运行的工作。五是举行祭天之礼，“祈谷于上帝”，期望丰收。届时天子要“三推”耒耜，举行隆重的入土典礼。礼毕后，与三公九卿诸侯大夫在大殿行“劳酒”之宴。六是“王命布农事”，派遣农官住在京城的东郊，“以教道民”田事技术。七是诏命乐正入国学以习舞蹈；修订一年祭祀的有关“祭典”；“禁止伐木”，派遣专人掩埋枯骨腐肉。八是“不可以称兵”进行杀戮活动，否则举兵者必遭“天殃”之灾。九是在正月发布夏令，将有“雨水不时”之虞，恐怕国家要遭遇祸殃。若发布秋令，则民有“大疫”之难。倘若发布冬令，则会导致洪水泛滥，“雪霜”大至而灾难深重。

(2) 古代宫廷的年节礼仪

与二十四个节气同步，中国古代还有一些官方或民间的岁时年节活动。每届此时，宫廷举行相应的年节礼仪活动，以官方特有的政治智慧和隆重的典礼形式来庆贺这些节日。这些活动有的属宫中自娱性的礼仪活动，如清代孝钦（慈禧太后）在除夕、元旦时节在宫中与侍女、宫眷的“掷骰为戏”、“观剧”等活动；有的属于礼仪交往，如宫中的年节拜礼、拜仪；有的则是宫中与民间的互动与交流，如上元的灯节等；还有宴赏礼仪活动，以及其他的游艺性的仪礼活动等等，形式多样，内容丰富，不一而足。如《燕京岁时记》一书记载，清代宫中每岁元旦时，皇上要“升殿受贺；庶僚叩谒本管，谓之拜官年”。据《清稗类钞》载称，清代嘉庆朝以前，宫中每岁元旦及上元（正月十五日）节时，有“曲宴宗室”的习俗。而宫廷上元放灯的习尚，则始于汉代，盛于隋唐。隋炀帝时，每年正月十五日夜要举行盛大的放灯典礼，宫门要搭八里长的戏台，表演者有三万人，奏乐者一万八千人，观众不计其数，异常热闹，节庆气氛浓厚。炀帝有“灯树千光照，花焰七枝开”诗句述其盛况。到了唐代，上元节放灯的习尚更盛。玄宗时，上元夜在宫外立二十丈高灯轮，上结灯彩五万盏，下有千余少女载歌载舞。

在立春日，唐宋宫中都有“吃春盘”的礼仪。陈元靓编《岁时广记》记载，唐时宫中不仅食春盘的风俗，而且皇帝还以春盘和酒赏赐近臣亲贵，以示对臣下的奖赏和节日的重视，作出与民同乐的姿态，营造的是官场的节日氛围。宋代，宫中春盘制作更加讲究，体现的是宫廷雅文化的最高境界。《武林旧事》载称后苑造办的春盘，“备极精巧”，天下无比。

在九月九日“重阳节”时分，宫中还有登高饮酒赋诗的活动。汉末魏文帝曹丕曾在《九日与钟繇书》中说：“岁往月来，忽复九月九日，九为阳数，而日月并应，俗嘉其名，以为宜于长久，故以享宴高会。”可见，重阳登高宴会是帝王和宫廷的重要节庆之一。顾禄的《清嘉录》一书详述了唐以前宫廷登高活动的景象：“孟嘉从桓温游龙山，亦九日登高之举，后遂相承为故事。《南齐书·礼志》，宋武帝在鼓城时，九日。上项羽戏马台登高。《齐武帝本纪》，九日，孙陵风商飙馆登高宴群臣。《全唐诗话》，唐中宗临渭山登高。”在《唐诗纪事》中记载，景龙三年（709年）重阳节，唐中宗李显临幸渭亭登高，诏令朝中百官赋同题四韵五言诗一首，且规定先成者有赏赐，而后成者则要受到惩罚。明代，每逢重阳节，皇帝则率领文武百官亲临万寿山登高贺节，领略大自然的秋实景色，然后赐宴臣僚，饱醉而归。

除登高秋游活动之外，重阳节时，宫中还有佩茱萸、饮菊花酒的礼俗。《西京杂记》记载，汉高祖刘邦的宠妃戚夫人有一名侍女名叫贾佩兰，每逢重阳节，她就在宫中"佩茱萸，食蓬饵，饮菊华（花）酒"，其意是祈求戚夫人长生不老，延年益寿。此处的"蓬饵"，即是后来唐宋时所食"重阳花糕"的出处和原型。唐宋时代，宫中重阳吃花糕的风俗非常盛行。唐代《岁时节物》一书载称："九月九日则有茱萸酒，菊花糕。"唐代女皇武则天就曾在宫中命宫女采集百花和米捣碎，蒸制花糕，然后自己享用和赏赐宫女作为节日食品。宋时，此风延续不减，在花糕的食材选择和制作工艺方面更加讲究，赋予它新的文化内涵。

2. 民间年节与节令习尚

在中国古代的年节和岁时节令活动中，社会各阶层民众是其主要参与群体。他们通过这些活动，不仅将有节奏的农事生产安排的有条不紊，而且还将其人生礼仪、人际交往、饮食宴乐、游艺竞技、戏剧曲艺、年节祈祝、岁时禁忌等内容融汇于其中，进而使得这些活动呈现出一派五光十色、多彩斑斓的特点。因此，可以说古代的民间年节与节令习尚，既是政治、生产、经济、文化、社会、礼仪、祭祀、交际、娱乐、传习、教化等诸多特色与功能兼具的文化载体，又是展现各历史时期社会发展风貌、风俗时尚、人生礼仪、文化心态、审美意识的窗口和舞台。

民间年节与节令活动，主要包括民间年节活动、民间岁时月令活动两大部分。前者主要指一些社会性、文化性、娱乐性的年节群体活动；后者主要是与生产农事有关的活动。两者之间，在文化、活动内容上既彼此有关联、延伸和交融，同时在体系上又构成一个有机的整体，显现出某种共性的文化群体特征。但是，由于古代东西南北地域上存在着某些自然环境、发展条件的差异，再加上社会政治、经济、文化发展的不平衡所导致的风俗习惯、社会生活习尚、文化心理、消费心态、需求层次与需求水平等诸多方面的不同，使得中国古代还存在地方性的节令活动。在这些地域性的节令活动中，不仅节令时序上有着自身的特色，而且在活动内容与形式上，更富有地域文化的特色和与之相对应的特定内涵。

在中国古代的历史、典章、文集、诗词、小说、戏曲、绘画、笔记、野史、稗乘和方志等文献中，关于历代宫中和民间社会各阶层岁时节令宴飨、娱乐活动的内容，都有生动形象的写照和描绘，这是中国古代节令智道的宝贵文化遗产，也是我们系统全面研究各个不同历史时期岁时节令文化的丰富内容、发展规律和特点的重要文献。

以唐代诗歌为例，唐诗本身是一个浩瀚的诗歌艺术海洋，诸多名篇佳作，不乏对宫中与民间岁时节令活动的艺术再现，是研究唐代宫中与民间岁时节令习尚不可多得的珍贵史料。譬如，反映元日（正月初一日）宫中习尚的，有杨巨源的《元日呈李逢吉舍人》、白居易的《岁日家宴戏示第侄等兼呈张侍御二十八丈殷判官二十三兄》等诗；反映立春习俗的，有杜甫的《立春》诗，其中的“春日春盘细生菜，忽忆两京梅发时”句，更是脍炙人口，颇为形象；反映人日（正月初七日）节俗的，有杜甫的《人日两篇》诗；反映上元（正月十五日）节习尚的名篇，有苏味道的《正月十五夜》、崔液的《上元夜六首》等诗。唐人在此夜时分，可以通宵观赏“火树银花合，星桥铁锁开”的灿烂灯火，有“金吾不禁夜，玉漏莫相催”的雅兴与从容。反映耗磨日（正月十六日）古节风习的，有张说的《耗磨日饮二首》诗；反映晦日（正月最后一日）“送穷”习尚的，有姚合的《晦日送穷三首》诗；中和节（二月初一日）时，反映唐代宫中“殿前明日中和节，连夜琼林散舞衣。传报所司分蜡烛，监开金锁放人归”等习尚的佳作，有王建的《宫词》诗；反映社日习俗的，有张演的《社日村居》诗，诗中的“桑柘影斜春社散，家家扶得醉人归”，更堪称代代颂咏的名句；反映寒食节习尚的，有韩翃的《寒食》名诗，诗中的“春城无处不飞花，寒食东风御柳斜。日暮汉宫传蜡烛，轻烟散入五侯家”之句，形象再现了宫中与权贵之家的节庆气氛。还有王建的《寒食行》、白居易的《寒食野望吟》、温庭筠的《寒食日作》等名篇，时代相传；反映清明节节尚的，有杜牧的《清明》、韦庄的《长安清明》等名诗，尤以“清明时节雨纷纷，路上行人欲断魂。借问酒家何处有，牧童遥指杏花村”的诗句，堪称字字玑珠；反映上巳节习尚的，有崔灏的《上巳》诗、刘长卿的《三日李明府后亭泛舟》等诗；反映唐代端午节习俗的，有褚朝阳的《五丝》、储光羲的《观竞渡》、殷尧藩的《端午日》等诗；反映七夕节习尚的，有宋之问的《七夕》、祖咏的《七夕》等诗；反映中秋（八月十五日）节习俗的，有李峤的《中秋月二首》、王建的《十五夜望月寄杜郎中》等诗；反映重阳节（九月九日）登高等习尚的，有王维的《九月九日忆山东兄弟》、杜甫的《九日兰田崔氏庄》、李白的《九月十日即事》等诗；反映秦岁首（十月一日）遗俗节尚的，有杜甫的《十月一日》诗；反映冬至节习俗的，有杜甫的《小至》一诗；反映腊日（十二月初八日）时节，唐代宫中向群臣赐口脂面药（御寒防冻的油膏香药，可涂唇面）特殊礼仪节尚的，有杜甫的《腊日》诗，诗中便有“腊日常年暖尚遥，今年腊日冻全消”，“口脂面药随恩泽，翠管银罂下九霄”的形象记述；至于反映年末岁尾的除夕节习尚的，有董思恭的《守岁二首》、杜甫的《杜位宅守岁》、薛能的《除夜作》等诗篇。其中，薛能的“兰萎残此夜，竹爆和诸邻。祝寿思明圣，驱傩看鬼神。团圆多少辈，眠寝独劳筋。茜旆犹双节，雕盘又五辛”等句，全面反映了晚唐时期宫中与民间除夕夜期间共有的庭燎、燃放爆竹、驱傩求吉、吃五辛盘、守岁等年节习尚。

古时，每年正月“立春”日的民间节令习尚，是集生产、农事、祭祀、娱乐、饮食、养生、交际等诸多内容为一体的节令文化活动的典型事例之一。“立春”是一年二十四节气当中的第一个节气，据《月令七十二候集解》一书记载：“立春，正月节，立，建始也。”表明春天自此开始，更表示古代以此为春节，即正月节。因此，在这一天各地都要进行一系列的年节文化活动，除举行迎春大典之外，还有打春牛、喝春酒、吃春盘的风俗。其中“打春牛”是在这一天用黄泥造土牛进行鞭打，以示劝勉农事与及时耕作之意。宋代孟元老在《东京梦华录》一书的“立春”条载称：“立春前一日，开封府进春牛入禁中鞭春。”在皇宫“禁中”鞭春之后，再将春牛置于府前，要府中官僚及过往百姓鞭打春牛。最初，每年鞭打的春牛用黄泥作成，后来则改用苇和纸制作，到后来甚至鞭打真牛报春。陈元靓的《岁时广记》一书卷八引《皇朝岁时杂记》说，宋人不仅用真牛鞭春，甚至将所鞭之牛“顷刻间分裂都尽”，即将牛肉分抢而尽，以图吉利。到了清代，鞭打春牛的习尚仍很盛行，同时伴有祭祀春神的春山宝座、芒神等活动，用以祭祀与春天农事有关的诸神，以祈丰收，以求护佑。而在民间，还有喝春酒、吃春盘的风俗。所谓“春酒”是指冬天所酿的米酒，到春天酒熟后才饮用，故有此名。对此，《毛传》解释说“春酒，冻醪也。”马瑞辰通释为：“周制盖以冬酿，经春始成，因名春酒。”汉代张衡在《东京赋》中记述说：“因体力以息勤，致欢忻于春酒。”西晋左思在著名的《蜀都赋》中也说到：“若其旧俗，终冬始春（即立春），吉日良辰，置高堂，以御嘉宾。”由此可知古代立春日喝春酒的习俗极为盛行。而吃春盘的习俗则始于唐代。陈元靓的《岁时广记》卷八引《唐四时宝镜》的记述说：“立春日，食芦菔、春饼、生菜，号春盘。”及至清代，民间制作的春盘还使用芹菜、韭菜、生笋等青鲜蔬菜作原料。此外，古代在北方民间，立春日还有“咬春”即吃生萝卜的习俗。其中，不仅蕴含在新春季节尝新品翠（脆谐音为翠）的美意，又隐喻具有保健、养生、防病的作用和道理。

在中国因农业文明而诞生的节令文化活动中，最具典型和代表意义的是与“丰收祭”有关的礼仪祭祀活动。举行“丰收祭”的日期，原是在“农年”（农年分为耕作期与休耕期两部分）结束时举行。其祭祀范围很广，典礼最隆，献祭物品包括一个农年的全部作物、家畜以及猎物等。由于历法的更易，此祭的日期，在上古时稍有日期上的差易。在名称上，据汉代应劭撰《风俗通义》卷八《祀典》记载：“夏曰嘉平，殷曰清祀，周曰大蜡，汉改为腊。”但蔡邕的《月令章句》又称：“蜡祭：夏曰清祀，殷曰嘉平，周曰蜡，秦曰腊。”虽然名称各异，但是其内容大体相同，且祭祀后亦有很多宴饮和娱乐活动。

关于丰收祭活动及其节令智道文化的丰富内涵，台湾学者管东贵先生在台湾《中央研究院历史语言研究所集刊》第 31 本所载的《中国古代的丰收祭及其与“历年”的关系》一文中，作了翔实介绍和全面阐释。他指出：其一，在古代中国的丰收祭中，“大蜡”与“腊”是两场最显著最热闹的祭祀礼仪。“大蜡”由天子主持，是政府的一件公事，是为向众神报答全国的丰收而举行的。祭祀时四方各祭一次，年成不好的一方则不祭。参加祭祀的人包括诸侯派来献礼的使者、朝廷的官吏以及农人等。祭祀地点在田郊，祭祀对象全是与农事有关的神祇。“腊祭”是私人性的祭祀，当大蜡举行完毕之后，由各族自己举行。祭祀对象除先祖以外，还附带祭五祀。其先祖祭祀，在宗庙中进行。这两场祭祀也都可称作“蜡祭”，不过只说蜡祭时通常是指“大蜡”而言。在祭祀完毕后，有举国若狂的宴饮，而宴饮时更讲究序齿与按品位入席的礼仪。

其二，由于丰收祭从开始即是“历年”终点的标志，它（整个祭祀活动持续达一二月之久）的最后一场祭祀便是除夕节，所以周代人的腊祭就是在除夕日举行的。我们现在的除夕节虽然已完全失去了报丰收的意义，但它却是由古时候的丰收祭中脱胎出来的。

其三，从周代人丰收祭在年终结束（尤其是腊祭在除夕日举行）的情形上来看，殷商甲骨文卜辞中原作为“收获之义”的“年”字被当作了纪时的单位现象，表明中国在殷代有甲骨卜辞的初期，“农年”与“历年”这两个观念就已开始在结合为一的过程中了。简单地说就是把丰收祭的结束来作为历年的终结。这种以终点为重的历法一直到发现了丰收祭后的冬至有校正历差的效用而把冬至当作历年的起点时，才把计算历法的标准移到岁首上去（在发现冬至以前，中国古代可能曾利用其他不如冬至那样准确的天象作为岁首的标准）。但无论怎样，丰收祭却仍不失其在年终举行的特色。

其四，秦汉时期，人们将丰收祭中最后也是最普遍的一场祭祀——腊祭往后移动了两个月。而这一变动使腊祭距离收获的月份太远的缘故，于是它便渐渐丧失了报丰收的本义，甚至与丰收祭分了家。由此可知，中国古代人们在发现“冬至点”而将它作为岁首以前，丰收祭的日期是不会在冬至以后的。

其五，从宗教礼仪及民俗自周历的月份移到夏正之历的月份这一现象上来看（这种现象不只是丰收祭中的腊祭如此，尚有许多其他的祭祀与民俗也都如此，这是颇为值得重视的观象），周历到了周代晚期已渐渐被夏正之历所代替了，就像我们现在的公历逐渐取代民间习惯使用了一二千年的旧历法一样。由于此种缘故，所以有些先秦时代的著作已经将原先依周历为标准的岁时祭及民俗改用夏正之历去记载。同时，这也意味着周历到了周代晚期的不合时宜以及改历成了必要和迫切的事情。

这些见解，对于了解丰收祭的来历与内容，此祭祀与历法变更之间的关系，丰收祭的礼仪对社会生产生活的影响，丰收祭在先秦和秦汉时期的沿革与后世的演变，它与原有节令文化内容的剥离，以及与其他年节的分合关系等问题有着至关重要的意义与科学价值。

3. 四时有节与民族风情

中国古代，汉族与其他兄弟民族一道，都对中华民族传统文明成就的创造，作出过自身的贡献和努力，他们在对内地和边疆地区开发建设的过程中，结合本民族的历史文化传统，形成了具有本民族文化风情的“四时有节”的节令文化习尚。而这些风情与民族节令智道具有如下一些重要特点：一是在一年二十四个节气的基础上，结合本民族的物质生产活动特点，如农业的、牧业的、农牧兼一的、狩猎的、渔猎的、采集的诸多生产方式而形成新的年节名称与活动内容；二是在年节活动中，又将自身民族的文化与民族节令智道特点融于其中，从而构成具有新的文化内涵与民族个性的年节文化的群体活动；三是在古代的民族年节风情中，有着强烈的宗教文化色彩和烙印；四是这些年节文化活动还有地域性的显著特征和传承性的文化因子在交相嬗递；五是各民族的年节文化风情又相互交融、彼此渗透，从而形成一些新的年节文化内容；六是随着各民族的迁移、流动以及历史上几次民族大融合的结果，各民族在名称、活动区域、风俗习尚、宗教信仰、思想文化等方面都有较大变化，这必然为年节民族文化的内容和形式，带来深刻而巨大的影响。其中，有的是长期的，有的是暂时的，有的是直观的，有的是潜在的。

中国近现代的许多民族，历史上的形成有早晚之别，彼此之间文化底蕴不同，必然导致民族民间年节文化，在内容和形式上存在较大的差异。同时，与民族发展同步的民族年节文化的演变，也会产生一定的起伏：一些旧的年节消失了，又有一些新的节日形成了；在节日活动内容上，随着时代演进、历史和文化传承的嬗递，呈现出新旧杂呈和错落交织的不平衡状况。虽然其节日在形成的时间上有长短之别，内容上具有本民族的显著文化特色，但是从历史的文化源头加以追溯，可以对其民族年节的演变情况有更加清晰的认识。在众多民族岁时年节中，最具民族文化风情的年节有：满族的正月二十五仓廪神诞、二月二、耍青、破五等。蒙古族那达慕大会、塔克勒恩节（祭鄂博）、麦德尔节、千灯节、成吉思汗纪念节、马奶节等。维吾尔族的库尔班节（古尔邦节）、肉孜节、冒路德节（圣纪节）、都瓦节（超度孽鬼节）、撒拉哈特曼节（脑热孜节）、巴拉特节（油葫芦节）、萨依勒节、白雪节等。藏族的藏历年（洛萨）、望果节、雪顿节、莫朗青波节（传召会）、宗喀巴成道日（圆寂日）、赛马会、沐浴周（洗澡节）、萨噶达瓦节、放生节、晒佛节等。傣族的泼水节（傣历年）、关门节、祭垄、晃露等。苗族的苗年、芦笙会、四月八、花山节（踩花山、踩山）、跳园、跳鼓、踩年、赶会、秋桥、玩春、爬坡、跑马节、斗牛节、插标会、姊妹节、吃新节、二月二、三月三、六月六、跳洞、客家节、九月粑、吃糟节、闹冲、赶秋节、调秋节、七月二十坪、会亲节、赶歌节、挑葱节、游夏节、摔跤节、除恶节、春社节、过寨节、扎山节、杀鱼节、铜鼓节、跳米花、月亮节、敬桥节、牯藏节等。壮（僮）族的歌墟、过僮年、鱼花节、吃立节、十月十拜坟山、六月六、九月九拜祖先、牛魂节（牛王节、开秧节）、二月社日、三月三、四月四、祭垄、尝新节、蛙婆节、躲鬼节、狗肉节、娅拜节、花王节、耍望节、十程节、女儿节等。瑶族的达努节（二九节、祖娘节、瑶年、盘古王节）、坦勒贵、耍歌堂、社王节、打道篆、姑娘街、三月三（开耕节）、六月六（穷节）、十月十六（还愿节）、尝新节、老君节、送门头纸节、牛生日节、倒稿节、赶鸟节、啪嘎节、目莲节、干巴节等。高山族的丰收节（丰年祭）、观月祭、播种祭、飞鱼祭节等。这些民族民间的年节活动，不仅有独特的民族风尚、礼仪、崇拜、社会心态、价值取向、祭祀、宗教、文化和禁忌等色彩，而且还将生产、农事、信息传播、技艺交流、商贸往来、庆典、娱乐、竞技、游艺、饮宴和歌舞等内容融汇于其中，进而形成具有多重目的、诸多层次和多种社会功能兼具的民族年节与节令智道文化的亮丽景观，更加丰富了中国传统的年节文化内涵。

人文景观与年节智道

中国古代形式多样、内容丰富的年节文化活动与人文景观，从文化形态上说，有特定的文化内涵，又有独特的文化隐义。这些形形色色的节令文化活动的由来和形成，不仅源于社会的两个文明（即物质文明和精神文明）、两种生产（即物质财富生产和人类自身的生产）活动，而且还通过两者之间的纽带联系作用，使之成为一个统一的有机整体。通过节令文化活动，一方面，古代社会各阶层、各民族之间的感情和文化认同，通过彼此沟通和交流取得某些共识，人际关系得以调剂和融洽；另一方面，在节令文化活动这个广阔的社会舞台上，两个文明和两种生产的成果得以充分展示；政治信息、经济信息、技艺信息、社会信息、文化信息、商贸信息等得以传播与交流；世态百相得以让人一睹其风采；不同时代人们对文明的创造成果与历史功绩得以公开确认；不同思想的表达和撞击以及感情的宣泄和排遣也找到了最佳时机和场所；社会各阶层的不同需求、功利目标和社会心态，更借此来一次大曝光，而这些正是其文化展示功能的体现。

1. 节令文化的内涵与外延

不同时代、不同地域和不同民族的节令文化内涵及外延表现出不同的发展特点，其总的发展呈现出两大趋势，一是有的节令内容与初衷有所不同，经历了变异和改造的过程，形成了更加成熟和复合的形态；二是节令的内容越来越丰富，文化的多样性特征日益显著。表明中国节令文化是具有丰富内涵和外延的文化系列。中国古代的节令文化，由年节文化和时令文化组成，两者关系极为密切，又有不同的文化内涵和文化要素，构成了中国节令文化的主要特征，具体内容如下：

（1）年节文化——古以立春、立夏、立秋、立冬及二分、二至为八节；后分一年为二十四节。司马迁在《史记·太史公自序》中说：“夫阴阳四时、八位、十二度、二十四节各有教令。”唐代著名诗人王维在《九月九日忆山东兄弟》诗中写道："独在异乡为异客，每逢佳节倍思亲。"由此可知，年节文化系指在特定的年节时空条件下所出现的一种"自然物候"、"物候景观"、"自然之维"和"自然态势"现象，并由此生发了一系列的物质与精神文化活动。每个年节都有它特定的文化含义，它由"地"、"物"、"节"、"候"等要素构成，是中国人对天象与物候规律的一种神奇理解和释读，是中国农耕文明发展的基础。

（2）时令文化——古代以十二个月分别记述应该施行的政令，故又称之为"月令文化"。这些政令包括政治、经济、农事、礼仪、祭祀、生活等内容。由此可见，时令文化系统是指一年中周而复始出现的一种特定的"时空环境"、"时空条件"、"时空之维"和"时空态势"现象，为此而进行和颁布的政令性文化活动，更因季节不同而呈现出不同的内容。它由"时"、"空"、"政（人）"、"文"诸要素构成，是行使朝廷政令的特殊形态。

（3）节令文化——由前两者构成的节令文化，是指一年中在特定的时空条件下，人们从政治、经济、军事、文化、民族、生理、心理活动等方面需求出发而派生出的文化活动，各自的期望要求不同，其认可度和满意度也不一样，但多少都获得了基本需要，否则就没有参与的积极性。这些在特定时空和环境中展开的文化活动，有其特殊的文化语汇和文化语言。这一文化体系，不仅有各自不同的文化内涵，而且有特定的文化要素构成。简而言之，它是集生产、祭祀、娱乐、礼仪、教化、授艺、竞技、享用和养生为一体的综合文化活动；融天、神、人、地和文于一身的文化系列。若从其文化外延进行探讨，那么这种文化活动不仅是人们修身养性的途径和手段，而且是实现天人感应、天人合一的契机。

2. 节令文化的传导网络与辐射效应

节令风尚的传承、演进以及月令政事的颁行、教化的实施，在中国古代自有一套组织严密、行之有效和运转灵活的传导网络系统。这个系统就是中国历朝历代的行政官僚构建的行政管理体制和机构。这个系统尽管在不同的朝代有一些不同，但其运转则从未停止过，其所产生的功效为历代统治者所认可，并奉行不替。

中国历代统治者均将节令风尚、月令政事等纳入礼仪文化的内容和框架之中，并将它作为正礼教、导民风的重要手段，以及区分文野、安邦治国、长治久安、明礼仪、别贵贱、正人伦、正纲纪、淳风化的策略之举，加以大力推行。因此，上自帝王，下至官吏，不仅将此作为施政、行令的重要内容，而且还从传导系统、官僚行政机构、行政实施手段诸方面予以保障和加强，使之更具有系统性和保障性。

（1）年节时令礼仪文化的传导系统——行政官僚机构和施政系统以及它的日常运转。其传导方式为上行下效，即将它纳入政令的范围予以行政干预和强制执行，使之制度化、合法化、规范化、模式化和时尚化。对此不同时期的文献都有较系统的记载，如《尚书·说命》记述：“咸仰朕德，时乃风。”《左传》记载：“风，教也。”《战国策·秦一》也载：“山东之国，从风而服。”可见，古时是将“上行”之教化、感化人民的政令和举措谓之为“风”，而人民效仿则称之为“俗”。因此，《礼记·乐记》载称：“乐也者，圣人之所乐也。而可以善民心，其感人深。其移风易俗，故先王著其教焉。”为强化这一系统的传输功能，发挥其实效，历代还设有专门的官员和机构来管理此项事务。除早期的礼仪之官外，后来自唐以降的三省六部中的礼部以及观风俗使、以采四方风俗和观民风的“采诗官”、以承掌风俗与教化为己任的“御史大夫”等，都是专司其职的主要官员。

（2）节令礼仪文化的传导网络——行政官僚机构中的各级官员，特别是各地方行政区的州官县令，是以上承月令政事，下行教化、疏导和劝诫民风为己任的践行者。因此，他们是这个传导网络系统运行的推动者，扮演着网眼和网结的角色，发挥着非同一般的重要作用，其言传身教和倾向做法，往往直接影响此传导网络的运行是否畅顺，是否能够达到预期的效果。而朝中的专官，则承当着下情上达的角色，同时要发挥重要的监督职责。如《汉书》八十三《薛宣传》中对御史大夫的职责有明确的规定“御史大夫内承本朝之风化，外佐丞相统理天下，任重职大，非庸才所能堪。”由此可见，“任重职大”的御史大夫不仅要将民风时尚上达君王，以正纲纪，明其教化，而且要察访民间，以询实情，监督地方官员行使其职责，发挥应有的作用，确实履行义务。至于帝王的巡游，更是其特殊形态，如秦始皇的东巡、历代帝王的巡幸出游、明初皇太子的出巡、清代康熙帝、乾隆帝和嘉庆帝的东巡与南巡，其实都兼有体察民风时尚、正其节令礼仪的重要目的和内容在其中。

基于以上传导和网络系统在国家政务和社会发展中的特殊功能和作用，可以看出，古代的节令文化活动从来都不是孤立存在的现象，而是一个继承、融合与创新的过程，在长期的发展完善中，它不断被赋予新的内涵和特质，并且在历代统治者的摸索和实践中，借助当时的政治、经济、文化、娱乐、生产、社会活动需要和各种舞台形式，不断发挥辐射效应，成为维护社会稳定的重要方式。这就是中国古代节令文化的奥妙和神奇所在。

3. 节令文化的文化心态与价值取向

中国古代年节文化是社会生活的一个有机组成部分，与社会各阶层的生活息息相关，联系非常密切，在不同时代受各种政治和社会经济及文化等因素和条件的制约，在不同季节时令的年节活动中，社会各阶层、各民族、各地区人们的年节习尚是千差万别的，而由此所折射出来的节令文化心态和价值取向也各有不同，这正是中国年节文化丰富多彩的源泉，也是当时政治、经济、社会文化、民族差异和地区差别等发展不平衡的自然流露和必然反映。

(1) 古代节令活动与文化心态

古代节令文化活动，是一个融多种类型文化的集合体。这个特殊的文化集合体，以时间即年节时令为杠杆，以节令风尚传承衍化为基调，又以人的参与为活动的主体，其显著特征是文化的趋时性。通过这个群体活动过程，参与者能够松弛紧张的心情和疲劳的身体，暂时获得身心的满足感，调适生活节奏，缓解心理压力，应是所有参与者的共同文化心态。它有如下特点：

其一，节令文化心态具有多维性。在年节时令制约下的节令活动，是一个复杂多样的综合体系，各种群体的社会心态表现出一定的差异性，在一般情况下，人生信仰崇拜与禁忌、宗教信仰崇拜与禁忌、自然信仰崇拜与禁忌等都有形象再现和具体反映。这个复杂体系的运行过程，其实就是天时一维、地理二维和人文三维进行巧妙结合并形成新的文化形态，以体现文化的丰富性和多样性特征。

其二，节令文化心态具有民族性。在漫长的历史发展进程中，中国古代各民族在政治、经济、社会、文化和宗教信仰等多方面存在较大差异，因此，不同民族对节令文化的心态模式也各不相同，表现出多彩丰富的民族性特征。

其三，节令文化心态具有阶层性。历朝历代，上自帝后及王公贵族，下至庶民百姓和三教九流，他们都是节令文化活动的积极参与者，但各自却因需求层次上的差别，往往在祈求达到的目的和价值取向上有明显的差异和不同，其结果必然是节令文化心态被打上深深的阶层性烙印。

其四，节令文化心态具有周期性。此即重复与循环性。受节令文化活动自身的传承、制约和影响，在长期的实践和创造性文化活动过程中，形成了往复不断和年复一年的具有规律性的活动内容和特有形式，人们已经习惯于循此时令节序进行劳作生产和进行文化活动，并在以往成果的基础上，不断适应社会经济和民俗特点赋予它更多时代的内涵。

其五，节令文化心态具有地域性。在长期的社会发展中，中国沿海与内地、中原与边疆地区，由于地理环境、经济类型、生活方式、宗教文化和社会风俗等方面的差异和不平衡性，导致不同区域之间、相邻区域内的不同民族甚至不同区域的同一民族，受各种因素和条件的限制，往往在节令文化生活习尚和文化心态方面也呈现多元的地域发展特点。

其六，节令文化心态具有规范与导向性。规范和导向的力量主要来自朝廷的政策规定和具有倾向性的倡导和地方主导势力的操控和施加影响等方面，在有的地区或某些时候，地方宗族势力庞大家族的影响会发挥主要作用。从文献记载看，历朝历代帝王对此的行政干预和介入因素，除了对高层的节令文化活动内容产生规范和限制效力之外，也会自上而下，对民间的活动形式及其内容产生威慑效果，自然会对下层民众参与其文化活动时的心态有潜在的影响，形成制约和规范，发挥其规范与导向的定势作用。

（2）古代节令活动与文化价值取向

中国古代节令活动的发展和演变，经历了礼仪化——实用化——传承化——变异化的过程；再加上参与这个活动的不同社会群体在文化心态、价值取向上存在较大的差异，其结果必然导致其文化价值取向上的多元化特点并存。其特征是：

一是高层次的节令文化活动注重政治价值取向的实现，并以此作为实现礼仪教化、推进社会生产、治国兴邦、导民教化的有效途径和手段。历代帝后和宫廷的各种应时展开的节令活动，具有示典制性、示范性和表率性作用，并以此达到其预期目的。

二是社会中下层的节令文化活动，注重的是实用价值取向的实现。古代城乡人民在从事这一活动时，非常注意调整时序、生产节奏，以便能较为有效地开展生产活动，以保障日常生活的顺利进行。举行此类活动并有众多参与者加入其中，应当说各自的期望目标有所不同，但获得生产技能的传承和生活必需品的交换，是众人的基本目标，因此参与者的态度是积极的，热情是高涨的，目的明确而务实。

三是节令活动注重文化价值取向的实现。这显著地表现在活动的过程之中，此项活动既是文化、礼仪、知识、生产生活技能的传授课堂，又是参与者进行文化信息、文化成果沟通、汇集和交流的天然舞台，参与者在这个平台上尽情发挥聪明才智，体现社会价值和取得某种认同。

四是节令活动注重多重价值取向的实现。除政治、经济、实用和文化价值取向的实现之外，还有保健、娱乐、养生、人际交往等方面的多重价值，并在融合众长和整合优势特点的基础上，体现和展示新的文化价值观与价值趋向，形成新的共识和文化形态。

4. **节令文化隐义与文化功能**

节令活动作为一种特定的文化形态和文化系列，具有深邃含蓄的文化隐义，其多重效应折射出来的文化功能是有形的，在社会生产和生活中的作用是显著的，影响是深远的。简述如下：

（1）节令活动的文化隐义

中国的节令活动，具有丰富内涵。经过长期发展积淀，与特定政治背景、经济形态和不同地域文化相结合与适应之后，逐渐形成了综合的特质。具体而言，首先是综合产（生产）、祀（祭祀）、娱（娱乐）、礼（礼仪）、教（教化）、艺（传艺）、技（竞技）、享（享用）和养（养生）的社会群体的创造发明活动，是一种维持基本生产的活动，也是人们修身养性的手段，延续生命的法则，更是通天、神、人、地、文于一体，实现“天人感应”、“天人合一”的重要途径。

其次，节令文化的发展、衍变和丰富多样化，不仅受各个历史时代传统物质文明（两种生产活动、日常生活）、精神文明活动和水准的制约影响，而且它还是社会不同群体、不同阶层、不同层面的创造历史和文明方式的再现形式，其目标感、主观动机和特色的差异有显著的特点，上下之间、区域之间追求不同社会价值的取向更有文野之分，其复杂的心理活动、文化传承性以及创造力等均透过其形态得以外露和显示。

再次，中国古代节令活动还有深层次的文化隐义，若从宏观上考察其特性与功能，在一定意义上，它是一年农事生产活动的“时程安排表”和必须进行的规定活动；而从人们正常的经济生产、文化娱乐、祭祀礼仪生活需要和发展而言，它又是一年不同季节特定的活动表和周期行为；再从社会政治、文化发展、综合生产来说，更是源于生活又付诸于实践的国事家事的“礼仪安排表”和全社会践行礼仪文化的具体过程。

（2）节令活动的社会文化功能

中国的节令活动，若从“节”与“令”的关系加以考察，即可知在两者之间存在着主从、因果和辩证的统一关系，它是一个由政府积极鼓励并倡导的全国范围的群体组织活动；这种特定的智道文化构建模式和文化形态，决定节令文化具有空前的广泛性、普及性和全民性，因而使得其社会文化功能也是以多层次、多渠道、多角度和全方位的形式展现出来。

其一，透过年年岁岁周而复始的节令文化活动的再现过程，不仅使全社会人们的生产与生活能按自然的节律有效和有节奏地进行，而且通过这座节令智道文化的“金桥”，在人类、社会、自然三者之间实现“共振”、“和谐”与“共鸣”。这种由自然和社会行为支配的默契“艺术”，在古代有时竟达到天衣无缝的程度，这确实是节令文化的综合功能取得高度认同和共识的结果，标志着社会风尚与年节智道的和谐共振效应达到了理想的目标，实现了文化共享。

其二，节令文化活动过程，集多种文化和社会功能于一体，要求实现的是综合文化效应，达到多重目的。具体而论，这个活动发挥了促进生产（地利）、赶趁农时（天时）、和睦乡情（人和）、阐明教化（心性）、学习和践行礼仪、愉悦神志和身心娱乐等作用，进而通过一“节（年节）”和一“令（时令）”的实践过程，以达到并实现多种目的和效应。

其三，节令文化活动，若从文化形态上来讲，它属于一种复合体文化——其文化内涵和隐义，深邃而丰富，饱含智慧和哲理，富有深厚底蕴，属于隐型文化类型；若从其文化的外在表现形式以及文化功能与效应的显现来看，它又有直观、外在、多样和显著的特征，因此，它又属于显型文化类型。这就是说，它是一种有着隐型文化内因，又兼具显型文化外在特征的文化复合体。它的形成与中国古代传统而又独到的哲学、人伦道德、礼教思想、传统思辨理论、间接的致思方式，以及儒家传统的入世思想、重人间而远鬼神、重现实而轻来世等智慧之道有着密切的联系。

其四，节令文化活动的功能是通过多种效应的综合显现而为标志和特征的。具体而论：一是政治倡导效应（通过月令政事、宫廷节令礼仪活动以求达到），二是经济生产节奏效应（通过农事活动以求达到），三是思想识时效应（通过时令、年节民俗活动以求达到），四是文化交汇效应（通过民族年节、地域间和城乡间节令活动以求达到），五是礼仪传承效应（通过祭祀、年节交往、时令习尚活动以求达到），六是社会趋时认同效应（通过节令传统习尚、禁忌风俗的传承和衍化活动以求达到），七是察天定时（年）“节”的效应，八是祭天行人（月）“令”的效应，九是文明共创（新）“荣”的效应，十是信息传播（快）“速”的效应，十一是传统文化（激）“活”的效应。若将上述综合效应归结为一点的话，那便是通过节令智道文化活动最终实现正“礼”和“导”民的目的，即体现出“正礼教”、“导民风”的文化功能。这里的“礼”，就是辨尊威、别贵贱、明礼仪、正教化之意，它对帝王的节令文化活动有制约作用，又对人民的节令文化活动有导向作用与意义。然而，无论是正礼，还是导民，其最终目的是想通过节令文化活动，使上自帝王下至百姓的社会生活能够纳入传统礼仪与礼教的轨道，以冀通过其智慧之道的丰富、完善与效益的充分发挥，以推动整个社会的有序化和发展进步，从而使人类文明能不断地跃升新的台阶，创造更加辉煌的成就。

第二讲

时空定位与历法岁时

秦始皇统一全国以前的先秦时期，是中国社会历史发生大变动的时代，也是中国古代各种文明萌芽和逐步形成雏形的重要历史时期。到了春秋、战国时代，在政治、军事方面，随着周王室的衰微，诸侯国群雄割据，称王称霸，互相争战不已，使社会出现大分裂、大动荡、大分化的局面，但在科学技术与思想文化领域，却呈现出百花齐放、百家争鸣和群星灿烂的空前繁荣盛况。在礼乐思想、制度、礼仪诸方面，经以孔子为代表的儒家学派的承继、改造、发展和完善之后，逐步形成和定形。其中岁时节令的仪制内容也被赋予新的内涵。

先秦节令文化是中国古代节令文化的源头。这个时期，正是古代节令文化的创始时期，其内涵渐具雏形，奠定了古代节令文化发展的重要基础，使节令文化特征日益显著：一是以帝王三代为名的古代“六历”以及具有中国古代特色的岁时历法和年月计算方法的创立时期，后来的历法都是在此基础上的改进或完善而已；二是物候作为节气的指时条件备受关注，且在长期试用之后，加以科学总结，成为后世遵循和参照的重要准则；三是将月令纳入帝王政事活动内容的做法，确立了后世帝王率领百官亲自进行耕种，倡导重视农桑生产的楷范，构成了中国历代政治文化的重要特征；四是将社会各阶层的节令智道文化活动被纳入礼仪文化的框架之中，作为社会民众施礼、学礼和行礼的手段和方式，确实是中国节令文化的独有特征。其为历朝历代所承袭和发展，并形成了各自的时代特色，构成了中国文化发展亮丽的风景线；五是将节令文化与国之大事，即祀（祭祀）与戎（战争）紧密地结合起来，将节令活动与国家的祭祀和军事活动相提并论，并施加重要影响，提供智力支持与“天道”理论依据，反映出古代节令文化具有特殊功能；六是万物有灵观、自然崇拜、鬼神崇拜、祖先崇拜、太阳神崇拜、阴阳五行学说和五行观念以及节令期间形成的各种祭祀与禁忌习尚等开始融入节令文化体系之中，构成了节令文化的丰富内容。这些节令文化特征，在秦汉以后对历代节令文化的发展演变始终产生重要影响。

历法雏形与天道岁时

中国古代的历法和岁时计算方法源远流长，经历了一个曲折的发展过程。源于社会生产和生活的先秦历法，作为中国历法的重要源头之一，从无到有，由不成熟到成熟，逐渐发展和完善，构成了这一历史时期文化发展的显著特色。在当时的金文、甲骨文和文献资料的记载中，有关内容都有较为系统的记载，反映了节令文化在中国历史发展中的特殊性和不可或缺，为我们系统全面再现早期衍生时期节令文化的丰富内容提供了科学根据，阐释了中华文化的博大精深和无与伦比。

1. 历法雏形及其演变

中国历法的起源，可以追溯到新石器时代的原始社会，有记载表明，中国历法就是在这个时期萌芽和雏形的。《世本》一书记载，当时由“容成作历，大挠作甲子”。此时人们并不满足于日出而作、日落而息的成习惯例，而且能根据岁时的变迁和气候的周期性变化，努力摸索其规律和特点，用以指导原始农业和采撷活动，从中获得必需的生活资料。《尚书·尧典》有“期三百有六旬有六日，以闰月定四时成岁”的记述，表明当时已能将一岁分为四季（即四时）、一年定为三百六十六天（即三百有六旬有六日），同时还有闰月的设置（即以闰月定四时成岁）。从这些记载可以看出，当时的历法和岁时计算方法已具有相当的水平。

到夏代，根据《竹书纪年》关于“禹元年壬子颁夏时于邦国”的记载，可以断定当时已开始使用“夏历”了。综合文献所载内容，“夏历”的特点有三：一是夏正建寅，以正月为一年开始的岁首。古代改朝换代时，新王朝统治者为表示“应天承运”，须重定“正朔”。所谓的“正”，就是指一年的开始；“朔”，是指一月的开始。据《礼大传》“改正朔”的疏称：“正谓年始，朔谓月初。言王者得政，示从我始，改故用新，随寅、丑、子所损（建）也。”所以“正朔”是指帝王新颁的历法，夏之正朔则确指“夏历”而言。二是夏代以降，商、周“正朔”又有所变化。据《史记·历书》记载，夏代以正月为岁首，商代则以十二月为岁首，周代是以十一月为岁首，而秦代及汉初则以十月为岁首。

《尚书大传·略说》载述，夏正建寅为人统，殷正建丑为地统，周正建子为天统，是为之“三正”，也称为“三统”。虽然如此，但都以“夏历”为标志加以改革和衍化而来。三是秦建亥，以夏之十月为岁首，直至汉初时相沿使用。直到汉武帝时期，才改以建寅之月为岁首，即采用“夏正”，以正月为岁首，以后为历代所沿用一直到清朝末年。所以中国古代传统所用的历法——“农历”，既称“阴历”，又叫“夏历”。由此可见，“夏历”对后世历法时令与年节的影响是深远的。汉代张衡（平子）《东京赋》所谓的“夏正三朝，庭燎晢晢”的名句，比较形象地描绘了夏历对于中国历史发展的重要意义。

商代使用“殷历”，并有了设置闰月（即第十三个月）的制度，这是中国古代先秦时期应用阴阳合历的开始。关于“殷历”的历法情况，根据《殷墟卜辞综述》一书介绍：“甲骨刻辞所见到的殷代历法，其确知者有以下各点：(1) 它是阴阳历，所以有闰月。(2) 闰月最初置于年终，称十三月，后来改置年中，一年只有正月至十二月。(3) 月有大小，大月三十日，小月二十九日，一年之中大小月相错，有频大月的。(4) 年有大小，平年十二个月，闰年十三个月。”现存的殷商甲骨文卜辞，还为后人了解“殷历”的情况提供了一些重要线索，其特点：一是以六十干支记日；二是以月亮的圆缺周期来记月；三是大月三十天，小月二十九天，一年十二个月，有时十三个月，是为闰月；四是殷人已有“日南至”即冬至的认识。表明“殷历”已经具备了阴阳合历的特点，而这一历法的重要特点和传统，被以后几千年间制定历法时所继承和沿用。殷商史研究学者常玉芝在其著作《商代周祭制度》一书中，对殷历作了较为深入的介绍研究，她指出：殷历是一种阴阳合历。殷人的岁实不是三百六十五又四分之一日，可能在三百六十日至三百七十日之间。殷人的年有大小，平年十二个月，闰年十三个月，闰月最初置于年终，称“十三月”，后来改置年中；闰月的安排很可能还不是十九年七闰法，或者是十九年七闰法在殷末尚处在萌芽阶段，还很不规律。月有大小，大月三十日，小月二十九日，大小月是相间安排的。可能有频（即连续的）小月，但频大月大概还不可能有。在甲骨文中已有六十干支。分别有甲午、乙未、丙申、丁酉、戊戌、己亥、庚子、辛丑、壬寅、癸卯等原形字。这表明商人采用的记日方法是“干支纪日法”。

西周时期，中国历法较前代有了新的发展进步，标志着历史进入一个新的时代。这些发展进步表现在：一是在青铜器铭文中，出现了大量关于月相的记载，有了初吉、既望、生霸、死霸等名称，这表明当时人对月亮圆缺盈亏的规律已有了一定的认识和掌握。二是在公元前七八世纪创作的《诗经·十月》篇中，首次出现了“朔”的记录，开始将每月新月初见的开头“朏”改为日月结合的“朔”。若将两者进行比较，后者为看不见的时刻，而其推算和计测的方法及其难度，较之前者要繁复艰难很多，不是一般人可以所为的。三是已具有二分二至（即春分、秋分；夏至、冬至）的观念。而在“殷历”中，却只有春秋而无冬夏的概念，西周历法与商代历法进行比较，确实有了很大的进步。《尚书·尧典》记载：“寅宾出日，平秩东作，日出星乌，以殷仲春……平秩南讹，敬致、日永星火，以正仲夏……寅饯纳日，平秩西咸，宵中星虚，以殷仲秋……平在朔易，日短星昴，以正仲冬。”有这些文字可见，西周时期不仅有二分二至的明确记载，而且还有关于星象的描述，历法更具科学性和实用性。

春秋战国时期，历法的改进和完善工作有了较大的进步，反映出科技知识迈入较高的发展水平，其重要特点和标志：一是在春秋末年，出现了“四分历”和十九年七闰的闰月周期。“四分历”以 $365\frac{1}{4}$天为一年之长，并发现 235 个朔望月同十九年差不多一样长，所以在十九年中安插七个闰月。这样，一个朔望月的长度就是 $29\frac{499}{940}$天，比笼统的以 29.5 天为一月进步多了。二是在诸侯割据、列国争霸的局面下，各诸侯国行用不同的历法，当时有夏、殷、周、鲁、黄帝、颛顼等六种，统称为古六历。这六种历均为四分历，只是每年的开头有所不同，分别有十一月、十二月或者一月三种起始，因此历法的起算点历元不同。其中，以一月为岁首称建寅，在晋国地区使用；以十二月为岁首称建丑，鲁国文公、宣公以前曾使用过；以十一月为岁首称建子，宣公以后行使用过；后来还出现过以十月为岁首的历法，是为建亥，秦和汉初使用过。至于历元的不同，在《后汉书·律历志》中有详述：“黄帝造历，元起辛卯。颛顼用乙卯。夏用丙寅。殷用甲寅。周用丁巳。鲁用庚子。”而对这六种历法的“回归年”日数以及“朔望月”日数，刘金沂、赵澄秋著《中国古代天文学史略》一书分别作了统计和介绍，他们认为夏历的“回归年”为 365.25 日，“朔望月”为 29.53085 日；周历的“回归年”

为365. 25日，“朔望月”为29. 53085日；鲁历的“回归年”为365. 25日，“朔望月”为29. 53085日；殷历的“回归年”为365. 25日，“朔望月”为29. 53085日；黄帝历的“回归年”为365. 25日，“朔望月”29. 53085日；颛顼历，行用年代为秦代和西汉初年，此历的“回归年”为365. 25日，“朔望月”为29. 53085日。三是自公元前655年开始，已能作定期的气象观察和记录。《左传·僖公五年》记载：“公既视朔，遂登观台以望而书，礼也。”“凡分至启闭，必书云物，为备故也。”可知此时已有专门观察天时和气象的高“台”，颇类似于后世的“观象台”设施，这些气象观察活动和记录的进行，对于历法的制订和修正，将提供更多的实测根据。

2. 有关天道岁时的记述

先秦时期关于天道岁时方面的记述，散见于甲骨文、金文、《诗经》、《周易》、《尚书》、《周礼》、《左传》等文献中。这些记载虽然不完备，也不够系统，但却是关于中国节令文化的最早记录，有助于中国节令文化形成过程及其规律特点的探讨和认识，为后人研究其发展史提供了重要文献根据。在目前出土的十多万片甲骨当中，有字有四千五百多片，能释读者为一千七百多片，其中有不少是记述岁时的内容。其具体内容包括：一是发现了刻在甲骨片上和牛胛骨上的“六十干支表”，表明当时已能用干支纪日，而且这一制度一直被后世相袭沿用。所谓干支纪日法，就是将甲、乙、丙、丁、戊、己、庚、辛、壬、癸“十干”，与子、丑、寅、卯、辰、巳、午、未、申、酉、戌、亥“十二支”相配，以甲与子、乙与丑、丙与寅、丁与卯这样的顺序依次排列，一直到癸亥为止，共为六十个干支，周而复始用以作为日序的记录。但在甲骨文中发现的多种干支表，各版之背面均未经钻凿，显然不是作为占卜之用。何新在《中国远古神话与历史新探》一书中指出，它是罗振玉所称的“骨简”，是一种专为便于检查日期而刻的文书，有如今日之“月历”。这也如郭沫若在《卜辞通纂》一书中所说的那样：“余谓借此可觇见古代历法之变迁，盖古人初以十干记日，自甲至癸为一旬，旬者遍也。周则复始。然十天之周期过短，日分易混淆，故复以十二支与十干相配，而成复式之干支纪日法。多见三旬式者，盖初历月无大小，仅建三旬已足，入后始补为六十甲子者也。”二是甲骨文中还有大量关于岁时内容的记述，如记载日食、月食达八九次之多，出现了恒星中的火、鸟、鹬、新大星等名称，行星中的木星，被称为大岁；有的学者还认为甲骨文中，尚有彗星和日珥的内容。三是在甲骨文研究中，也有学者提出，商代已有立表测影并用表来测时的记录了。此外，在卜辞中，还将一天分为八个时间段，其中的明、中日、昃、暮等字，都与观测太阳和岁时活动有关。

金文，又称钟鼎文，它是铸或刻在殷周铜器上的古老文字。在周代的金文中有不少关于月日、月相等岁时的记载，如前述的初吉、生霸、死霸、既望等。对其具体涵义尚在争论之中。但也有学者认为，“生霸”代表上半月，“死霸”代表下半月，“初吉”代表第一个吉日，而“既望”则代表满月前后的几天，这些都是关于岁时节令的探讨和记载。

除甲骨文、金文之外，在《诗经》、《周易》、《尚书》、《周礼》等典籍中，也有不少关于先秦岁时内容的记述，这为后人了解和解读节令内容和发展特点，以及与当时社会文化发展的关系，提供了极为珍贵的文献资料。

《诗经》——是古代最早的一部诗歌总集，反映了西周和春秋时期大量社会现象、包括岁时在内的自然现象以及各地风土民情等内容。在岁时资料方面，诗三百零五篇之中既出现了“朔”字，又有时间确切的最早关于日月食的记录，其中记载了不少恒星的星名，如火、箕、定（室、壁）、昴、毕、参、北斗、牵牛、织女、云汉（银河）和行星的启明、长庚、明星等名称；更有岁时的测定和仪器（如利用立表测景来定方向、盖宫室、营造灵台等），岁时天象与气象的关系（如“月离于毕，滭滂沱矣”等）的描述，岁时和物候的关系（如《七月》诗就是一篇岁时物候诗，诗中对四季、月霸、旬、朝夕、昼夜、辰的记事和生动描述）等诸多方面的内容，揭示了节令岁时与社会生活的密切联系。

《周易》——又称为《易经》或《易》，是古代最早的文化典籍之一，相传系周人所作，但却萌芽于殷周之际，后逐渐发展演变为经典著述，成为阐释中国文化的重要典籍。书中通过阴爻（——）和阳爻（—）组成八卦象征八种自然现象：即干天、坤地、震雷、巽风、坎水、离火、艮山、兑泽，并由八卦排列组合组成六十四卦，共三百八十四爻。它原用于占卜，但书中却包含朴素的辩证思想和命题，如认为阴阳的相互作用形成万物，即“刚柔相推，变在其中矣”；提出“天地氤氲，万物化醇”等充满辩证法的思想和观点。这对中国历法思想影响颇大，并对先秦岁时的记述和论证起着指导性的作用：一是以天象之变而察岁时的更易。此即《易经》中的“天垂象，见吉凶”（系辞上），“观乎天文，以察时变”（贲卦）等记述。二是对岁时的计算、演绎的诸多带有神秘性色彩的数字均源于《易经》。如书中的大衍之数五十，其用四十有九，天数二十五，地数三十，干策二百一十六，坤策一百四十四等等（系辞上），在汉代的“三统历”中均有所承袭和发展。三是在关于宇宙和岁时起源、内涵等问题等思辨中，《易经》也有其独到的见解，如“易有太极，是生两仪，两仪生四象，四象生八卦”（系辞上）的观点，对先秦和后世影响很大。四是有的研究者提出《易经》对岁时的具体记述，包含在一种自然历之中，如乾卦中的“潜龙勿用”，“见龙在田，终日干干，或跃在渊，飞龙在天，亢龙有悔，干元用九，群龙无首”等本义，即蕴含农事季节、岁时更替以及变化等主要内容。

《尚书》——又称为《书经》，书中记载了不少关于上古时期岁时节令的内容。如在《尧典》中，有诏命羲仲、羲叔、和仲、和叔分别去观察四方星空，掌握农时季节以及敬授民时的内容；对仲康日食的全过程也有很翔实的描述，《夏书·胤征》篇记载：“乃季秋月朔，辰弗集于房，瞽奏鼓，啬夫驰，庶人走”。此外，在《尚书》的“商书”和“周书”之中也有关于年、月、日和月相等岁时的记录内容，这些内容确实是了解当时节令岁时的第一手材料。

《周礼》——是讲述周代政府官员组织体系和职能的一部重要文献，全书分为天、地、春、夏、秋、冬六官，其中不乏对先秦时期有关岁时节令活动的记载内容。如在《地官·大司徒》中记录了当时用圭表测量日景的资料，得出的结论是南方影短，北方影长，夏至影一尺五寸之地则为地中。“春官”中的鸡人专门掌管通报时间；胝稷负责观察太阳、云气、贯日、日食、黑子、日晕等工作。“夏官”中的挈壶氏是专门管理计量时间的官员，守住计时器的漏壶，以保证其岁时计时的连续性和系统记录。“秋官”中的司寤氏的工作主要是通过恒星确定夜里的时辰。“考工记”中的玉人，是制造测量岁时时间的器械玉器的专业人员。当时各种不同规格的圭有不同的用途和作用，如“土圭尺有五寸，以改日、以土地”；“璧圭五寸，以祀日月星辰”。匠人建国篇记录了当时测时辰、正朝夕、定方位的具体方法，即用“水地以悬、置染以悬、眡以景，为规，识日出之景与日入之景，昼参诸日中之景，夜考之极星，以正朝夕”。这是古代最早用表测量方向的记载，具有重要意义，同时也反映出此方法与岁时计算以及确定有密切而不可分割的必然联系，也是先秦时期岁时节令情况的珍贵记录。

《左传》记载的有关先秦岁时节令内容的记述，也为研究此时岁时节令发展情况提供了文献根据。《左传》又称《左氏春秋》、《春秋左氏传》，是一部以“春秋”为纲的春秋编年史，其内容始于鲁隐公元年（前722年），终于鲁哀公二十七年（前468年），以记事为主，兼记言论。其中关于岁时等自然现象的记述不少，具有重要文献参考价值：其一，当时的“年”中已有了春、夏、秋、冬四季的岁时概念，并将它作为“调节”、“制约”国家祭祀、征伐、农事、生产和宴享等大事以及社会生活运行的“节律”和时间表。如《左传·隐公五年》有“故春蒐、夏苗、秋狝、冬狩，皆于农隙以讲事也”的记载。其二，如实记载了与岁时有关的日食、地震、水灾、旱灾、虫灾等诸多自然现象，如《左传·隐公九年》记载：“三月癸酉，大雨，震电”，“庚辰，火雨雪”。《左传·桓公十七年》记载：“冬，十月朔，日有食之。”《左传·庄公六年》记载：“秋，公至自伐卫”，“螟”。次年（七年）载有：“夏，四月辛卯，夜，恒星不见；夜中，星陨如雨”'，“秋，大水”，“无麦、苗”等内容，这些描述都与自然、生产和社会生活有着密切的关系。其三，对先秦时期一些与岁时有关的风俗习尚也有具体的记载和介绍。如《左传·庄公二十五年》记载：“六月辛未，朔，日有食之。鼓、用牲于社”，“秋，大水，鼓、用牲于社，于门”。反映出当时人们对日蚀、大水等灾异岁时天象的惊惶恐惧心理，不仅如此，他们采用击鼓、用牲祭祀于社之神坛的虔诚祷告礼仪以祈求天神保佑平安无事。其四，除有春、夏、秋、冬四季以及每年从正月至十二月岁时活动的详细内容外，还有关于“朔”和干支记日的记载。反映出当时的岁时历法已达到相当高的科技水平，已经能够按照四时自然规律来安排各种政务、生产、祭祀和娱乐等活动，表明上自国君下到一般庶民对岁时节气的“应时”把握程度以及当时社会发展与节令岁时之间的内在重要联系。

月令物候与社会生活节律

中国古代的节令作为一种特殊的文化载体，除与岁时历法有密切的关系之外，“节气”、“物候”、“月令”也是其重要的构成因素。先秦时期的节令文化的形成和发展尤为如此。它对当时政治、经济、农事、生产、思想、文化等领域产生的影响是深远的，奠定了中国节令文化弘扬光大的根基。它在社会风俗形成方面发挥了显著的导引作用，在调节社会生产、人们生活节律方面显示出独特的功能，在推动社会生产向新的广度和深度迈进以及物质和精神文明发展方面都发挥了不容忽视的巨大作用，是中国节令文化的渊源，具有非常丰富的内涵和文化意义。

1. “节气”、“物候”与社会效应

先秦时期，源于生产和生活实践的“节气”、“物候”记述，是人们对周而复始、交替出现的岁时天象、物象、自然景观和征兆的认识和总结，也是对人类外在生存环境变化规律的研究和探索。人们为了掌握这些规律，经历了一个漫长的认识过程，每前进一步都付出了很大的代价，但从来没有放弃对科技真理的追求和完善，经过一代又一代前辈的不懈努力和奋斗，不断在向理想目标迈进，其基本目的，就是想科学掌握这种自然的节气和物候的规律，使之能更好地、更有效地来为人类自身的生存发展和生产生活提供服务与保障。

（1）“节气”、“物候”与社会功用

中国地处北半球，大部分地区四季分明。先秦时期，人们在与大自然进行长期搏斗的生产和生活过程中，对显示季节交替的“物候”的认识和记述较“节气”一词出现为早，并将它用来作为指时的坐标，以发挥其应有的社会作用与功能。早在中国的新石器时期，人们即对“物候”有所认识和记述。《左传·昭公十七年·秋》记载：“昭子问焉。曰少皞氏鸟名官何故也？郯子曰：吾祖也，我知之……我高祖少皞挚之立也，凤鸟适至，故纪于鸟，为鸟师而鸟名。凤鸟也，历正也；玄鸟氏，司分者也；伯赵氏，司至者也；青鸟氏，司启者也；丹鸟氏，司闭者也。”这表明，当时的人们不仅对各种岁时的“物候”有一定的认识，而且用它来进行“指时”和从事生产活动。

夏代已开始使用夏历。《竹书纪年》载称：“禹元年壬子颁夏时于邦国。”这证明当时人们不仅对岁时和节气已有一定的感知及认识，且对各种物候现象也有较为深入的观察和总结，所以才有可能为现已失传的“夏历”历法的颁行和制定打下坚实的基础。

商代已知一年中有四季之分，但纪月却用月亮盈亏为标准。用此纯阴历后几年，正月就可能不在春季出现，这对社会生产与生活安排带来许多不便。于是，在公元前13世纪时，不仅已使用殷历，设置闰月，以弥补其缺点，甲骨文中即“十三月”的记载，而且诸多天气、物候现象更见于甲骨文中的记述：一是对雨、雪、雹、云、雷、虹等天气现象，甲骨文中有明确记述。据《殷墟卜辞综述》一书记载，便有——风：“大风自西。”（粹八三八）。雨：“今兹云，雨。”（前、六、四三、四）。云：“云，其雨□不雨。”（乙一〇八）。虹：“昃亦出虹自北饮于河。”（菁四）。雪：“庚子卜雪，甲辰卜雨、丙午雨。”（下一一三）。二是卜辞

内容表明，当时对各种与农业收成丰歉攸关的岁时气象的观察十分细致，并积累了经验，并对此引起的自然现象也有了粗疏的分类。如将雨分为纵雨（即暴雨）、大雨、中雨、小雨、多雨、少雨、延雨（即久雨）、霖、缉雨（即微雨）、霝（零雨）等种类，并载有雨来方向的内容。风有大掫风（即骝风）、大风、小风、延风（久风）等类型，且有风来的方向、四方风名、起风下雨的时间等记载。阴天则分为晦、为晹日。晴天为殅，分为“大殅”、“其殅”。开天为启，分为“大启”、“延启”。对霾，当时已知其成因，称为“大风惟霾”，“兹雨不为霾”。雾则为雈字，卜辞中有“某日雾”、“雾不雨”、“延雾”等记载。雪则有“某时雪”、“今日雪”、“翌日雪”、“中日雪”及夹雨的“雨雪”等记载。而对雷的观测精确到方位，如有“西单雷”的记述。其中，通过长期的观察，当时对“物候”有较为明晰的记载，如在卜辞中即有“龟至有大雨”的内容描述。三是《尚书·洪范》中的“征”讲到雨、晹、燠、寒、风等，且要求“五者来备，各以其叙，庶草蕃庶”。表明当时人们很重视风调雨顺的“时”，不希望出现与之相反过头的“恒”。当时认为“一极备，凶；一极无，凶”。可见，过分或来之不时，都可带来凶灾。当时人们较为重视时令的重要性。他们指出“岁月日时无易，百谷用成，又用明，俊民用章，家用平康”。这就是说，时令节气如不发生错乱，那么，农业生产、社会生活均有序，反之则不安。四是商代使用的是阴阳合历，因此有较为固定的季节概念。如平年十二月且有大小，一年分为春、秋两大季，表明人们对节气的认识又有提高，能够掌握其基本规律了。

西周时期，人们不仅能根据各种自然现象来预测天气和节气，如《诗经·小雅·渐渐之石》中便有“月离于毕，俾滂沱矣”的内容，《诗经·小雅·信南山》也有“上天同云，雨雪雰雰”的记载，而且“物候”被用来指示农时和作为安排农业生产的重要根据。《夏小正》一书，收录的各种物候达六十条之多。据《中国农史系年要录》作者闵宗殿的统计，其中有动物物候 37 条，植物物候 18 条，非生物物候 5 条。这些物候记载涉及 11 种兽类，12 种鸟类，11 种虫类和四种鱼类。在植物方面涉及到 12 种草本，6 种木本。而在非生动物方面涉及到风、雨、旱、冻等诸种气象和岁时自然现象问题。

春秋战国时代，不仅正式出现了“二十四节气”与“七十二候”详尽的记载，而且人们对“节气”、“物候”的指时功能和综合社会效应也有了更为明晰清楚的认识。这表现在如下方面：一是公元前 627 年时，节气气候反常对植物生长的影响已见于记载。如《左传·厘公三十三年》记述：“十有二月……陨霜不杀草，李梅实。”二是公元前475—前221年时，二十四节气已见于记载。如从《逸周书·时训解第五十二》卷六记载的内容看，有“立春、惊蛰、雨水、春分、谷雨、清明、立夏、小满、芒种、夏至、小暑、大暑、立秋、处暑、白露、秋分、寒露、霜降、立冬、小雪、大雪、冬至、小寒、大寒”。其中，只有在惊蛰与雨水、谷雨与清明的次序上与后来稍有不同而已。三是此时，七十二候也已见于记载。如《逸周书·时训解第五十二》卷六记载：“立春之日东风解冻，又五日蛰虫始振，又五日鱼上冰；惊蛰之日獭祭鱼，又五日鸿雁来，又五日草木萌动；雨水之日桃始华，又五日仓庚鸣，又五日鹰化为鸠；春分之日玄鸟至，又五日雷乃发声，又五日始电；谷雨之日桐始华，又五日田鼠化为鴽；又五日虹始见；清明之日萍始生，又五日鸣鸠拂其羽，又五日戴胜降于桑；立夏之日蝼蝈鸣，又五日蚯蚓出，又五日王瓜生；小满之日苦菜秀，又五日靡草死，又五日小暑至；芒种之日螳螂生，又五日鵙始鸣，又五日反舌无声；夏至之日鹿角解，又五日蜩始鸣，又五日半夏生；小暑之日温风至，又五日蟋蟀居辟，又五日鹰乃学习；大暑之日腐草化为萤，又五日土润溽暑，又五日大雨时行；立秋之日凉风至，又五日白露降，又五日寒蝉鸣；处暑之日鹰乃祭鸟，又五日天地始肃，又五日禾乃登；白露之日鸿雁来，又五日玄鸟归，又五日群鸟养羞；秋分之日雷始收声，又五日蛰虫培户，又五日水始涸；寒露之日鸿来宾，又五日爵入大水化为蛤，又五日菊有黄华；霜降之日豺乃祭兽，又五日草木黄落，又五日蛰虫咸俯；立冬之日水始冰，又五日地始冻，又五日雉入大水为蜃；小雪之日虹藏不见，又五日天气上腾地气下降，又五日闭塞而成冬；大雪之日鸟不鸣，又五日虎始交，又五日荔挺生；冬至之日蚯蚓结，又五日麋角解，又五日水泉动；小寒之日雁北向，又五日鹊始巢，又五日雉始鸲；大寒之日鸡始乳，又五日蛰鸟厉疾，又五日水泽腹坚。”四是公元前372年—前236年时，在《孟子》中提出了“不违农时”的生产要求。如《孟子·梁惠王上》记载：“不违农时，谷不可胜食。”又《尽心章句上》中也记载：“五母鸡，二母彘，无失其时，老者足以无失其肉矣。百亩之田，匹夫耕之，八口之家足以无饥矣。”其实，“不违农时”的要求和记载还见于其他文献中，如《荀子·王制》中所载“春耕、夏耘、秋收、冬藏，四时不失，故五谷不绝”等即是。《国语·齐语》中也有“无夺民时，则百姓富”的记述。五是公元前239年时，《吕氏春秋·审时篇》的记载，更从作物生长的角度，论证了掌握农时的重要性和必要性，提出“厚（候）之为实”的著名观点：“凡农之道，厚（候）之为实”，“得时之稼兴，失时之稼约。茎相若称之，得时者重，粟之多。

量粟相若而舂之，得时者多米。量米相若而食之，得时者忍饥。是故得时之稼，其臭香，其味甘，其气章，百日食之，耳目聪明，心意睿智，四卫变强，凶气不入，身无苛（疴）殃”。六是《吕氏春秋》一书还将云分为山云、水云、旱云、雨云四种。这是将物候与天象结合的结果，也是对云状的科学分类，体现了当时的认识水平。对此，《吕氏春秋·应同》记载：“山云草莽，水云角鳞，旱云如烟，雨云水波，所不皆类其所以生以示人。”

从先秦至秦汉时期，关于四季与节候的划分，是以天文为标准还是以气候条件为依据，曾有过不同争论和认识。其主流和占主导地位的看法，主张以天文标准为主，对此，《吕氏春秋》与《淮南子·天文训》两书中均有记载，秦汉时全国有统一的规定和要求。但在春秋战国时期，也有以诸侯国当地气候条件为依据来进行一年四季和节候划分的情况。在《管子·幼官第八》中对四季和齐国的三十个节气的记述，便是典型的事例，可以作为研究的对象。

《管子·幼官第八》篇所记的四季与三十个节气的内容，就是齐国一国的规定。齐国位居山东半岛东端，三面环海，受海洋气候的调节，一年冬夏寒暑程度较比远海各地更为和缓。于是，管仲便从齐国的气候条件出发，制订出有利于社会生产与生活安排的四季划分与三十个节气的活动。齐国的四季划分，据《管子·幼官第八》载：春季（从“地气发”到“下卯”）共九十六天；夏季（从“小郢”到“大暑终”）共八十四天；秋季（从“期风至”到“下卯”）共九十六天；冬季（从“始寒”到“大寒终”）共八十四天，结果全年共三百六十天，较地球公转一周的天日数为少。

至于齐国的三十个节气，则以十二天为一个时段，其节气名、活动、时段日数，根据《管子·幼官第八》篇的记述，是这样划分的：

其一，春季（共八个节气，九十六天）。

（1）节气名：“地气发”；活动：“戒春事”（即告诫人们作春耕春播准备）；时段：十二天。

（2）节气名：“小卯”；活动：“出耕”；时段：十二天。

（3）节气名：“天气下”；活动：“赐予”；时段：十二天。

（4）节气名：“义气至”（义，宜也。指昼夜均分，相当于“春分”）；活动：“修门闾”；时段：十二天。

（5）节气名；“清明”；活动：“发禁”；时段：十二天。

（6）节气名：“始（卯）”；活动：“合男女”（合男女，即是集合男女劳动力之意）；时段：十二天。

（7）节气名："中卯"；活动："合男女"；时段：十二天。

（8）节气名："下卯"；活动："合男女"；时段：十二天。

其二，夏季（共七个节气，八十四天）。

（9）节气名："小郢"（即"小满"之意）；活动："至德"；时段：十二天。

（10）节气名："绝气下"（指夏熟作物开始成熟的时期）；活动："下爵赏"；时段：十二天。

（11）节气名："中郢"；活动："赐予"；时段：十二天。

（12）节气名："中绝"；活动："收聚"；时段：十二天。

（13）节气名："大暑至"；活动："尽善"；时段：十二天。

（14）节气名："中暑至"；活动："尽善"；时段：十二天。

（15）节气名："大暑终或作小暑终"；活动："尽善"；时段：十二天。

其三，秋季（共八个节气，九十六天）。

（16）节气名："期风至"；活动："戒秋事"；时段：十二天。

（17）节气名："小卯"；活动："薄百爵"；时段：十二天。

（18）节气名："白露下"；活动："收聚"；时段：十二天。

（19）节气名："复理"（相当于"秋分"）；活动："赐予"；时段：十二天。

（20）节气名："始（卯）前"；活动："节赋事"；时段：十二天。

（21）节气名："始卯"；活动："合男女"；时段：十二天。

（22）节气名："中卯"；活动："合男女"；时段：十二天。

（23）节气名："下卯"；活动："合男女"；时段：十二天。

其四，冬季（共七个节气，八十四天）。

（24）节气名："始寒"；活动："尽刑"；时段：十二天。

（25）节气名："小榆"（榆，用火取暖之意。小榆指天未大冻，可间歇用火）；活动："赐予"；时段：十二天。

（26）节气名："中寒"；活动："收聚"；时段：十二天。

（27）节气名："中榆"（指天气已冷，须经常生火取暖）；活动："大收"；时段：十二天。

（28）节气名："寒至"；活动："静"；时段：十二天。

（29）节气名："大寒之阴"；活动："静"；时段：十二天。

（30）节气名："大寒终"；活动："静"；时段：十二天。

如果将齐国的三十个节气与后来全国统一通行的二十四个节气相对照的话，那么两者相差仅四天以内的节气有：“立春”，相当于“大寒终”；“雨水”，相当于“地气发”；“惊蛰”，则介居于“小卯”、“天气下”二节气时段之间；“春分”，相当于“义气至”；“清明”，相当于“清明”；“谷雨”，相当于“始卯”；“立夏”，则介居于“中卯”、“下卯”二节气时段之间；“小满”，相当于“小郢”；“芒种”，相当于“绝气下”；“夏至”，相当于“中郢”；“小暑”，相当于“大暑至”；“大暑”，相当于“中暑”；“立秋”，相当于“大暑终”；“处暑”，则介居于“期风至”、“小卯”二节气时段之间；“白露”，相当于“白露下”；“秋分”，相当于“复理”；“寒露”，相当于“始（卯）前”；“霜降”，则介居于“始卯”、“中卯”二节气时段之间；“立冬”，相当于“下卯”；“小雪”，相当于“始寒”；“大雪”，相当于“小榆”；“冬至”，则介居于“中寒”、“中榆”二节气时段之间；“小寒”，相当于“（大）寒至”；“大寒”，相当于“大寒之阴”（参见中国科学院自然科学史研究所地学史组主编：《中国古代地理学史》，科学出版社，1984年）。

（2）其他文献中关于“节气”与“物候”的记述。

在先秦文献中，对节气与物候关系进行生动、具体和形象地加以描述的文献，当属《诗经》一书。在《诗经·豳风·七月》篇中，就是按月将各种节气、物候现象用诗的语言表现出来的。如正月“三之日于耜”；二月“四之日举趾。同我妇子，馌彼南亩，田畯至喜”；三月则是“春日载阳，有鸣仓庚”；四月为“四月莠葽”；五月为“五月鸣蜩”，“五月斯螽动股”；六月为“六月莎鸡振羽”；七月为“七月流火”，“七月在野”，“七月食瓜”，“七月亨葵及菽”，“七月鸣（贝鸟）（臭鸟）”；八月为“八月在宇”，“八月剥枣”，“八月载绩”，“八月断壶”；九月为“九月授衣”，“九月肃霜”，“九月在户”，“九月叔苴”，“九月筑场圃”；十月为“十月蟋蟀入我床下”，“十月涤场”，“十月获稻”，“十月陨萚”，“十月纳禾稼”；十一月为“一之日觱发”；十二月为“二之日栗烈。无衣无褐，何以卒岁”？“二之日凿冰冲冲”等记载，都是按照节气与物候的顺序排列的。此外，还有“六食郁及薁”、“八月萑苇”等内容，这些记载涉及当时的节气、物候、农事、生产、动物、植物诸方面，为研究中国先秦时期的节气与物候提供了真实可靠的文献根据，这些探索和实践过程，为后世掌握农时节气提供了科学依据，也对丰富有关科技知识奠定了坚实基础，产生了深远影响。

2. 月令记事与生产生活节律

对先秦时期月令记事、礼仪祭祀等活动内容，在《礼记·月令》篇有较为详细的记述。《礼记》亦称《小戴记》，或《小戴礼记》，它是儒家的经典之一。《礼记》是秦汉以前，即先秦时期各种礼仪论著的选集，为西汉时戴圣编纂。书中包括“月令”篇在内的四十九篇，大都是孔子弟子及其再传、三传弟子等所记的内容。它对古代礼制和先秦时期月令政事、祭祀礼仪、社会生产、生活节律等的研究探讨，有着极为重要的意义。此外，在《吕氏春秋》与《淮南子》等书亦有相关内容的记述，这些较为系统的文献为后人了解和认识当时的月令文化活动的丰富内涵提供了科学根据和具体实践的记录。

《礼记·月令》篇对在位天子一年十二个月内，每季、每月的衣、食、住、行及其应当施行和颁发的政令，国家的农事生产、祭祀活动、军事征伐、禁忌与抚恤等都有明确而具体的记载。说明当时的天子的确是按照这样一个节律来行使国家权力的，这些记载不是凭空创造出来的。天子遵循“月令”活动的规制，率先垂范并积累了经验，所以，作为一项必须实行的政务活动，它也就从庙堂变成了朝野用以指导社会各阶层节令文化生活的带有纲领性的规定，天下普遍推行，这样就使它对古代社会生产、生活风尚产生了持久而又深远的作用和影响。与此同时，作为儒家经典《四书》、《五经》的一个重要组成部分，它更是对固有的以天子为中心和本位思想的生动体现。现将《礼记·月令》篇所载内容分为几个大类，对其重要内涵作简要勾勒，并将它对社会生产、生活风尚所发挥的作用和影响加以叙述，以阐释其发展的基本脉络和特点。

孟春正月的月令活动节律

（1）天象·月候：此月太阳在营室星宿的位置上，黄昏时参星宿在南天中的位置，清晨时尾星宿在南天中的位置。（2）物候表征：此月，东风化解了寒冷，冬眠的动物开始活动，鱼上游到冰面下，水獭驱鱼举行鱼祭，鸿雁从南方飞回来。（3）天子衣食住行：该月天子就当住在明堂东堂青阳的左室，乘鸾铃车，驾苍龙马，打青色旗，穿青色衣，戴青玉佩，吃麦和羊，用器要透气通风的。（4）政令：立春那天，天子要亲自率领三公九卿诸侯大夫到东郊举行迎接春天的礼仪。回来后要在朝中赏赐公卿大夫。命令三公宣布德教，发布禁令，褒扬善行，赈济贫困。（5）祭祀：天子要在第一个辛日进行祭祀上帝的活动，祈求丰收。然后选择第一个亥日，天子要亲自载着耒耜农具，放在车右和御者之间，再率领三公九卿诸侯大夫亲自耕耘借田，并在大寝殿举行劳酒宴会。(6) 农事生产：君王命令布置农事，命令农官住在东郊，安排修整耕地的疆界，检查修整沟径，认真察看丘陵、坡险、平原湿地所适宜的五谷作物的种植，将农事方法教授指导农民。(7) 禁忌与抚恤：天子要命令乐正进入国学教授舞蹈。要修订祭祀的典则，命令祭祀山林川泽的牺牲祭品不要用雌的。要禁止砍伐树木。不要毁坏鸟巢，不要杀死幼兽、胎兽。不要聚集大众，不要建置城郭。要掩埋枯骨腐肉。(8) 军事征伐：天子此月不可以举行征伐，举兵必遭天殃。更不要改变天道，不要混乱人伦纲纪。(9) 违时政令与危害：如天子在孟春正月施行夏季的政令，就会雨水不按天时，国家时有恐慌；施行秋季的政令，就会使民众发生大瘟疫；施行冬季的政令，就会洪水泛滥，首批种子不能播下。

孟夏四月的月令活动节律

(1) 天象·月候：这时的天象、月候是，太阳在毕星宿的位置上，黄昏时翼星宿在南天中的位置，清晨时婺女星宿在南天中的位置。(2) 物候表征：这个时节，青蛙鸣叫，蚯蚓出土，王瓜结果，苦菜长大。(3) 天子衣食住行：此月，天子须住在明堂右室，乘大红车，驾赤红马，打红色旗，穿红色衣，戴红玉佩，吃豆类和鸡，用器要高大粗放的。(4) 政令：在立夏那天，天子要亲自率领三公九卿大夫到南郊举行迎接夏天的礼仪。回来后要进行赏赐封建诸侯；命令乐师教授联合礼乐，命令太尉引荐勇武，推荐贤良，选拔强壮。(5) 征发与工程：此月不要兴办土建工程，不要征发大众，不要砍伐大树。(6) 农事生产：天子要命令主管田野山林的官吏巡行田地平原，代表天子慰劳勉励农众，不要有失时令；命令司徒巡行王畿、乡间，安排农众勤劳耕作。(7) 禁忌与田猎：此月不要举行大型田猎；在农官献上新麦时，天子要献猪到宗庙，举行尝新麦的礼仪。(8) 断狱与祭祀：这月刑罚轻的要加以断案，罪行小的要加以判决，拘留期短的要加以释放。蚕事结束，后妃们要举行献茧税，以供给做郊庙祭祀的礼服。(9) 饮宴与礼乐：天子要举行“饮酎”的仪式，要采用礼乐。(10) 违时政令与危害：如果在孟夏四月施行秋季的政令，就会使淫雨频来；施行冬季的政令，就会使草木提前枯萎；施行春季的政令，就会使蝗虫成灾，草木不结果实。

孟秋七月的月令活动节律

(1) 天象·月候：孟秋七月，太阳在翼星宿的位置上，黄昏时建星在南天中的位置，清晨时毕星宿在南天中的位置。(2) 物候表征：此月，凉风到来，白露降临，寒蝉鸣叫，鹰捉到鸟类先行祭祀，食用时才杀死。(3) 天子衣食住行：此月，天子应住在明堂西堂总章的左室，乘兵车，驾白色马，打白色旗，穿白色衣，戴白玉佩，吃芝麻和狗，用器要有边角而深腹。(4) 政令、祭祀、军事征伐：在立秋那天，天子要亲自率领三公九卿诸侯大夫到西郊举行迎接秋天的礼仪。回来后要在朝堂赏赐军官、武士。天子要命令将帅选拔士卒、锻造兵器，以征讨不义的人。(5) 刑狱与讼案：此月，要命令司法官吏研修法制，修缮牢狱，及时拘捕犯人；判决刑讼，杀戮有罪。(6) 农事生产、禁忌与抚恤：农官要献上新熟的谷物，天子要献祭到寝庙，举行尝新的礼仪。命令百官修补堤防，以防备洪涝；要修建宫室，修补城郭。不要封建诸侯，不要割让土地。(7) 违时政令与危害：若在此月施行冬季的政令，就会使阴气太重，甲虫伤害谷物，有敌兵来进犯；施行春季的政令，就会使国家发生旱灾，五谷不能结籽；施行夏季的政令，就会使国家多有火灾，民众多发疟疾。

孟冬十月的月令活动节律

(1) 天象·月候：孟冬十月，太阳在尾星宿的位置上，黄昏时危星宿在南天中的位置，清晨时七星在南天中的位置。(2) 物候表征：这时，水开始结冰，土地开始封冻，雉钻入海中变成蜃，彩虹藏而不见。(3) 天子衣食住行：孟冬十月，天子应住在明堂北堂玄堂的左室，乘黑色车，驾铁色马，打黑色旗，穿黑色衣，戴黑玉佩，吃黍和猪，用器要宽大而有盖的。(4) 政令与抚恤：立冬那天，天子要亲自率领三公九卿大夫到北郊举行迎接冬天的礼仪。回来后要赏赐为国捐躯的人，抚恤孤寡的人。(5) 祭祀：这个月，要命令太史举行衅祭，祀告龟、荚，占卜征兆，审看卦象，以権定吉凶。(6) 仓廪、边事、丧葬：命令百官谨慎从事仓廪的覆盖收藏；命令司徒巩固疆界，守备边境；要整顿丧事的规格，辨别贵贱的等级。(7) 百工考绩与祭器：要命令百工的长官呈交成绩，陈列祭器，按照规定样式来衡量；要在器物上刻出工匠的姓名，不合格的，就必须论罪。(8) 饮宴、祈福、劳农、讲武；天子此月，要举行大饮烝的礼仪，向天上的日月星辰祈求来年的福祉；要在公共的祖社和门闾举行割牲，献腊给先祖和五祀的神祇；要慰劳农众；要命令将帅教授射御。(9) 农事生产：要命令主管湖泊的官吏水虞和渔师收取水泉池泽的赋税，不可有敢于侵害民众利益而使民众抱怨天子。(10) 违时政令与危害：若在孟冬十月施行春季的政令，就会使封冻不严，民众多有流亡；施行夏季的政令，就会使国内多有风暴，冬眠的动物重新出来活动；施行秋季的政令，就会使雪霜不循时节。

仲春二月的月令活动节律

(1) 天象·月候：仲春二月时，太阳在奎星宿的位置上，黄昏时弧星在南天中的位置，清晨时建星在南天中的位置。(2) 物候表征：此月开始有雨水，桃树开始开花，黄鹂开始鸣叫，鹰鸟嘴变成鸠鸟嘴。(3) 天子衣食住行：天子应住在明堂东堂青阳的太庙，乘鸾铃车，驾苍龙马，打青色旗，穿青色衣，戴青玉佩，吃麦和羊，用器要透气通风。(4) 抚恤与减免刑狱：要抚恤遗孤子弟，要选择吉日，命令民众举行社祭。命令司法官吏减免拘捕关押。(5) 祭祀：在燕子飞来的日子，要用牛羊豕三牲太牢礼拜尊贵的禖神，天子要亲自前往，后妃也要率领九嫔同去参加。(6) 政令：此月白昼黑夜的时间均分，就要统一度量，均衡秤担，校对斗桶，纠正权概。(7) 农事生产：这个月，耕作的人要稍加休息，不要大兴土木，以免妨碍农事。(8) 禁忌与礼乐：在这个月，不要用渔网在陂池捕捞，不要焚烧山林。天子要用羊羔和新开的冰块，在寝庙举行进献的礼仪。要命令乐正教授舞蹈，举行释菜的礼仪。(9) 祭品陈设：在这个月，举行祭祀不用牺牲，改用圭璧和皮币。(10) 违时政令与危害：如果天子在仲春二月施行秋季的政令，就会使国家遭受大水，会有敌寇来征讨；施行冬季的政令，就会使阳气不足，麦子不能成熟；施行夏季的政令，就会使国内发生大旱，暑气提前到来，病虫毁害庄稼。

仲夏五月的月令活动节律

(1) 天象·月候：仲夏五月时，太阳在东井星宿的位置上，黄昏时亢星宿在南天中的位置，清晨时危星宿在南天中的位置。(2) 物候表征：这个时节，小暑到来，螳螂出生，伯劳鸟开始鸣叫，蛤蟆不再有叫声。(3) 天子衣食住行：天子此月应住在明堂太庙，乘大红车，驾赤红马，打红色旗，穿红色衣，戴红玉佩，吃豆类和鸡，用器要高大粗放的。(4) 礼乐与农事：这个月，要命令乐师整修鼓乐器械，要命令主管官吏为民众祭祀祈告山川百源，举行大雩礼祭祀上帝，采用盛大的音乐。然后命令各地方官吏，举行雩祭，以求五谷丰登。要由农官献上新熟的黍。(5) 政令：在这个月，天子要用小鸡献祭在寝庙，举行尝黍的祭告，并献上樱桃。命令民众不要割取蓝草用来织布，不要烧灰煮布，不要暴晒布；不要门闾关闭，不要关市搜索；要宽缓重囚的刑罚；放牧的母畜要分群，要拴系起公马。(6) 禁忌与省刑：此月，君子要斋戒，要停止声色娱乐，要淡薄口味。百官要静心处理事务，不要动用刑罚。(7) 应时与节物：这个时节，鹿角脱落，蝉开始鸣叫；半夏草生长，木堇花茂盛。(8) 避火与生活住行：在这个月，不要在南方用火；可以住在高爽明亮的地方。（9）违时政令与危害：天子若在仲夏五月施行冬季的政令，就会有冰雹砸坏、冻伤谷物；施行春季的政令，就会使五谷晚熟，各种虫灾时有发生；施行秋季的政令，就会使草木零落，果实提前成熟，民众遭受瘟疫。

仲秋八月的月令活动节律

（1）天象·月候：仲秋八月时，太阳在角星宿的位置上，黄昏时牵牛星在南天中的位置，清晨时觜星宿在南天中的位置。（2）物候表征：在这个时节，疾风刮起，鸿雁南来，燕子南归，群鸟都在蓄存营养。（3）天子衣食住行：仲秋八月时，天子就住在明堂西堂总章的太庙，乘兵车，驾白色马，打白色旗，穿白色衣，戴白玉佩，吃芝麻和狗，用器为有边角而深腹的。（4）政令：此月要养护衰弱老人，要命令主管服装的官员准备整理各种衣裳。命令司法官吏申明戒令，谨慎用刑。（5）祭祀：天子要命令宰官、祝官巡视祭祀用的牺牲，察看是否身体健全。然后天子要举行傩祭，以通达秋气；用狗配新熟的芝麻献祭到宗庙。（6）农事生产：要命令主管官员督促民众收藏谷物，加紧储存蔬菜，积聚粮食；鼓励种植麦子，不要误失时令，倘有失时令，就要论罪无疑。（7）统一度量：仲秋八月时，昼夜均分，就要统一度量，平准权衡，纠正秤担，校对斗桶。（8）应时市易与禁忌：该月要简易关市，招徕商人旅客，收纳货财，以便利民众的生活。凡举行大规模行动，不要违逆天数，必须顺应时令，相应时令慎重从事。（9）违时政令与危害：仲秋八月时，若施行春季的政令，就会使秋雨不降，草木开花，国家发生恐慌；施行夏季的政令，就会使国家发生旱灾，冬眠的动物不进洞穴，五谷再度发芽；施行冬季的政令，就会使风灾多次发生，夏雷提前结束，草木提前枯死。

仲冬十一月的月令活动节律

（1）天象·月候：仲冬十一月，太阳在斗星宿的位置上，黄昏时东壁星宿在南天中的位置，清晨时轸星宿在南天中的位置。（2）物候表征：这个时节，冰冻更加坚实，地面开始冻裂，鹖旦鸟不再鸣叫，老虎开始交配。（3）天子衣食住行：在这个时节，天子就住在明堂北堂玄堂的太庙，乘黑色车，驾铁色马，打黑色旗，穿黑色衣，戴黑玉佩，吃黍和猪，用器要宽大而有盖。（4）政令：仲冬十一月时，要整顿丧事，要命令主管官吏不要发动民众，以求加固封闭，以免地气泄露。（5）宫令、酿造、祭祀：在这个月，天子要命令太监之长申明宫中法令，检查门闾，谨守房室。要命令主管制酒的官吏监督酿造。天子要命令典礼官吏祭祀四海、大川、名源、渊泽、井泉。（6）农事生产：在这个月，农众有不加收藏的谷物、有马牛牲畜放在外面时，就任人取获，不加追究；山林薮泽中有可以收获的蔬菜果实，可以田猎的禽兽，主管山林的官吏就要指引民众收获猎取；有互相侵犯争夺的，就要论罪不赦。（7）禁忌与斋戒：这个时节，君子要斋戒，居处必须遮掩身体；要休养身体，排除声色，禁止嗜欲。（8）应时与制作：在这个时节，芸草开始生长，荔挺草出芽，蚯蚓在土中蜷曲，麋鹿角脱落，泉水流动。（9）宫阙与官员任免：在这个月，可以罢免无事的官吏，去除无用的器具。（10）违时政令与危害：天子倘若在仲冬十一月施行夏季的政令，就会使国家发生旱灾；施行秋季的政令，就会雨雪交加，瓜瓠不结果，国内有大的战事；施行春季的政令，就会使蝗虫成灾，泉水枯竭，民众多患皮肤病。

季春三月的月令活动节律

（1）天象·月候：该月太阳在胃星宿的位置上，黄昏时七星在南天中的位置，清晨时牵牛星在南天中的位置。（2）物候表征：在这个时节，桐树开始开花，田鼠变化成鹌鹑，彩虹开始出现，浮萍开始生长。（3）天子衣食住行：季春三月时，天子就住在明堂东堂青阳的右室，乘鸾铃车，驾苍龙马，打青色旗，穿青色衣，戴青玉佩，吃麦和羊，用器要透气通风的。（4）祭祀：在这个月，天子贡献黄桑色的礼服给先帝，要贡献鲔鱼在宗庙，为麦子祈求籽实。（5）抚恤与赈济：此时不可以有所收纳。天子要布德行惠，命令主管官吏打开仓廪，赐予贫穷，赈济断绝；打开府库、发放财货，周济天下。（6）政令：在这个月，天子要命令司空说："按天时，雨季就要到了，地下水也向上涌，要巡视国内城镇，周察原野地势，修整堤防，疏通沟渠，打开道路，不要有障碍堵塞。田猎用的网罗、毒杀鸟兽的药物不要带出城门。"（7）农事生产：在这个月，天子要命令看管田野山林的官吏禁止砍伐桑柘树木；后妃要斋戒，面向东亲自躬身采桑；要禁止妇女过分打扮，以专心采桑养蚕。（8）百工制造与禁忌：在这个月，天子要命令工匠的主管指派百工从事制造，监工每天都要发号施令，不要违背时令的顺序，不要制造奇巧以讨好长上。（9）乐舞：在这个月的末尾，要选择吉日，举行大型联合乐舞，天子要亲自率领三公九卿诸侯大夫亲自前往观赏。（10）牧业与应时牲祭：在这个月，要集合种牛种马，放牧在母畜群中；对用于牺牲的马驹牛犊，一生下来就要记录数目。要命令全国举行傩祭。（11）违时政令与危害：若天子在季春三月施行冬季的政令，就会寒气时常发作，草木萧条，国家有大的恐慌；施行夏季的政令，会使民众多有疾疫，到天时而不下雨，山林没有收成；施行秋季的政令，就会天气多有阴沉，淫雨提前到来，有兵革战事在各地并起。

季夏六月的月令活动节律

（1）天象·月候：季夏六月时，太阳在柳星宿的位置上，黄昏时火星在南天中的位置，清晨时奎星宿在南天中的位置。（2）物候表征：这个时节，温风开始吹来，蟋蟀住在墙缝里，雏鹰开始学飞，腐草中生出萤火虫。（3）天子衣食行住：天子该月就住在明堂右室，乘大红车，驾赤红马，打红色旗，穿红色衣，戴红玉佩，吃豆类和鸡，用器要高大粗放的。（4）政令：天子要命令渔师打蛟捕鳄，捉龟捕鼋，命令主管湖泽的官吏缴纳蒲苇材料。（5）祭祀：这个月，要命令四大监察官征集各地常备的畜草，以供饲养祭祀用的牺牲；命令民众尽力劳作，以供祭祀皇天上帝、名山大川、四方神只，以供祭祀宗庙社稷，为民众祈求福祉。（6）郊庙仪服：在这个月，天子命令主管女工的官吏，供给做郊庙祭祀的礼服、旗帜，用来区别贵贱等级的不同。（7）禁忌与军事征伐：天子要命令主管山林的官吏进山巡查林木，不要有所砍伐，不可以兴办土建工程，不可以聚合诸侯，不可以举众发兵。（8）农事生产：在这个月，可以烧草通水，借死草的便利，加上晒热的雨水，用来肥沃田地、改良土壤。（9）违时政令与危害：若在夏季六月施行春季的政令，就会使谷物籽粒散落；施行秋季的政令，就会使高地低地遭受水涝，庄稼不能成熟，多有妊娠灾病；施行冬季的政令，就会使风寒不时而至，鹰隼猛禽提前捕杀动物。

季秋九月的月令活动节律

（1）天象·月候：季秋九月时，太阳在房星宿的位置上，黄昏时虚星宿在南天中的位置，清晨时柳星宿在南天中的位置。（2）物候表征：这个时节，鸿雁来栖息，鸟雀穿入大海变成蛤蜊，菊花开出黄花，豺狼捕到禽兽先行祭祀，然后再杀死。（3）天子衣食住行：这个时节，天子就住在明堂西堂总章的右室，乘兵车，驾白色马，打白色旗，穿白色衣，戴白玉佩，吃芝麻和狗，用器要有边角而深腹的。（4）农事生产：在这个月，天子命令冢宰官主管农作物的全部收获，登记五谷收入总额，将天子借田的收获储藏在神仓中。（5）百工与礼乐：此月霜开始降落，要使百工休整停止工作；命令乐正到国学教授吹奏乐器。（6）祭祀：这个月，要举行大飨礼祭祀上帝，进行尝祭。（7）田猎与兵器操练：在这个月，天子要在举行田猎中教给民众操练各种兵器和驯马的方法。（8）政令与刑狱：这个时节，要加紧处理刑狱，不要留下有罪之人；要收缴不适当的俸禄和不适当的供养。（9）违时政令与危害：季秋九月时，施行夏季的政令，就会使国家发大水，民众多患鼻塞；施行冬季的政令，就会使国家多有盗贼；施行春季的政令，就会使暖风袭来，民众怠懈懒惰，战事兴起不息。

季冬十二月的月令活动节律

(1) 天象·月候：季冬十二月时，太阳在婺女星宿的位置上，黄昏时娄星宿在南天中的位置，清晨时氐星宿在南天中的位置。(2) 物候表征：这个时节，大雁向北飞，喜鹊开始做巢，雉开始鸣叫，鸡开始孵卵。(3) 天子衣食住行：天子该月就住在明堂北堂玄堂的右室，乘黑色车，驾铁色马，打黑色旗，穿黑色衣，戴黑玉佩，吃黍和猪，用器要宽大而有盖的。(4) 祭祀：季冬十二月时，天子要命令典礼官吏举行大傩祭祀。(5) 捕鱼与献供：这个时节，就要结束对山川的祭祀以及对天帝的臣属和天上的神只的祭祀。要命令渔师开始捕鱼，要献祭到宗庙。(6) 农事生产：在这个时节，要布告农众，挑选准备五谷种子；命令农官安排计划耦耕的农事，修理耒耜，准备农具。(7) 应时与抚恤：在这个月，要专门指派农民，不要有其他的劳役。(8) 政令：季冬十二月时，天子要和公卿大夫共同整理国家法典，讨论时令，以准备来年适当运用；要命令太史排列诸侯的顺序，让他们进献牺牲祭品，以供给祭祀皇天上帝社稷的享用。(9) 违时政令与危害：季冬十二月时，若施行秋季的政令，就会使白露提前降落，各种甲壳动物兴妖作怪；施行春季的政令，国民多患难治的疾病，这就叫做“逆”；施行夏季的政令，就会使水涝毁坏国家，到时候不降雪，冰冻消解融化（《礼记·月令》译文参见吴树平主编：《白话四书五经》一书，国际文化出版公司，1992 年）。

在《吕氏春秋·月令》中关于天子月令政事活动的规范、典则、事项、禁忌、农事、刑惩、抚恤、济贫、兴伐、征战、礼乐、祭祀、土木、政令、徭役、赏罚等内容，与《礼记·月令》所载内容大致相同，略有歧异。但其政治哲学思想基础、自然观、人文观却是一致的，这正如刘泽华先生所阐释的：“《月令》把科学、神学、五行、政令和社会生活杂糅于一起。文中所描述的事物当系有两种情况：一种情况是，确实揭示了某些事物之间的内在联系，这些联系具有许多不可更改的性质；另一种情况是，作者搞了许多虚构，把一些毫不相干的事情连接在一起，其中还有一些生造的根本不存在的东西，如神等。这两种情况杂糅在一起，使科学充当了神学的伴侣，神学又使科学蒙上了非世俗的外衣。”（参见刘泽华著：《先秦政治思想史》一书，南开大学出版社，1984 年）具体而论，通过《月令》篇中的记载以及月令政事的实施活动，可以透析出如下的节令智道内容：

其一，顺天应时智道

古代多部典籍《月令》篇的记载，表明古代人在天文学、气象学、物候学、节候学、农学、生物学、地理学、医药学方面的科技成就。从其揭示的一年四季关于自然界变化交替的某些客观规律来看，当时人们已认识并在一定程度上掌握这些规律且用来为农事生产、政务活动、社会日常生活服务。但是，《月令》也时刻告诫人们，生存于天地自然之中的人类必须顺天应时才能生存，否则，若违背自然界的规律，如春行夏令、秋令、冬令，夏行春令、秋令、冬令，秋行春令、夏令、冬令，冬行春令、夏令、秋令，那么，便会出现灾异，就会受到自然界的惩罚，出现国祸民殃的惨剧。虽然在典籍叙述中带有颇多牵强附会与神秘主义的东西，但其顺天应时智道的主流却占有主导地位。

其二，层构月事智道

若从《月令》篇所描述的宇宙自然、人间社会的层次结构来看，它是将一个多层次的结构，再配之以阴阳五行和春夏秋冬四季，借此以阐释天、地、人三者的相互感应、应和的状况。在这个多层次结构的构建中，最高层是日，即太阳，它造成了一年四季的变换和交替，在每一年的四个季节中，每季又分为三个月。而每季则有每季的气候、物象，每月则有不同的月候和物象。最中层（即立居于天地之间）的则是人，是人类的文明社会。它与最高层的天日节候相对应、相和谐的则是一年的四季与十二个月，月月都有不同的月令政事、生产、禁忌、军事、祭祀、礼乐等特定的内容，从而体现出古代人们天人相应和、相共律、相和谐的智慧之道。

其三，五行四时智道

阴阳五行学说是中国传统文化的重要组成部分，也是古代人在宇宙自然的本源探索中所形成有中国本土文化特色的哲学思想与智慧之道。在《月令》中，将此一学说加以运用，即用五行与四时相配，从而构筑了一个既充满辩证又神秘的五行四时智道蓝图。结果，春德为木，夏德为火，秋德为金，冬德为水，而土则不与任何一个季节相配合，而是将其放在一年之中的夏秋之际，称为季夏，居于中央，在此之下，即五行四时之德配合的层次之下，才为人间一切社会生产与生活的人事活动。其间充满着五行与四时之间进行巧妙结合的智道艺术。

其四，布德和令智道

居于天地之间的人间社会活动，既受天时的制约，又因季、因节、因月而有不同的政治活动安排，以与宇宙、天时、五行等相配合与相对应。为此，天子与百官要制定一个详尽的“布德和令”的政治行事月程表，才能不违天意且能施政布德和令于万民。典籍《月令》遵照这种需求，按月、按季、按节，开列了一个人间的政治行事月程表，主要供天子向百官和万民每月发布月令政事，用以“和令”。此表颇详，内容大致是：春季，其主为木，居于东方，其德为生，其色为青，天地万物于此时开始发生成长。所以春季天子发布的月令政事之政令，其基本原则如《吕氏春秋·月令》所载，应为“布德和令，行庆施惠，下及兆民，庆赐遂行，无有不当”。据此原则，国家一切政令与人民的一切生产生活行事均需以助长生长为特征、为目标。因此，在农事生产活动中，要修整封疆，分配土地，兴建水利；要定产量，开辟道路，禁止伐木和杀害幼畜等生灵，以利长成，要保护山林地泽等；对于国家的人民，也要救弱济贫，大赦罪犯，禁止徭役和用兵布阵；天子对臣下要多行赏劝，少用刑罚；招贤纳士，以修明政治。在夏季，由于其主为火，居于南方，其德为长，其色为红，故万物在此季节时生长走向繁荣。因此，夏季天子发布的政令基本原则，则是助长与促成万物向昌盛兴旺的方向发展。而国家颁施的所有政令和人生的一切行事更需要以助长为其特征。为遵奉这一法则，天子与百官要于此时节令讲求礼乐，选拔人才，禁兴土木，鼓励生产，以不失农时。到了秋季，由于其主为金，居于西方，其德为杀，其色为白，故万物于此时开始凋零。因此，天子与国家发布、颁施的政令基本原则应该是肃而杀。一个国家在此时则要注重武和刑。要选练将士，征讨不义，修刑决狱，斩杀罪囚。此时更须在选练将士的同时，兴建土木，以修筑城郭，征捐起徭，且开市进行贸易活动。在冬季时，由于其主为水，其德为藏，其色为黑，故万物于此时开始闭藏。为此，天子和国家在此季时，在政治与人事上要注意加强社会秩序的维护，惩治犯罪，罢黜官员中的无事者。更须开禁山林，对一年之中的各项事业，进行年终考核和统计，并检查百工人民，统计人口田亩，并为来年的各项生产政事做好各项准备工作。由此反映出布政与和令之间的智道。

其五，天人相通智道

在《月令》篇的记述中，还处处体现出古代天（自然、宇宙）人相通的智道。古人认为人间的一切月令政事与应时活动，即人事活动不仅与阴阳五行、四时之征候相切合对应，而且这些月事活动，还都要受到太阳、四时、月亮、神灵和阴阳五行的生克等各种天道力量的制约、规束，故都须与天道相对应、相通融、相和谐，不能一意孤行。从天子到庶民百姓，都不能违背自然界的法则和天道的规束。如在《吕氏春秋·月令》的记述中指出，天人相通的总体智道原则是：“凡举大事，毋逆天数，必顺其时，慎因其类。”所谓天数，即是自然宇宙的天道规律与法则，如阴阳之变化，日月之运行，五行之德施等等都是。至于顺其时，则是指人们在农事、行政、施令时，均要主动地、积极地、完全地顺应一年四时与节令月候的变化，各以其德举政处事、以其农作顺季应节。与此同时，尚需慎因其类。这即是说，天地之间的万物，皆以类而分，而宇宙自然现象与人世的百态事象，是相通相和的，人们的生产劳作与行事处世，须与宇宙自然的气息，息息相通才行。故人们举凡劳作、施令、刑惩、行事时，一定要按照《月令》篇中所述列的月和表严格进行，决不可半点违逆，且周而复始，年复循环，岁岁月月均须如此。倘若人们违背了这个规定的月令程式，那么，"天"、"人"之间的通道便会被堵塞、断绝，甚至受到天道的各种惩罚、制裁，各种灾害人祸便会不期而至，遭到毁灭性的结果。这是对人们的告诫，其内容充满了源于实践的丰富经验，更充满唯物辩证思想的智慧之道。

其六，政要统摄智道

在《月令》篇的记述中，将五行与四时对应调配，五行之中的土，不与春夏秋冬四时相配合，而把它置于夏秋之交，其色为黄。而与土德相对应的活动内容，见于《月令》篇记载的，只是天子届时要举行的礼仪性活动与规定，并无肯定的政令颁施。这是由于土德居中，统摄四方，却无具体之事，此与中国政治传统中"要在中央，政在四方"的政治理念大有关系，更是以农业文明为基础的传统文化与本土文明，在与月令政事智道相交结后所派生出的政要统摄智道的具体再现，具有非常深刻的政治与哲理意蕴在内。

农业文明与节令智道的衍生

先秦时期，中国古代节令文化的发展虽然尚处于早期衍生阶段，但是，它却是整个中国古代节令文化的重要发端和源头，不仅给中国古代节令文化后来的发展，在文化的内涵、外延、基本要素等方面的丰富，施加以界定式和框架结构式的重大而深刻的影响，而且以其独特的文化特性直接促成中国"礼"文化的形成及其范式化理念的发展进程，规定了中国"礼"文化发展的轨迹，进而对整个中国社会政治、经济、生产、文化、军事、礼仪、娱乐、祭祀等生活节律的发展进步，起到了积极的推动作用，奠定了中国"礼"文化发展的坚实基础。

1. 农业文明与先秦节令智道的衍生

先秦时期的历史发展表明，源于黄河流域的华夏文明是一种典型的农业文明。在这种文明发展的早期，农业生产活动不仅是社会的主要经济领域之一，而且农业生产的节律、过程、收成的好坏和丰歉，还直接或间接地作用、影响并波及到社会生活中的政治、经济、赋税、军事征伐、文化、民事、娱乐等各个领域。所以中国自古以来的统治者都特别强调“以农立国”的重要性。先秦时期是中国古代文明发展的早期，这种农业文明的发展状况对社会其他领域的作用、影响和制约显得尤其突出。从各代的君主、诸侯到思想家、谋略家，都将农业视作立国之基，安邦、治国、利民之本。即使是被视作“国之大事，在祀与戎”的重大活动，“祭祀”的目的亦在于祈求上天能风调雨顺，使农业获得一个好的、理想的收成。至于“戎事”战争的目标，除了对土地、人口的掠夺之外，其中对农产品的掠取也是重要的目的。由此可见，土地疆域的大小、人口的多寡、农业生产与收成的好坏，在当时是衡量综合国力强弱的重要标志。因为这是维系其统治得以绵延、文明得以再创的物质基础。

然而，农业生产是由原始社会的采集业进化、发展而来的，本身受“天时”、“气候”、“地利”的制约影响很大，因而对自然界的依赖性和附属性很强。先秦时期，由于农业生产力发展水平和农业科技水平还不够高，人类对自然的认识、规律的掌握、灾害的抗御能力还处于相应的低水准状态。因此，人们从长期的生产实践活动的成功与失败的教训中，深深感悟到注重自然运转节律、掌握农时、不违季节的极端重要性，并努力将这种感性的认识和对自然节奏、运转规律的掌握条理化、科学化，使人们在社会生产、生活中，易于把握、运用，使之与自然界的变化节律能够有机地和谐统一为一体。而这既是农业文明为基础的社会生产、生活本身的急切的需求，也是节令智道文化早期得以衍生的沃土。

由于农业生产本身是附属于自然界的生产活动，因此，它必须顺应、尊重、符合自然规律，随时、随地、随季，要生产者和人们按季节行事。这就使得在先秦时期，上自国君、诸侯下至庶民农夫，在潜意识里深深地烙上了要注重自然节奏，要顺时、应天、随季的印记；形成了一种类似于候鸟、蛰虫那样对自然节律变化传递的信息的敏锐感受，像山川草木一岁一枯荣那样迅即而全面的应变反映能力。不论是普通农夫的耕稼观云察地的辨时别季习俗，还是儒家的尚调和、主平衡的中庸精神和思想观念，均是派生于顺从、适应自然常规节律的行为表现，它当然与农业社会和文明本身的运行机制紧密相联系。

在先秦诸子百家的著述中，对此也颇多真知灼见，如前述的孟子的“不违农时，谷不可胜食”的见解、《吕氏春秋·审时篇》提出的“厚（候）之为实”的论点等等，都是这方面的精辟论述。正是基于这种特殊的背景和需求，从而使得作为社会生产、社会生活激活剂的节令智道文化得以萌生，同时，经统治者加以规范化、制度化以后的年节、月令活动，不仅可对国家政治、经济、文化、军事、祭祀、娱乐生活起指导性作用，而且还对人民的生产、生活起节律导化的安定作用，发挥与天时国事的和谐共振效应。

2. 先秦节令智道与“礼”的关系

先秦时代，是中国古代节令文化的早期衍生时期，也是中国传统文化的核心之一——“礼”的形成时期。而“礼”的核心思想在于辨尊威、别贵贱、明等第，因此，它是传统宗法等级制度和文明的产物，更有着农业社会文明的深深烙印。具体而言，早期衍生时期的节令文化的特色则与“礼”的形成有着相互依存、互相促进的密切关系：一是节令文化的内涵和核心就是“礼”的思想；二是统治者极力标榜和维护的“礼”文化是通过节令文化特色的展现和实践活动得以多层次、全方位地外化和辐射的；三是“礼”文化在社会生产与生活中发挥特殊的作用和效应。简而言之，先秦节令文化的特色和“礼”文化的丰富内涵，是通过如下的方式和渠道得以生动地表露出来的：

（1）先秦节令文化，是以天子为中心，而将天、神、人三者加以一体化的一种文化事象。天子既是上天和神灵在人间的代表和化身，又是实施各种年节政事、月令的最高主宰者。对此，《礼记·月令》篇的记述最为确切和系统。因此通过年节月令活动，指导百官、王公贵族、庶民百姓学“礼”、施“礼”、行“礼”者的主体，也是天子。

（2）先秦节令文化，是中国古代将节令文化活动正式纳入国家政治生活轨道的开端。在《礼记·月令》篇所记载的一年十二个月的内容，每月的月令活动，不仅是天子主持颁施、百官行使、百姓万民广泛参与的政治活动，也是具有强烈的“礼”的色彩的礼仪事项。如为“正其位”，天子特定的衣食住行活动；为使天子“施其令”的颁施政令的内容；为使天子“主其祀”的祭祀仪规；为能使天子“播其恩”的禁忌与抚恤等等内容，都与当时朝政有着密切的联系。

（3）先秦节令文化活动中的等级性是“礼”文化的生动显现。《礼记·月令》篇对上自天子、王公、百官，下至吏卒和工匠、农夫、百姓的每月应当进行的礼仪、规制、事项禁忌等月令活动，都作出了细致具体的规定，贵贱有别、等级有差，而又各得其所奉命遵行实践，否则，视为悖于“礼”而将受到应有的惩罚。

(4) 先秦节令文化中的“地域性”特征，是“礼”的辐射效应所产生的结果。如《礼记·月令》篇针对不同的地域、地形规定不同的祭祀、政令、生产活动，这既是因时、因季、因地、因域而异的不同月令活动，也是带有辐射性效应的多层次的礼仪的生动体现，表明礼文化具有放之天下的普遍意义。

(5) 先秦节令文化中的规范性特点，正是“礼”的具体外化和带有制约性的展示标志。《礼记·月令》篇所规定的各种礼仪活动事项，特别是有关农事生产的各种政令、举措、诸种禁忌、军事征伐的兴废等内容，均带有规仪性、示范性的强烈色彩。通过这些活动，使人们得以感知“礼”的存在、实践“礼”的内涵，揭示“礼”的真谛。

(6) 先秦节令文化中的时限性特色，更是“礼”的节律性、调谐性的具体体现。在《礼记·月令》篇所记述的月令活动中，关于为天子观其天的“天象·月候”的载述、为使天子“适其节”的物候表征的记载及对天子“应其时”“行其度”的各种违时政令的危害的告诫等内容，都是通过礼仪活动的方式，使得人与自然、时与节、节与令之间得以有节律地协调、和谐，从而更好地去达到适应自然、感应于天、顺其时令、天人合一的目的。

第三讲

星彗云气帛书与季时月令

秦汉时期，是中国历史上重要的转折时期，同时，也是以月令为中心的中国古代节令文化与节令智道出现兴旺繁盛局面的一个新时代。公元前221年，秦始皇翦灭了六国，建立了我国历史上第一个统一的多民族的封建主义中央集权的国家。秦皇汉帝诸多治国智道举措的颁施，进而又使得在经济上封建土地所有制在全国的最后确立，是在秦汉时期；在政治上贯穿数千年的封建专制主义制度的基本特点，也形成于秦汉时期；以汉族为主体的伟大的中华民族，其思想文化的真正统一也始于秦汉时期。而且由于实现了封建中央集权国家的统一管理，全国各地区的经济、文化更有了广泛的交流和发展，并显示出前所未有的新的历史演进风貌和时代特色。更应值得注意的是，随着古代传统社会经济基础部门农业生产的发展进步和需求的深化，促使秦汉两代的历法和天文观测之学在前人探索的基础上有了长足的进展。对与农业生产关系密切的节气和物候的制定以及对物候的观测，不仅有详尽的理论阐述，而且伴随农业生产月令活动而逐渐形成的节令文化活动的形式与内容，如除夕、元旦、人日、元宵、上巳、寒食、端午、七夕、重阳等节日已经成为群体参与的社会习俗，基本形成并趋于定型，成为此后中国两千多年节令文化活动的主要内容与极其通用的大众娱乐方式，并被后人传承发扬光大，使之更趋于成熟完善。

天地氤氲与节令萌芽

古代文献记载表明，人类的生活特别是其生产的经营活动，与自然季节的变化是紧密相连的。古人对其生活环境、自然经济、地理方面的知识，如对海洋、山村、田野等方面的知识是不断积累和逐渐丰富的，他们根据自身的深刻体验，有效地调整了与季节变化相适应的生产生活方式。有了自然历法，生产活动就与自然和谐相应。因此，很早以前，农业历法就产生于多依存于自然条件的农事耕作中，并以此来指导农业生产，这是那些为政者的治国安邦兴民的重要任务。中国是农业发达最早的文明古国之一，到了秦汉时期随着农业生产的不断发展，人们改造征服自然能力的增强，科技水平的进步，人们不但对与农业生产耕作关系密切的节气和物候的制定、观测较前有了更为科学的认识，适应了复杂变幻的自然条件的更易，总结了许多未知的经验，增强了人们抗御改造自然的社会能力，而且在长期的积累探索中总结完善了中国的农业历法。而秦汉时期的节令活动与文化内容，则与农业的发达进步有着必然的密不可分的联系，天文历法的发展又与农业的进步有着密切的关系，所以基于这一点，我们认为天文历法是秦汉时期节令文化活动形成的重要前提。因此在论述秦汉时期与农业生产活动关系密切的节令文化活动之前，很有必要对该历史时期天文历法的状况以及对节气物候天文气象杂占方面的认知观测进行介绍和论述。

1. 天文历法的完备化与修订

秦朝虽然是中国历史上的第一个中央集权的专制主义国家，但在天文历法方面却无建树。它受战国时代占星术的影响，听信邹衍的五德终始说，认为秦得水德而有天下，服色宜黑，应将十月为岁首，即所谓周正（这与后代通用的历法与岁时节令有较大的出入）。因此在比较了春秋战国时代各家历法优缺点之后，采用了当时比较接近实际的颛顼历，它的基本数据是 $365\frac{1}{4}$日为一回归年的长度，$29\frac{499}{940}$日为一朔望月的长度，以 19 年插入 7 个闰月调节节气，指导各项农业耕作和开展各种形式的岁时年节文化活动。

汉高祖刘邦开国建汉后，汉代在历法、仪象（即天文观测仪器）、观测以及天文理论著述等方面都取得了显著成绩，从而为汉代农业生产活动的进行以及围绕农耕和岁时节令开展的各项综合文化活动奠定了坚实的基础。其具体演进过程是：汉初刘邦根椐张苍的建议，继承秦代正朔，以十月为岁首，使用颛顼历。但长期使用之后，历面和实际的节气以及朔望的状态渐不一致，实际状态都比历面所载的早些，显然此历已不能适应汉代农业生产与生活的发展需要了，于是汉武帝下令征召民间天文学家二十多人，在颛顼历的基础上共同测算，提出了改历方案；经过三十年的争论，对各种天象进行多年观测和比较，制出了比较符合天象的新历。到了汉武帝元封七年（前104年）夏五月，下诏改用新历，命名新历为太初历，并把元封七年改称太初元年。改历之后以建寅正月为岁首。太初历由邓平、唐都、落下闳、司马迁等根据对天象实测和长期天文纪录所制订，它以$29\frac{43}{81}$日为一朔望月的长度，由于分母为八十一，所以又称八十一分法，它仍用十年七闰的置闰法。这个历法具备了后世历法的各项主要内容，如二十四节气、朔晦、闰法、五星、交食周期等。

到了西汉末年，刘歆把太初历改称为三统历，后人也常用三统历这个名称；实际太初历以改元而得名，而三统历是以法数而得名。刘歆把邓平的八十一分法作了系统的叙述，又补充了很多原来简略的天文知识和上古以来的天文文献的考证，写成了《三统历谱》，它是中国古代流传下来的一部完整的天文著作。此书内容有造历的理论，有节气、朔望、月食（没有日食）及五星等的常数和运算推步方法，还有基本恒星的距离，可以说含有现代天文年历的基本内容，因而《三统历谱》被认为是世界上最早的天文年历的雏形。若将《太初历》与《三统历谱》作个比较，我们知道太初历的制定是以天文观测纪录为依据的，它是与农业生产实践相结合的，它的内容比过去的颛顼历丰富得多。《三统历谱》中所叙述历法的数据运算推步方法都是合乎科学的，建立了后世历法的范例，说明随着科技的进步，农业的发展，人们认识自然、把握自然、改造征服自然的能力也有了显著的提高。

王莽篡汉时，以夏正十二月为正月，以它为岁首，而历法的常数仍用三统历，东汉初期已经发觉三统历和真实天象不符，倡议改历。章帝元和二年（85年）二月甲寅改用新历，它是一种四分历。这个四分历是由东汉天文学者编䜣、李梵编纂，而主持改历工作的是贾逵。它载有合朔弦望、月食加时的方法，还测定二十四节气的晷影。此外汉代对天文观测仪器的制造和使用也较之以往出现了飞跃（参见陈遵妫著：《中国天文学史》，上海人民出版社，1980 年）。从上述简要的描述可知，秦汉时期随着中国科技水平的不断提高，人们认识自然、征服自然、改造自身生存环境与条件的能力也在增强，天文历法的不断改进、修订、完备便是显著的例证。因为天文历法的日趋完善，实际上从另一方面表明，农业的发展，使人们原有的对自然现象的认识与理解，已不能适应社会生活的需要，所以面对自然界的挑战，为了保持社会群体与自然界的和谐关系，人们不得不对自身的生存方式、认知结构与水准作必要的调整，以适应社会发展的客观需求规律。

2. 帛书《天文气象杂占》的发现与出土

20 世纪 70 年代，在湖南长沙马王堆三号墓发现与出土了帛书《天文气象杂占》。书中绘有各种云气图，证明这是中国目前为止发现的最早的云气图像记载。它是秦汉时期天文历法与农业科技进步，人们对自然界认识水平提高的一个显著标志和有力象征。

对该帛书的成书年代、主要内容及其意义等问题，有的学者认为，在长沙马王堆三号墓出土的帛书中，有一种是从星、彗、云、气等占验吉凶的书。这部帛书的内容，如果从占所根据的对象来划分，大体上有以下几个方面：一、云：帛书的第一列和第二列开头的一段，无论标明是云的，还是大部分没有标明是什么的，看来都是云。画的那些动物、植物以及各种器物，都是代表云的形状的。二、气：这一方面可能有三种。一是蜃气：在第二列云后面不太长的一段（212 至 219 行），画的是树木和一些不知名的东西，下面既没有名称，亦没有解释。不过从排列的次序和树木等画法来看，很可能是代表蜃气的。二是晕：从第二列中部起，一直到第五列，中间虽然也夹杂一些别的，但主要都是讲晕的。首先如 220、221、326 等条，就标明是日晕或月晕。其次，这许多图大多离不开太阳和月亮，而在旁边加上圈或各种线。这部帛书里各种占的对象，以晕为最丰富。三是虹：除了第二列 238 条之外，都在第六列的开头。连第二列的在内，一共是两条单虹和两条双虹。四、星：一是恒星，二是月掩星。五、彗星：在第六列的中部，从 612 条到 640 条，一排 29 条，是各种各样的彗星。并且每一条都有名称，可能是这部帛书中排列得最为整齐、材料最完整的一部分。总的看来，这部帛书的内容，以占气的篇幅最大，其次是云，第三是彗，而星的分量最小。我国古代的天文学，一般说，是研究日月五星，用以制历法；二是研究二十八宿、中宫、外宫，用以定节气；三是研究气象（古代对天文和气象并没有严格区分，气象也归入天文），用以观察天气。这部占书是以气象占为主，穿插了天文范围内的彗以及个别的星，因此称它为《天文气象杂占》可能比较妥当。

关于《天文气象杂占》一书的成书年代，学者也有详论，说这部帛书的字体，虽然已是隶书，但篆书的意味还相当浓厚。同出土的许多帛书中，只有《老子》甲本和《战国纵横家书》和它比较接近。书中称所有国为邦，国君为邦君，不避汉高祖刘邦的讳。由此可见，这部帛书的传抄，至迟不晚于西汉最初的几年，但也不排除更早的可能。秦始皇焚书，像《天文气象杂占》这种科技方面的书是不在被焚之列的。总之《天文气象杂占》一书，顾名思义，包括天文学、气象学和占术等方面的内容。古代所谓的天文，包括天文和气象，这些内容均是与人类密切联系的自然现象。我们的祖先在很早的时代就进行不断的观测探索，累积起天文气象知识，其终极目的就是帮助自己适应自然，改造自然（参见顾铁符：《马王堆帛书天文气象杂占内容简述》一文，载《文物》1978 年第 2 期）。而《天文气象杂占》一书的发现与出土，从一个侧面反映出秦汉时期人们适应自然节律而进行的各种生产文化活动的内容和形式，较之以往无疑是丰富多彩的，这也是秦汉节令活动与文化内容日趋多样化的一个极为重要的前提条件。

3. 节气物候的观测及其成就

先秦时期，随着农业生产的发展，社会的进步，科技的不断发达，先民们根据生活、生产的需要，通过长期对天象和物候的观察，逐步认识时间规律，总结出我国最早的古“四分”历（即阴阳合历），掌握了一年中阴晴寒暖的天气气候变化规律，确定了四季，划分了两至（夏至、冬至）、两分（春分、秋分）这四个节气，有利于农业生产上的安排。但是在一年四季中，气候变化很大，且这四个节气时间相距很长，必然不能满足生产、生活上的实际需要，所以还要确定其余的节气。而到了秦汉时期，封建农业经济的发展，需用节气数目越来越多，此时科技水平的不断提高，天文历法的不断修订完善，也为安排农事以及社会生活需要的二十四节气的日益完备提供了必不可少的重要前提条件。又因为中国传统的节令农事活动与人们的社会文化生活有着千丝万缕的共生共存共荣的不可割舍的关系，也就是说在秦汉时期封建统治者治国兴邦的基础是农业，而人们的文化生活又都是围绕农事的节令时节来开展进行的，所以在探讨秦汉节令文化生活内容之前，很有必要对秦汉时期先民对节气的完备以及物候的探测情况略作说明，以便人们更加全面系统地了解秦汉时期节令文化活动的历史发展脉络及其发展规律和特点。

（1）二十四节气渐趋完备与确定

从秦汉现存文献的载述得悉，出于安排农事和进行各项文娱活动的需要，与之有密切联系的二十四节气是在这一历史时期渐趋完备确定的。如秦代吕不韦辑的《吕氏春秋》中的十二纪，即十二个月。在每月中记有立春、雨水、立夏、小暑、立秋、白露、霜降、立冬等节气名称，唯有两至称“日长至”、“日短至”，两分并称“日夜分”，这仅仅是名称有些不同罢了。不过从文献的记载看，这时二十四节气名称还不够完善和科学。这既与当时中国地域广博、各地气候情况复杂、差异较大有关，也是科技不够发达，认识和总结气候变化规律不够科学的具体反映。

到了两汉时期，由于农业生产进一步发展，在节气方面又增加了惊蛰、清明、谷雨、小满、芒种、大暑、处暑、寒露、小雪、大雪、小寒、大寒这十二个节气。淮南王刘安所著的《淮南子》一书的《天文训篇》已记有完全的二十四节气的名称。如在该书第三卷《天文训篇》中说道：“两维之间是 $91\frac{5}{16}$度。北斗斗柄日行一度，十五日为一节，运行一周共分二十四个节气。斗柄指子的时候，正是冬至，相应的是十二律中黄钟之律。增加十五日斗柄指癸，则是小寒，相应的是应钟。增加十五日斗柄指向丑位，则是大寒，其音相应的是无射。增加十五日斗柄指向极德之维，阴气在大地上消散，所以说距冬至四十六天便是立春。阳气升起，冰冻消释，其音相当于南吕。增加十五日斗柄指向寅位，则是雨水，其音相当于夷则。增加十五日斗柄指向甲位，则曰‘雷惊蛰’，其音相当于林钟。增加十五日斗柄指向卯，正当‘绳’处，所以叫春分，雷声大起，其音相当蕤宾。增加十五日斗柄指乙，则‘清明’风至，其音相当仲吕。增加十五日斗柄指辰，则为‘谷雨’，其音相当姑洗。增加十五日斗柄指向常羊之维，则是春分终止，所以说有四十六日而立夏。大风停止，其音相当夹钟。增加十五日斗柄指巳，则是小满，其音相当太蔟。增加十五日斗柄指丙，则是芒种，其音相当大吕。增加十五日斗柄指午，则阳气极，所以说有四十六日而夏至，其音相当黄钟。增加十五日斗柄指丁，则是‘小暑’，其音相当大吕。增加十五日斗柄指未，则是‘大暑’，其音相当太蔟。增加十五日斗柄指向背阳之维，所以夏至后四十六日立秋，凉风吹来，其音相当夹钟。增加十五日斗柄指向申，则是‘处暑’，其音相当姑洗。增加十五日斗柄指向庚，则是白露降落，其音相当仲吕。增加十五日斗柄指向酉，正当‘绳’处，所以叫秋分，雷气躲藏，冬眠动物头向北面，其音相当蕤宾。增加十五日斗柄指向辛位，则是寒露，其音相当林钟。增加十五日斗柄指向戌，则是霜降，其音相当夷则。增加十五日斗柄指向蹄通之维，那么秋分后四十六日而立冬，草木全部枯死，其音相当南吕。增加十五日斗柄指向亥，则是小雪，其音相当无夷。增加十五日斗柄指向壬，则是大雪，其音相当应钟。增加十五日斗柄指子，回到冬至之节。”这和现在我们知道的二十四节气名称完全相同。所以从这部著作便可断定，除了两分两至以外的二十个节气在秦汉之时就已齐备了。二十四节气一般列入中国古代的历法中。此外，还插有和人民生活有关的所谓“九九”、“三伏”天日，至今还在流行使用。总之，二十四节气既是中国人民古代文明的独创，又是节令智道的生动显现，而它在秦汉时期能够得以确定完备，说明当时的生产和科学水平是比较高的。

（2）物候载述愈加完整科学

节气与物候有着密切的关系。节气表征着一年中天气气候变化的周期规律。在这种规律的支配下，举凡作物的春生、夏长、秋收、冬藏以及候鸟的来往、动物的蛰苏等自然现象的变化，均与节气相对应。因此在古代还没有现代科学仪器如温度表、湿度计等进行观测的情况下，就以物候为指标，指导农耕生产等活动。所以节气产生后，随之就有了表征节气的候应。

中国最早记载物候的文献是《诗经·豳风》，前面已有说明。继往开来，承上启下，到秦朝，较为全面反映物候的书便是《吕氏春秋》。这本书的“十二纪”中已经有物候记载了。不过当时因为二十四节气尚未完备，有关天文历法气象方面的科技水平和认识能力还不够发达，人们探索自然奥秘的力量还局限在一定的范围内，所以书中所记物候是依照孟春、仲春、季春、孟夏、仲夏、季夏、孟秋、仲秋、季秋、孟冬、仲冬、季冬的顺序排列的。例如孟春的物候是：春风吹融了冰雪，蛰伏的动物开始苏醒活动。鱼儿从深水向上游到冰层下，水獭开始捕鱼，候鸟大雁从南往北飞行，草木繁动等（《孟春纪第一》）；仲春二月的物候是：这个月开始下雨，桃李开始开花。黄鹂开始鸣叫，天空中的鹰逐渐为布谷鸟取代等；季春三月的物候是：这个月梧桐树开始开花，鼹鼠变成鹌鹑之类的鸟，彩虹开始出现，浮萍开始长出等；季冬的物候是：这个月大雁将要北来，喜鹊开始搭窝，山鸡鸣叫，家鸡孵卵等等。可见物候与社会生产生活的关系是至为重要的。

汉代，由于牛耕的铁犁农具普遍使用以及人口的增加，使农业有了显著的进步，人们对事关农耕生产的节气物候现象的认识也日趋科学全面，这时因为二十四节气已趋完备，故而记载物候的书籍就有三部之多。如《淮南子·时则训》、《礼记·月令》和《逸周书·时则训》等都记有物候的经验总结。淮南王刘安著的《淮南子·时则训》篇记载孟春的物候有“东风解冻，蛰虫始振苏。鱼上负冰，獭祭鱼，候雁北”，仲春二月的物候是“始雨水，桃李始华。苍庚鸣，鹰化为鸠”，季夏六月的物候是“凉风始至，蟋蟀居奥，鹰乃学习，腐草化为蚈”等等。此外戴圣著的《礼记·月令》记载的物候现象的内容则与《淮南子·时则训》所反映的内容大同小异，故不加赘述。不过从这里可以得知，《淮南子》与《礼记》两书所记的物候现象，在每一节气中还没有一定数目，也不齐全。后来委托周朝周公所作的《逸周书·时则训》（据考证是汉朝人所写，成书大约在公元前后）一书，则弥补了上述二书的不足，分一年为七十二候，每月六候，每候五天，排列整齐。物候发展到了这时已到完备程度了。从该书的记述看，此物候历当时主要流行于黄河流域。综上所述可见，秦汉时期不但确立了与农事生产、社会生活关系密切的二十四节气，而且中国最早、最完整的自然年历——物候历，也是在这个历史时期完备的，尽管它们在许多方面还有不够科学的地方，有一些局限性，但它是指导古代人民适应自然变化、利用自然规律为人类的生存生活服务的基本准则，也是长期同大自然进行抗争积累的节令智慧之道的结晶。而对于统治者天子国君来说，则是统治天下、治理国家的主要依据。因此受到历代历朝统治者和人民的高度重视。

《四民月令》与农事生产

中国古代的节令活动，是人们生产、生活、文化娱乐、祭祀活动兼具的一种社会群体文化活动事象。秦汉时期，无论是安排从事农作物的月令生产活动，还是岁时年节时的各种形式的文化、娱乐、祭祀、庆贺等活动，社会各阶层全民的广泛、积极参与是其突出特点，且通过节令文化的实践过程，人们在继承和弘扬历代文明成果的基础上，不断赋予其时代和地域发展特色，形成新的文化成果，使得节令文化活动内容更加丰富，形式更加多样，影响更加广泛。

1. 农事月令生产事项与社会生活风尚

所谓“月令”本是先秦典籍《礼记》中一篇的篇名。它的内容是按阴历十二个月依序记载每个月的日月星辰运行、节候气温变换、动植物生态以及国家根据时节、物候的具体情况，相应下达的着重生产安排和月中行事的政令。月令的形式是自然秩序和与此相适应的人事的活动，因此其实质是帝王天子根据自然规律所行的“人令”政事，它有着根据阴阳五行观念自然调配的特点，这在秦汉时期表现得尤其突出。秦汉时期载述月令活动的书籍有秦朝吕不韦编纂的《吕氏春秋·十二纪》、汉代觇书的《逸周书·时训》第五十二、《淮南子·时则训》卷五和《四民月令》等书。因为上举各书的“月令篇”对在位君王天子在一年中的每季每月的衣食住行及其应当实施和颁发的政令、国家的农事生产、祭祀活动、军事征伐、禁忌与抚恤等方面的内容有详尽的记载，而这些活动又与中国传统的节令文化与节日文化的形成发展彼此相互联系，所以有必要对月令活动作较详细的说明。兹以《淮南子·时则训》和东汉崔寔的《四民月令》为例，对秦汉时期的月令活动进行介绍。

（1）孟春正月的月令活动：（1）孟春正月的天象月候是：斗柄招摇指向寅位，黄昏时参星在南天正中，黎明时尾星正中南天。木神太仜的神位在东方，它的天干是甲乙，美盛的德泽在于木。它的代表虫是鱼类。它的代表音是角，律管由太蔟与之相对应。它的序数排列是八。它的主味是酸，它的气味是膻气。它的祭祀对象是门户，祭品以脾为先。（2）该月的物候表征是：东风吹来，冰冻解开，冬眠的动物开始苏醒活动，鱼儿向上靠着冰游弋，水獭开始捕杀鱼类，大雁向北方飞去。（3）天子的衣食住行是：天子月初住在明堂东向堂北头室，穿着青色衣服，驾着青色骏马，佩带着青色宝玉，立着绣有虎熊的青色旗帜。吃的是麦类和羊肉，饮用的是八方风吹来的露水，用燧取火，燃烧的是豆萁。东宫的侍女们穿的是青色衣服，佩的是青色彩饰，鼓的是琴和瑟。使用的兵器是矛，畜养的动物是羊。（4）发布春天宽和的命令。布施恩德，进行庆善赏赐，减省徭役和赋税。立春的时候，天子亲自率领文武百官到东郊八里迎接春天的来临。（5）祭祀的礼仪是：修整清扫祭坛祭神牌位，用圭璧祈祷鬼神赐福。祭祀用的牺牲都是雄性。（6）禁忌与抚恤措施是：禁止砍伐正在生长的树木，不能捣毁鸟巢，捕杀怀孕孵卵的动物，特别保护好幼小的麋和鹿。政令要求不要聚集大众，修筑城郭。要掩埋裸露在外的尸骨。（7）对违时政令与其危害的关系，文献中也有明确的记载，说道孟春时倘若施行夏季的政令，那么风雨就不能按时到来，草木提早枯落，国家会出现恐慌。孟春时倘若施行秋季的政令，那么百姓中会发生大的瘟疫，狂风暴雨会一道来临，藜莠蓬蒿等杂草繁茂生长。孟春时倘若施行冬季的政令，那么雨水过量，就会造成大的灾害，寒霜、冰雹降落，春播作物就会没有收成（参见《淮南子·时则训》）。此外《四民月令》的正月条下，对东汉末年崔氏庄园的农事活动及社会生活状况也有详尽的描述，书中称正月上辛日，“埽除韭畦中枯叶”。农事未起，“命女工趣织布”，“命典馈酿春酒……可作诸酱、肉酱、清酱”。农事未起，命成童以上入大学，学五经。“砚冰释，命幼童入小学，学篇章”。“雨水中，地气上腾，土长冒橛，陈根可拔。急菑疆土黑墟之田，粪畴（注：畴，麻田也）。可种瓜，可种瓠，可种葵，可种䪥、韭、芥、大小葱、蒜、苜蓿、及杂蒜，可种蓼”。

（2）季春三月的月令活动：对三月的月令活动内容，《淮南子·时则训》说：本月的物候表征是梧桐开花，田鼠转化为鹌鹑之类。彩虹开始出现，水中藻类出生。帝王天子的祭祀礼仪是天子乘船出行，向祖宗的寝庙进献鲟鱼，并为麦子祈祷丰收。赈济抚恤百姓的举措是，天子命令主管官员打开粮仓，资助贫穷，救济困乏之人。打开府库，拿出丝帛等财物，出使诸侯，拥有有名德之人，礼遇贤德之士。组织安排农桑的具体内容是：天子命令主管水土之官，应时之雨即将来临，低处的水将向上翻腾，顺次巡行国家都邑，普遍察看郊外平原，修筑堤坝，沟通河川，清除路障，通畅道路，从国都开始，一直到达边境。要准备养蚕用的蚕架、蚕箔、竹筐。王后、妃子斋戒之后，也在向着东方的地方亲自采摘桑叶，并减少妇人的其他职事，以勉励妇人勤力养蚕之事。同时命令掌管五库的官员和各种工匠，审查金铁、皮革、筋角、箭干、脂胶、丹漆的质量，有没有不好的。还选择三月下旬的一个好日子，大合众乐，使君臣人民得到欢欣。同时让公牛、公马在牧场上与母牛、母马交配。该月颁布的禁令是：这月要停止捕猎，收藏起罗网和弓箭。各种捕兽工具、毒杀野兽的食物，不准出国都之门，以利野兽怀胎生育。禁止主管山林之官，砍伐用来养蚕的桑树、柘树等。《四民月令》三月条描述当时农时节令的各项生产活动时云：三月，清明节，“令蚕妾治蚕室，涂隙穴，具槌倚箔笼。清明节后十日，封生姜，至四月立夏后……芽生，可种之。是月也，杏华盛，可菑白沙轻土之用。可种稹禾，可种苴麻，可种瓜，可种胡麻，可种黍穄……布谷鸣，收小蒜。桃华盛，农人候时而种……是月也……蚕晨尚闲，可利沟渎……是月尽夏至，煖气将盛，日烈熯燥……可种粳稻”。

（3）季冬十二月的月令活动：《淮南子·时则训》称：该月的物候表征是大雁向北方飞去。喜鹊加厚巢穴，雉鸡鸣叫求偶，家鸡鸣叫下蛋。作为帝王天子这时还要举行隆重的祭祀礼仪和颁布制定一系列有关农事生产活动的政令。其程序是天子在北向堂东头室使群臣朝见。命令主管官员举行腊月驱除疫鬼的祭祀，把杀死的犬羊陈列到四方，以驱除疫疾。命令渔官开始捕鱼。天子亲自去进行捕鱼活动，捕获之鱼，首先进献给祖先宗庙。命令太史排定诸侯国大小、尊卑的次序，把祭祀用的牺牲，按这样的秩序加以贡奉，用来供给五帝和社稷之神享用。命令与天子同姓的诸侯国，供给祖先寝庙所需的牛羊、犬豕；卿、士、大夫和老百姓，供给山林、名川祭祀用的牺牲。请出土牛，以劝农耕种。命令百姓取出五种谷物，指导农民从事耕作。修理耒耜等农具，准备好种田器具。同时命令农民安宁下来，不让从事劳作之事。这时天子和公卿大夫修治国法，研讨时令变化，以便来年有适应的政令举措等。《四民月令》称季冬十二月庄园里的情形也是“休农息役，惠必下浃。遂合耦田器，养耕牛，选任田者，以俟农事之起”。

2. 岁时节庆的文化礼俗活动

秦汉时期，随着农业文明的发展成熟，科技的进步，天文历法的发达完备，每月几乎都有与一定的节日、时令相关的文化礼俗活动。尽管这些岁时节日文化礼俗及其相关的各种活动在中国风俗史的形成发展历程中处于草创的阶段，但它却是当时人们的传统习惯、道德风尚和宗教观念的深刻反映和具体体现。透过这些绚丽多彩、意蕴深厚的岁时节日文化活动，可以窥见秦汉时期人们的真实生活内容和时代精神文化风貌。这一时期的岁时节日礼俗活动，重要的有元旦、灯节、上巳、端午、七夕、重阳、除夕等。届时从上到下，自帝王天子、官吏到下层的庶民百姓，各自都要随时随令随节开展丰富多样的文化礼仪活动。

（1）元旦

元旦又称“元日”、“岁旦”、“岁首”、“岁朝”、“首祚”、“三元”等。值得注意的是，秦及汉初因为历法不同，元旦的月份与今日大不相同。从文献记载看，中国古代依据北斗星旋转斗柄所指方位来确定月份。夏历以建寅孟春之月（正月初一）为岁首，殷历以建丑季冬之月（十二月初一）为岁首，周历以建子仲冬之月（阴历十一月初一）为岁首。秦采用颛顼历，以建亥孟冬之月（十月）为岁首。汉初沿用秦历，以九月为一年之终，以十月初一为岁首，一年之始。迄至汉武帝时，才令邓平、落下闳、司马迁等制订《太初历》，改以正月为一年之始，并把二十四节气订入历法，元旦正式列为令节，并被历代沿用传承。秦汉时期元旦有朝会、祭祖、尊老拜贺称喜、饮宴等文化礼俗活动。

从文献记载看，除夕之夜，元旦黎明时分燃放爆竹的习惯起源于汉代，东方朔《神异经》中就记载有以爆竹惊山臊恶鬼之说。但是这种爆竹是把竹子放在火中燎烧而爆裂发出噼叭的声响。当爆竹声划破黎明前的夜空之时，汉朝官方的朝贺礼仪也开始拉开了帷幕，届时宫廷前车水马龙，人来人往，门庭若市。而各级官吏，上自诸侯、三公九卿，下至四百石的小吏更是忙碌不堪。据东汉礼仪规定，每年元旦，在夜漏未到七刻时，文武百官要入宫给皇帝贺年道喜，皇帝届时也兴致高昂来到德阳殿接受诸侯、公卿的朝贺。按照东汉初年的礼制，群臣百官离宫之时，少府要代皇帝送一玉璧给群臣。及至后来，入宫朝贺的礼仪愈来愈为隆重气派。《后汉书·礼仪志》载，当文武百官依次向皇帝祝寿、恭贺新年以后，皇帝赐给群臣酒食，“司空奉羹，大司农奉饭”。与此同时宫殿中演奏“九宾散乐”，还有鱼龙曼衍、绳技、幻术等乐舞百戏，专为皇帝与文武群臣共庆佳节美辰助兴。乐舞表演完毕，文武百官退席出殿，徐徐散朝，各自回家，与家人团聚。

在民间元旦来临之际，春耕夏耘劳作终岁的百姓民家虽然没有丰盛的美味佳肴，但也有合家团聚、男女老幼一齐祭祀祖先，进酒降神，向家长敬椒酒（或称椒柏酒）、举杯爵、拜年等一系列节庆饮宴活动内容。如《四民月令》记载：正月之朔，是谓正旦。届时民人之家，皆“躬率妻孥，洁祀祖祢。及祀日，进酒降神毕，及室家尊卑，无大无小，以次列于先祖之前。子妇曾孙，各上椒柏酒于家长，称觞举寿，欣欣如也”，“进酒次等，当从小起，此年少者为先”。这里的柏酒是一种用柏树叶浸制的酒。之所以用柏酒称寿，是因为柏是长青之树，叶后凋而耐久，故被古人取作长寿的象征；其中柏叶又可入服食，所以有柏叶酒，其用意也是祝福长寿。《汉官仪》也有“正旦饮柏叶酒上寿”的说法。椒酒，是用椒籽浸制的酒，椒本是一种香草，有温、香、多子的特点，所以汉代元旦日子孙向家长进献椒酒，意在祝吉祈寿。除了上述这些活动外，元旦最有典型意义的活动就是宗族、亲朋邻里、乡村之间走家串户的拜年互致节日祝贺的活动了。这些活动均给元旦佳节增添了许多新的欢愉气氛。

（2）灯节

农历正月初一之后，最引人注目的就是灯节。灯节亦称元宵节。元宵节的得名，因其节俗活动在一年的第一个月（元）的十五日夜（宵）举行，该节日的主要活动是夜晚放灯，故名。此外元宵节也叫“上元”、“上元节”，这是从道教借来的说法。道教有所谓“三元神”，即上元天官、中元地官、下元水官，这三官神分别以正月、七月、十月的十五日为诞辰，因此这三个日子就分别叫上元、中元、下元。

灯节在中国有悠久的历史，对其形成的确切时间说法颇多，但一般认为在汉代就初具雏形。史称汉武帝的时候，汉室要祭祀一位叫“太一”的神明。《太平御览》转引《史记·乐书》称：“汉家常以正月上元祭祀太一甘泉，以昏时夜祀，至明而终。”太一也叫“泰一”、“泰乙”、“太乙”，早在战国时期即被人所奉祀。据称泰一是当时显赫一时的神明，地位在五帝之上，并有恩于汉武帝，所以受到的奉祀较为隆重。相传另一位汉朝皇帝汉文帝也和元宵节有关。这位汉文帝是大将周勃戡平“诸吕之乱”后即位称帝的，而戡乱的日子是正月十五日，所以此后每逢正月十五日夜晚，汉文帝都要出宫游玩，与民同乐，并且确定这天为元宵节。但是与这两位汉室帝王有关的正月十五夜祭太一、游玩的活动，并无张灯、放焰火的记载。倒是汉室的另一位皇帝汉明帝敕令元宵燃灯，从而形成了后世张灯、观灯的娱乐文化习尚。汉明帝颁布敕令燃灯和佛教有关。《西域记》载印度摩揭陀国正月十五日有观看佛舍利放光雨花之举，届时僧徒俗众云集，颇为壮观。汉明帝为了弘扬佛法，便下令正月十五日夜在宫廷和寺院“燃灯表佛”。由上述载记、传说可知，元宵灯节张灯之俗最初是在宫廷举行，后来才传到民间的，而且其节俗活动内容又与佛教有关联。不但如此，汉代对元宵灯节还制定有严厉的宵禁制度。据《事物纪原》记载：汉代西都长安城有执金吾负责宵禁，“晓瞑传呼，以禁夜行”。唯有正月十五日的夜晚，皇帝特许执金吾弛禁，前后各一日，允许士民踏月观灯，尽情享受节日的欢乐。

（3）上巳节

上巳节亦称“上巳”、“三巳”、“重三”、“元巳”、“三月三”。其起源有两说，一说起于周公曲水之宴。徐坚《初学记》引《续齐谐记》记载：“昔周公卜成洛邑，因流水以泛酒，故逸诗云：‘羽觞随波流。’”《三才图会·时候·上巳》称：“《十节录》云：‘昔周幽王淫乱，群臣愁苦之，于是设河上曲水宴……从此始也’。”

另一说为起源于周时水滨祓禊之俗。《周礼·春官·女巫》记载：“女巫掌岁时祓除衅浴。”郑玄注：“岁时祓除，如今三月上巳如水上之类。衅浴谓以香薰草药沐浴。”据《诗经·郑风·溱洧》载称，春秋时的郑国，每逢上巳，人们在溱洧两水之上，招魂续魄，秉执兰草，祓除不祥，举行除邪仪式。综合其他文献知悉，上巳日除了祓禊之外，尚有祭高禖、聚餐、男女野合及其他娱乐活动，其目的是求子，以维持人类自身的繁衍需求。迄汉代时，上巳日才确定为节日。

从文献记载看，早在西汉建立之初人们就十分重视这一节日。每当上巳时，京城长安万民百姓纷纷走出家门，前往城东灞水或浐水之滨，举行祓禊不祥的仪式，连真龙天子也不例外。如《西京杂记》记载：当暮春三月，春回大地，桃红柳绿，汉高祖刘邦与最宠幸的戚夫人，兴高采烈，“张乐于流水”之滨。届时更是“士女游戏，就此祓禊登高”。到了东汉时，随着社会的变迁，“上巳”节的内容也发生了小小的变化。人们来到东流水边已非仅仅是举行沐浴祓禊的仪式，而且将它作为欢乐郊游的大好时光。所以《后汉书·礼仪志》说：“三月上巳，官民皆洁于东流水上，日洗濯祓除，去宿垢疢（病），为大洁。”张衡《南都赋》说：“暮春之禊，元巳之辰，方轨齐轸，祓于阳滨。”后又增加了临水宴宾等习俗活动。对此《后汉书·周举传》说：“六年三月上巳日，商大会宾客宴于洛水。”

（4）端午节

端午节，又名端阳、重午、端五、重五、五月五、端节、蒲午、蒲节、天申节、诗人节等名称。关于端午的起源，长期以来争论不止，莫衷一是。端午节的缘起，共分为五种说法。端，是初始的意思，所谓端午也就是端五、初五日。一种说法是它原为龙的祭祀之日和祭祀活动。四五千年前，中国江浙一带，古代吴越民间即有与龙图腾崇拜祭祀有关的活动。闻一多先生在《端午考》与《端午的历史教育》等文中，认为吃粽子与龙舟竞渡，均与龙有关。他根据《说苑》一书中记述的“断发文身，以似龙子”的习俗，推论出端午节原是吴越人民举行龙图腾祭祀的日子，因而它也是龙的祭节。

第二种说法，则是源于对屈原的纪念。梁朝人吴均在《续齐谐记》一书中记载，屈原因“遭谗不用，是日（五月五日）投汨罗江死，楚人哀之，乃以舟楫拯救”。又说：“至此日以竹筒子贮米，投水以祭之。”

第三种说法，是因对伍子胥的追念和悼亡。吴国大将伍子胥因受夫差的迫害，被逼身亡于五月五日。吴王又命将其遗体装进鸱夷革内丢进大江。南朝人范晔在《后汉书》中记述：浙江东部一带百姓，由于十分怀念忠臣伍子胥，于是每逢五月五日便要结队驾舟沿着曹娥江溯流而上，并以歌舞弦乐迎接死后化为“浪神”的伍子胥的亡灵。

第四种说法是起源于民间的“恶日”习俗。古代称五月五日为恶日。先秦时期，人们对五月端午有许多禁忌，认为这天出生的孩子“长与户齐，将不利其父母”。后又因北宋的亡国之君宋徽宗、齐国的孟尝君与胡广、王镇都出生于五月五日，人们都认为它是恶日。加之天气变热，百病易生，人们更认为五月为恶月、五日为恶日。对此，南朝人宗懔的《荆楚岁时记》记载：五月五日，“四民并踏百草，又有斗百草之戏”，“采艾以为人”，“悬门户上，以禳毒气”。明朝彭大翼在《山堂肆考》中也说：五月为恶月，佩戴用艾叶扎成的“艾虎”，可以避邪除秽，达到驱魔逐鬼的成效。

第五种说法，则是源于民间的白蛇于端午饮雄黄酒显现原形吓死许仙的传说。还有源于人民对曹娥的追念、对介子推的吊亡而有此节，以及劫富济贫的民间“吉祥雀子”侠客后于五月五日被官兵围剿投湖尽节，人民为怀念这位侠客衍化而有各种节日风俗等等。不过综合考察的结果表明，至迟从战国时代起，人们就已把五月五日视为“恶月”、“恶日”当作驱邪之日。据文献记载，汉代五月五日流行的习尚与后来盛行的风俗活动是有区别的。对此《风俗通义》说：汉俗于五月五日用青、赤、黄、白、黑等五彩丝合并而成细索，系在臂上，称“长命缕”，或称“续命缕”、“辟兵缯”、“五色缕”、“朱索”等，用它驱病瘟，除邪止恶气，目的是延年益寿。此外汉代还有五月五日以朱索五色印作门户装饰的做法，为的是抵制恶气。《事物原始》的载述表明，五色就是桃印。那时桃印长六寸，宽三寸，五色书文，悬于门上，与后世悬符辟邪颇为近似。其中五色丝中的五色，黄代表中央，其余四色代表四方。这显然与汉代盛行阴阳五行学说有关，而与后来采艾蒲的习俗有所不同，它满足的是信仰上的需求，而与纪念屈原无关。

吃粽子本是汉人的习俗。粽子又叫角黍，从《风俗通》记载看，汉代人在端午节有吃粽子的习俗，而粽子只是一种时令食品，可是到了东汉光武时期，因为偶然的原因和传说，汉人原来吃的粽子变成了祭祀屈原的祭品，形成了有关粽子的两重习俗。至于龙舟竞渡的习俗，在屈原之前业已存在。但是到了汉代乃至以后，这项竞渡仪式与人民的娱乐方式也与祭奠屈原发生了关系。尤其值得注意的是，汉代的五月五日，除纪念屈原之外，尚有衍化为纪念介子推、伍子胥、东汉的曹娥、陈临等的说法，从而使这一岁时节日的文化内涵推演为战胜邪恶、逢凶化吉、崇尚正义与美好的意义，而佳节的喜庆与吉祥习尚、氛围也更为浓厚了。

（5）七夕节

农历七月七日是中国传统节日之一，称七夕节、乞巧节、少女节、女儿节、双星节、双七节等。其起源甚早，系由星名衍变而来。在汉代以前，牛郎称“牵牛”，它与织女只不过是“银河”两岸的星名而已。它们之间既无故事情节，七夕也不是节日。二星七夕相会的传说经历了一个逐步形成的漫长过程。到了西汉，随着社会经济的恢复，人民生活的长期安定，牛郎、织女由星名变成了神话故事人物，且被注入节日的内容。《古诗十九首》载称：“迢迢牵牛星，皎皎河汉女，纤纤擢素手，扎扎弄机杼。终日不成章，泣涕零如雨。河汉清且浅，相去复几许。盈盈一水间，脉脉不得语。”同时出现了《淮南子》与《风俗通》所载的“乌鸦填河桥而渡织女”和“织女七夕当渡河，使鹊为桥”的传说。显而易见，牛郎织女由星座变成了男耕女织的神话人物，表明七夕在汉代已初具节日的雏形。在民间已有七夕看织女星和穿针、曝衣的文化习俗。如晋葛洪的《西京杂记》说：“汉彩女常以七月七日穿七孔针于开襟楼，俱以习之。”当时太液池西有汉武帝曝衣楼，七月七日宫女出后衣登楼曝晒。由此可见，此节的文化内涵，既是对传统的男耕女织的生产模式的神化和赞颂，也是人民对男女爱情坚贞信念的祈祝与向往，进而寻求特定意义的精神寄托。

(6) 重阳节

农历九月九日，俗称“重阳节”，亦称“登高节”、“女儿节”、“重九节”、“九月九”、“茱萸节”、“菊花节”等。《易经》记载：“以阳爻为九。”九为阳数，两九相重，故为“重九”。又因日月并阳，两阳相重，故名“重阳”。这正如东汉末曹丕《九日与钟繇书》所说：“岁往月来，忽复九月九日。九为阳数，而日月并应，俗嘉其名，以为宜于长久，故以享宴高会。”

重阳节是一个历史悠久的节日，远在战国时代已有重阳之名，屈原《远游》诗中有“集重阳入帝宫兮”之句。洪兴祖注解称：“积阳为天，因天有九重，故曰重阳。”据而可知，这里所谓的重阳是指天空或穹苍，而非重阳节。至迟至西汉时，已具备节日内容。据《初学记》卷四引《西京杂记》记载：“汉武帝宫人贾佩兰，九月九日佩茱萸，食饵，饮菊花酒。云：令人长寿。盖相传自古，莫知其由。”可见汉人重阳节已有佩茱萸、饮菊花酒的习俗。据《西京杂记》记载，重阳节的登高之俗始于西汉。也有人认为汉代的登高之俗源于“桓景避难”之举。南朝梁人吴均《续齐谐记》说道：东汉时汝南子桓景拜仙人费长房为师。费长房曾对桓景云，某年九月九日有大灾，家人缝囊盛茱萸系于臂上，登山饮菊花酒，此祸可消。桓景如言照办，举家登山，果然平安无事。夕还，却见鸡犬牛羊都暴死。此后人们每到九月九日就登高、野宴、佩戴茱萸、饮菊花酒，以求免祸呈祥。

重阳节佩戴的茱萸，又名“越椒”，或称“艾子”，为植物名。其味香烈，入药，有驱虫、除湿、逐风邪、治寒热、利五脏、延年益寿的功效。所以古人将它附会成驱邪的神物和灵丹妙药，在重阳节相约登高之际，人人佩戴，称之为“茱萸会”，或称重阳节为“茱萸节”。至于菊花酒，是用菊花酿制成的酒。据《西京杂记》称：当每年菊花盛开之时，采其茎叶，杂以黍米酿成，至来年九月九日始熟。因为饮菊花酒同样可以达到延年益寿的功用，故为汉室的宗贵达官所喜饮的佳酿。对此沈俭期《九日临渭亭侍宴应制得长字》诗云：“魏文颂菊蕊，汉武赐萸囊……年年重九庆，日月奉天长。”如果追溯重阳节文化活动的特定内涵，其中既蕴含着《易经》的天道之数的人间实践意义，又富有消灾避害、顺天行时、祈求长寿、同享物惠天乐，由“天人感应”进达“天人合一”的深刻理性思考意味了。

（7）除夕

除夕亦称“除夜”、“年三十”、“大年夜”。秦及汉初因为历法不同，除夕的月份已与今日大不相同。秦汉时期的除夕节尽管还处于草创阶段，但伴随这一岁时节庆仍有诸多饶有风趣的文化活动内容。首先，除夕之日，汉人有将桃木梗削成神荼、郁垒两个人的样子，挂在门首以驱邪的风习。其次在除夕之日，还要举行一种驱鬼除瘟疫以禳灾的迷信仪式，称为“傩”。这种仪式源于原始巫舞，后成为民间的节日祭祀习尚。自西周至春秋战国，一直盛行不衰。到了汉代，进入宫廷，成为一种规模盛大、仪式隆重的驱鬼逐疫的祭仪。据《后汉书·礼仪志》记载：东汉这种仪式是选中黄门子弟十岁以上、十二岁以下的一百二十人为“伥子”，穿着黑红色衣裤，手持兆鼗。又有驱疫避邪之神，称“方相氏”，作为主舞者，头戴面具，面具上饰有四只金黄色的眼睛，身披熊皮，手持矛和盾牌，带领由人扮演的十二兽，舞傩逐疫，一边舞动，一边呼叫，表示驱鬼捉鬼。一百二十个“伥子”在仪式中伴舞助威，壮大声势。这样反复表演三遍，持火炬送疫出端门；门外有卫士千人送火炬出宫，司马门外有五营骑士千人掷火炬于洛水中，表示将恶鬼投于水中，使其不得再行妖作怪。这种仪式在汉画像石中也有反映。

在举行“傩”的仪式时，各官府门前挂木面兽，设桃梗、郁垒，垂苇茭。当此之时，皇帝往往要下令，赏赐给百官一些钱文或食品，以示慰问犒劳。此外除夕的辞旧迎新之夜，汉代人尚有守岁的习尚。届时合家欢聚饮宴，畅谈未来，叙旧迎新，寄希望于新年，因而通宵达旦不眠，企盼曙光的到来。由此可见，秦汉时期，宫廷与民间每逢年末岁除、辞旧迎新之际，其除夕活动，虽强烈反映出人们对鬼神的迷信敬畏意识，然却又通过诸种特定的仪式，向兴灾作害的鬼神主动发起进攻，进行驱逐，而暂作天地人三者之间的主宰者、创造者、进攻者。其间，既有去古未远的原始人性的自然纯真，又有着“敬鬼神而远之”的传统意识的具体流露。结果，除旧岁的活动被打上了驱逐恶鬼邪神的人为印记，进而使得人们伴之新岁来临，在精神获得解脱之际，又可寻求新的寄托。其间的节令智道和创造意识的显现，则是不言而喻的了。总之，通过综述秦汉时期节令年节文化活动的内容可知，这一历史时期是中国节令年节文化形成发展的重要时期，虽然有些重大节日均已备具雏形，但因受种种客观条件的限制，其文化活动的形式、内容、蕴含的文化意义，较之此后的年节活动的成熟发展定型而言，还显得极其不完善。这也说明中国古代年节文化的发展经历了极其漫长而又复杂的历史演进过程。

溯其源方可观其流。秦汉时期节令年节活动的初始内涵和形式，以及所展现出来的人类文化学意义，为后来的传承发展与完善丰富提供了重要的政治、文化、生产、民俗依据，赋予其新的发展空间。其间的节令智道，为人们进行社会判断与达成共识、价值取向多元化的形成、地方习俗个性的衍化，提供了仿效、实践与再创的门径，同时也确立了中国节令年节文化的发展坚实基础。

浑天仪与节令科技智道

中国古代的节令及节令文化活动内容，大体上确立于秦汉时期。之所以能够取得这样的成就，一方面是由于社会生产与生活的广泛、多元与深层的需要，另一方面是当时有专门从事天文、气象、农业等科技事业的科学家的科技成就被应用于实践，为其发展和多样性提供了可能。著名天文学家张衡研制的“浑天仪”及其天文学成就，就是节令科技智道的杰出代表之一。简而言之，首先，秦汉时期建立了政治、经济较为稳定的统一国家，各地区与各民族的经济文化交流空前活跃，使原来各地不同的节令风俗有了渐趋统一与融合的前提条件；这样就使得朝廷推行岁时节令风俗的统一也有了可能和基础，国家政治干预和进行融合的结果，使各不同区域的岁时节令文化活动内容和形式大同小异，进而为中国节令文化的发展丰富奠定了坚实的基础。其次，秦汉时期岁时节令文化的形成与完善发展，尤其与当时科技文化、儒家思想和宗教的促进有着不可分割的内在联系。第三，节令文化内容的丰富和活动形式的多样化为科技进步和历法的发展提出了新的目标，要求科学为许多自然现象作出解释，为破除迷信和虚妄提供理论根据和科技支撑，使节令文化的发展更具科学性和实用性，民众生活更加多彩。

中国的岁时节日由来已久，岁时源于古代历法，节日源于古代季节气候，简单地说是由年月日与气候变化相结合排定的节气时令。而秦汉时期不但是科学与迷信并盛的历史时代，而且天文学的发展也有重大突破，出现了盖天说、浑天说和宣夜说，这就为岁时节日文化活动的日益丰富和多样化发展提供了极佳的土壤和文化氛围。盖天说认为“天圆地方”，天如伞盖，地像棋盘；浑天说认为天地像鸡子，天在外像蛋壳，地在内似蛋黄，两者之间是气；宣夜说认为天体形成来源是元气。东汉著名的科学家张衡在《灵宪》一书中已指出日有光，月无光，月亮借太阳光辉而发光，并指出月食是地体掩蔽日光的结果。他还制造了浑天仪来模拟星辰的运行，制造了地动仪来测定地震，制造了候风仪来测定天气，对日食、月食、地震、山崩、水涌、暴风雨等自然现象作出了比较合理的科学解释。这种科学认识不但有利于传统农业的长足进步，而且使人们对自然现象的变化有了心理上和思想上的重新估价，从而在一定程度上打破了先秦时代那种盲目的自然崇拜，对岁时节日风俗也产生了深刻影响，突出显明地表现为原始的自然崇拜与巫术式的风俗向宗教神学的人文文化过渡，极大地充实了传统岁时节日的文化蕴含。历法的确定是节日确定时间的前提。但是中国古代改朝换代时，都要改律历、易正朔、重定岁首。自夏商周以来直至汉初，由于历法的不完备和多变，无疑对节日的形成发展产生了消极影响。公元前105年，汉武帝命太史司马迁、星官射姓、历官邓平、落下闳等二十余人制定了《太初历》，更精确地反映一年地球运行的自然周期，经过严格科学论定建寅之月（以后每年都从孟春正月开始，到季冬十二月终）为岁首，自此以后一千多年再无大的变更，这无疑是中国传统的岁时节日风俗得以确定并延续不变的重要因素和科技条件之一。这也说明，秦汉时期之所以是中国岁时节日形成发展的重要阶段，与此时科学技术的进步发展有着密不可分的必然关系，两者是相辅相成，共生共存的。

秦汉时期岁时节令文化活动的具体内容也说明，这时的宗教神学的发展进一步渗透到了节日活动，并充实增加了较多的岁时节日的活动形式与内容。如战国时期，邹衍创立的阴阳五行学说体系，以木、火、土、金、水五行配方位、时序，以五行顺相生，逆相胜（克）来解释社会，形成五德终始说。这个学说被秦汉统治者所遵奉崇信，又与汉代的“天人感应论”相结合，天神成了最高的人格神，阴阳五行是天神支配世界的工具，皇帝是天神之子——在人间的代表。当时人们认为天变、灾异、祥瑞是天对人的惩罚、谴告或降福，人们预测天意的手段是谶纬。这样就形成了一套完整的神学迷信体系。这种神学体系对节日的影响是十分重要的。阴阳五行家又把迷信禁忌活动划分给一年的四时八节、二十四节气，形成了一套僵化的岁时迷信顺序。具体内容详见《淮南子·时则训》等书的载述。所以司马炎在《论六家要旨》中就曾批评阴阳家说："夫阴阳，四时、八位、十二度、二十四节各有教令曰顺之者昌，逆之者亡，未必然也。故曰'使人拘而多畏'。"而这套岁时迷信又被汉代奉为思想学术独尊地位的儒家吸收，杂以"天人感应"及谶纬迷信，都均与礼仪相结合，以体现伦常孝悌。于是节日中出现了追祭祖先、节日起居座次讲究奉行长幼尊卑……许多岁时划分的迷信禁忌还被写入经典，又逐步上升为礼俗，于是它在确定岁时节日及其风俗活动中起着不可估量的作用。因此进入我们视野之中的岁时节日的活动，除举行隆重的"傩"外就是祭祀祖先，进酒降神。至于饮椒柏酒，叙天伦之乐，倒成了次要的活动内容。再如元宵节祭祀泰一神，上巳节女巫在河边进行消宵除邪、袚禊疾病仪式，端午节除恶禳毒等各种活动，无一不是其生动表现。但无论如何，科技等的发展进步的确为秦汉岁时节日的兴盛注入了新的生机和动力，这是不容否认的事实。

尽管秦汉时期的岁时节日风俗与各项文化活动尚有许多不够完善科学的地方，然而它较之先秦的岁时节日活动还是大大向前迈进了一步，节令的内容渐趋丰富、科学文化性渐趋明显、宗教迷信色彩渐趋淡化、娱乐性渐强是其显著的特征。这种节令智道所呈现出的新特色与新内涵，生动地表明，中国节令文化活动的主题已逐渐走出单纯的"敬天畏神"的自然崇拜的文化误区，使节令由彼岸世界延伸到此岸世界，且跳跃上升到"祭祖拜人"的阶段。这既是科技进步促成的人性的真正觉醒与解放，也是儒家思想与文化力主人们"远"鬼神而"入"世俗，努力实践的信条渗透的结果。譬如，某些历史人物取代了原始的鬼神信仰，如屈原、介子推、伍子胥、东汉的曹娥、陈临等已成为端午节纪念的著名人物，这是前所未见的，在一定程度上左右了节日的性质，并为后世所传承。无论其是演义还是附会，历史、传说人物和岁时节令的结合都有其价值存在。由于这些人物的介入而使节日习俗与活动更具真实性，因为这些人物的"知名度"很高，可以作"证据"。与此相应，就是提高了节俗活动的权威性，增强了其对人们的约束力，尤其是那些宗教人物渗透的节俗，这种约束力更为显著。约束力从积极的角度讲，其实也就是驱动力。由此看来，历史、传说人物和节日、节俗的联系，是节日成立、节俗运转不衰、文化意义突出的必要而有效的机制。此外，历史传说人物、故事对节俗的丰富就更不言而喻了，其给节日增添了不少情韵和趣味；如果将它剥离，节日无疑要干瘪得多。另外，又有一些风俗上升为礼俗，甚至成为国家的重要祭典，进一步扩大了节日的影响。如汉代宫廷每年除夕举行的规模盛大、仪式隆重的驱鬼逐疫的祭仪——“傩”，就源于原始的巫舞——民间的习俗。

第四讲

玉壶光转与宫廷年节活动

如果说，秦汉时期是中国古代节令活动的定型时期的话，那么，魏晋南北朝隋唐时期是节令文化进一步丰富、完善、充实、提高的新的历史转折点。以“花信风”物候与令作传承为表征的令事活动，标志着科技文化水平达到了新的高度。而玉壶光转的繁荣节日盛况，更表明宫廷与仕宦年节文化活动的丰富多彩，并且以此为标志形成了这一历史时期节令文化活动的新特点。

在历史上，魏晋南北朝是中国历史发生剧变的一个时期，其特点是：(1) 朝代更迭频繁；(2) 许多新经济地区得到了开发，中国经济比较发达的地区已不局限于黄河中下游地区。在东北的辽河流域，西北的凉州地区，以及东南的江南地区，都已成为令人瞩目的新的经济开发区和经济增长极。特别是江南地区，已开始成为全国经济的一个中心（到了唐朝，全国财富以扬州为第一，益州为第二，中国经济的重心正式由北方转移到南方了）。(3) 民族大迁徙与民族大融合，其中南北民族大迁移，将中原衣冠文化和先进的生产技术带到气候温和的大江以南发扬滋长；在北方的匈奴、鲜卑、羯、氐、羌等部族部落，也发展成为十六国。由于部落发展成为国家，其自身必然在经济、社会文化上又形成了一种体系，随着民族融合的进一步发展，这些少数民族的文化（草原与农牧文化）给中原的旧文化（农业与耕作文化）灌输了新鲜的血液。同时印度佛教文化的传入也给这一时期以重大影响。继之而来的隋唐王朝，不仅建立了南北统一的封建王朝，而且除上承魏晋南北朝以来汉族传统的封建文化外，又采撷了国内各少数民族文化的精华。再加上当时对外海陆交通上的亘古未有的发达，不但一般的西域国家，阿拉伯（大食）和东罗马（佛林国）也与唐帝国有了经济文化的交流。这种广泛的国内外文化交融的结果，造就了中国社会文化史上的一个光辉的时代。伴随魏晋南北朝乃至隋唐封建政治、经济、文化、科学技术的全面发展，古人对天文历法以及与之相应的岁时节令的探讨与认识、有关物候的观测（如二十四番花信风已见于记载等）也取得了显著的成就。随着历法修订的愈加科学化，岁时节令确定的愈加完备，认识自然规律、征服自然能力的提高，岁时节令文化活动内容愈加丰富多彩了。

花信风物候与令作传承

历法与天文学和节令物候之间的关系非常密切，随着天文学的发展，历法制订的日趋准确和科学，特别是魏晋时期各国历法的不断的改进，更对当时农业生产、政务颁布、军事行动以及社会生活的影响日益广泛，所起的作用越来越大，出现了许多前所未有的新气象，对后来的历法的发展完善起到了积极作用，并促成了节令文化内容的丰富，形成了中国节令文化发展的新里程碑。因此在论述魏晋隋唐节令物候之前，很有必要对历法发展的情况作简要的回顾，以期说明两者不可分割的相辅相成关系。

1. 历法的新演进与颁行

从文献记载看，三国时代，各国曾使用过不同的历法，这对当时生产和社会生活及节令文化发展产生了很大影响和作用。蜀汉沿用四分历，因而四分历从东汉元和二年（85 年）使用到蜀亡（263 年），先后使用 179 年时间。孙吴使用东汉刘洪所创造的干象历，前后达 59 年时间。它以 $365\frac{145}{589}$日为一年，闰法不变，因而得一朔望月为 $29\frac{773}{1457}$日。魏明帝改用杨伟造的景初历，它以$365\frac{455}{1843}$日为一年，闰法不变，因而得一朔望月为 $29\frac{2419}{4559}$日，即比干象历稍为增加了一些。景初历初用建丑之月为正，明帝死后，仍用寅月为正月。刘宋元嘉时，何承天制定元嘉历颁行。其后祖冲之认为元嘉历多有失误，制成大明历，宋孝武帝未及颁行而病死，此历因此搁置未行。梁天监时，冲之儿子暅之予以修订，梁武帝即予颁行之。北魏沿用曹魏的景初历，孝明帝时始制成正光历颁行，北齐即沿用正光历。北周初亦沿用正光历，以后曾制定过天和历，但未见明文颁行。可见各国都沿用适合自己区域发展的历法，说明历法改革和统一面临着更加艰巨的工作。

魏晋南北朝时期，在天文历法改革方面，一是知道了岁差。晋代以前，不知岁差。一周年为365 $\frac{1}{4}$日，一周天即为365 $\frac{1}{4}$度。如太初历即认为冬至点在空间是不变的，即太阳从冬至到下一个冬至点时，总是在空间的某一固定点上。也就是说，从地球上观察，太阳走完了一周年，也就是走完了一周天。到东晋成帝时的虞喜，第一次明确提出冬至点有缓慢的移动，一周年不等于一周天，一周年还没有走完一周天，这种现象叫做岁差。据虞喜的分析计算，经过五十年，冬至点西移一度。后秦的姜岌也观测到冬至点的移动。刘宋时的何承天也谈过岁差现象，他说到汉太初历，冬至点在牵牛初，东汉四分历和魏景初历，则在斗二十一度，刘宋元嘉时则在斗十七度，并指明“尔来二千七百余年，以中量检之，所差二十七八度”（《全宋文》卷二十四，《上元嘉历表》）。所以他认为岁差是每百年相差一度，不过何承天未将岁差用于他的元嘉历中。稍后，祖冲之计算，认为每百年相差二度，并将此岁差用于他的大明历中。祖冲之的计算数据虽然不精确，但他首先将岁差用于历法中，这是一大改革和科学创举。隋代的刘焯，计算为七十五年差一度，这比过往更加精确了，体现了历法的改进水平有显著的提高。

二是知道了定气法。如上所述，当时一周年为365 $\frac{1}{4}$天，一周天为365 $\frac{1}{4}$度。所以，以前认为太阳每行一天，即行一度，故每一节气所占的日数相同，即二十四节，各占25.2日。这样规定节气日数的方法，就是平气，也叫恒气。北齐时，张子信用浑仪在海岛进行了30年的实测，发现太阳在春分后行迟，在秋分后行速，这个发现很重要，证明用二十四节气来平分365 $\frac{1}{4}$日的方法不准确。因此，隋朝的刘焯提出在历法中用二十四个节气来等分一周天，每个节气得十五度多。因为在不同的节气中，日行的速度不同，因此，冬至节气时因日行速，每个节气只十四天半多，夏至节气时日行迟，每个节气就有十五天半多。这样以二十四等分来划分节气的方法，叫做定气法。由此可见，定气法显然比平气法要符合实际。

三是在闰年方面有了更精确的计算。众所熟知，古人在长期实践中积累了丰富的生产和天文历法的科学知识，发现和创立了二十四节气。有了二十四节气，就可以比较准确地设置闰月。春秋战国以来，在历法上总结出十九年七闰的规律。太初历、四分历等，都采用这一置闰法。等到了刘宋末年，祖冲之制定大明历时，吸收东晋时代甘肃北部的北凉天文家赵𣆶在玄始历中提出的六百年改置二百二十一闰月的方法（即破章法）的合理成分，提出改革主张说：“其一，以旧法一章十九岁有七闰，闰数为多，经二百年辄差一日。节闰既移，则应改法，历纪屡迁，实由此条。今改章法，三百九十一年，有一百四十四闰。”即大明历以一年为：$365\frac{9589}{39491}$日，一朔望月为$\frac{2090}{3939}$日。这样，置闰就更精确了。综上所述，魏晋南北朝的天文历法确有不小的进展，特别是南北朝时期更为突出，过去历法的不少缺点得到了纠正，为后代历法改革打下了良好的基础。

隋唐是中国封建社会的再建时期。隋统一南北朝之后，于开皇四年（584 年）正月，颁用道士张宾所撰的开皇历。它仅将何承天的元嘉历略加增减，以$365\frac{25063}{102960}$日为一年，$\frac{29}{96529181920}$日为一朔望月。这历法实行仅约 13 年，到了开皇十七年（597 年）改用张胄玄的大业历，施行到隋亡（618 年）共 21 年；它以$365\frac{10363}{12640}$日为一年，$29\frac{607}{1144}$日为一朔望月，用 410 年中设置 151 个闰月之法，岁差是 83 年逆行一度。

开皇历和大业历虽然被正式颁用，实际远不如刘焯所造的皇极历科学。刘焯使用自己发明的补间法即内插法处理日月和五星的不均匀运动，根据张子信的日行盈缩法采用定气，又采用何承天的定朔法，考虑祖冲之的岁差法，对于交食、五星都用了显然更为准确的数值。在历法上最早用了定朔与定气的名词。岁差由祖冲之最先使用于历法，他以 46 年差一度，后来梁虞邝改为 186 年，刘焯则用 76 年差一度。皇极历以$365\frac{11406.5}{46644}$日为一岁，周天度为$365\frac{12016}{46644}$，相差$\frac{609.5}{46644}$，求其逆数得岁差为 76.5 年一度。又以一朔望月为$29\frac{659}{1242}$日，遂得闰率 676 岁设 249 闰月。皇极历比过去历法有了更多的革新，虽然在隋代没有使用，其中所述的有关天文历法学思想，到唐代时开花结实，得到推广和应用。

唐代历时 290 年时间，改历先后有 8 次，即戊寅、麟德、大衍、正元、五纪、观象、宣明、崇玄历。唐以前的历法，都用平朔，只知月有一大一小，到了唐武德二年（619 年）傅仁钧造戊寅元历，才使用定朔的方法，这是中国历法史上的一次大改革。到了贞观十九年（645 年）九月以后接连四个大月，历法认为这是不应有的现象，因而又恢复使用平朔。麟德二年（665 年）李淳风造麟德历（该历吸取何承天的定朔法、祖冲之的岁差法、特别是刘焯的皇极历而造）。又用定朔，但立进朔迁就的方法避免四个连续大月的现象。当时一行已经指出“天事诚密，虽四大三小庸何伤”？一行的大衍历是在刘焯的皇极历的基础上发展起来的，他用恒气注历，用定气推算交食；它定各地交食的不同，有初亏、食甚、复圆等推算法，都比其他各历完善。显庆五年（660 年）曹士蔿造符天历（实行三项改革，即以正月中气即雨水为岁首，废上元积年和万分为日法），不用上元，已开元郭守敬授时历的先端；但该历当时只行于民间，所以叫做小历，说明在民间有很大的影响。

唐代农业生产的高度发展，使得天文历法改革和发展又进入一个新的阶段。大衍历用不等间隔的补间法，而宣明历更发展到和高斯内插公式一致的算式；同时，对等间隔的补间法，宣明和崇玄二历都有所创见。唐代还译有印度历法。开元年间（713—741 年）天竺历家瞿昙悉达任太史令，翻译九执历和大衍历并行用了 12 年时间，因其疏略，不合天象，不久停止使用；而大衍历从开元十七年（729 年）起，使用到宝应元年（762 年），前后共约 34 年时间。所有这些都是此一历史时期中节令文化与科技成就取得新进展的显现。既是对旧的历法的新修订、演进与科学总结与实践，同时显示出节令科技的发展将跨越到一个新的高度和水平。

五代十国时期的历法或藏在私人家里，或只行于民间，甚至只使用于个别国家之中，现在已无法稽考，勾勒出其发展的基本轨迹。从一些片段记载看，五代最初沿用唐的崇玄历，后晋高祖天福元年（936 年）马重绩用曹士蔿的符天历方法，造调远历，比较优良，可惜仅使行了 5 年时间，又改用崇玄历。五代十国尽管处在分裂割据状态下，但天文历法的传播工作却在继续进行当中。例如在后晋、后周、蜀、南唐、闽等地区，都因地制宜编制适应本地区社会生产生活所需的历法，各地也涌现出一些民间的天文历法家。这为后来北宋乃至辽金元时期天文历法的高度发展奠定了雄厚的科技基础（参见陈遵妫著：《中国天文学史》，上海人民出版社，1980 年）。

2. 天象与节令物候观测的进步

魏晋南北朝隋唐五代时期，南北各地的气候虽然存在一些差异，各地的自然经济、地理条件有所不同，但这一时期各地的月令活动形式与内容是基本一致的，与秦汉时期没有区别，所不同的是随着科技的发展，农耕生产技术的改进提高，人们适应自然、征服自然、改造自然环境、开拓生存空间的能力比以往大大增强了。尤其以物候、气象理论以及气象观测仪器等方面取得的成就更加突出。如公元323年，应花期而来的二十四香花信风已见于文献记载。北魏时成书的《齐民要术》，结合月令的农事生产活动讨论北方地区的气候条件，总结气候的变化规律，提出了具体进行农事活动的时间表。《齐民要术》分十卷九十二篇，综合整理农艺科学文献和汉代以来北方农业生产实际经验，计分为农艺（包括精耕、轮作、育种、绿肥、土壤改良等）、园艺、畜牧、渔业及农副产品制造加工等项，是中国现存最早的完整的农学著作。到了公元7世纪（唐代）初，李淳风的《乙巳占》一书便将风力分为动叶、条鸣、摇枝、堕叶、折小枝、折大枝、飞砂石、拔大木根等八级，并开始使用以相风旌相风的风候之法，为农业生产和生活服务。现将其内容详介如下：

二十四番花信风，简称"花信风"。它是应花期而来的风。两晋时见于记载，是古人在农事月令生产活动中观察总结自然现象变化规律而得出的实践经验总结。《荆楚岁时记》说："始梅花，终楝花，凡二十四番花信风。"《岁时广记》转引《东皋杂录》云："江南自初春至初夏，五日一番风候，谓之花信风。梅花风最先，楝花风最后，凡二十四番以为寒绝也。"后唐人诗云："楝花开后风光好，梅子黄时雨意浓。"徐师川诗云："一百五日寒食雨，二十四番花信风。"又《古诗》云："早禾秧雨初晴后，苦楝花风吹日长。"《蠡海录》云："十二月天气运于子，地气临于丑，阴吕而应于下，古人以为候气之端，是以有二十四番花信风之语。一月二气六候，自小寒至谷雨，几四月八气二十四候，每候五日，以一花之风应之，详言之：小寒，一候梅花，二候山茶，三候水仙；大寒，一候瑞香，二候兰花，三候山矾；立春，一候迎春，二候樱桃，三候望春；雨水，一候菜花，二候杏花，三候李花；惊蛰，一候桃花，二候棣棠，三候蔷薇；春分，一候海棠，二候梨花，三候木兰；清明，一候桐花，二候麦花，三候柳花；谷雨，一候牡丹，二候酴醾，三候楝花。"此外，还有一年的二十四番花信风。梁元帝《纂要》一书称："一月两番花信，阴阳寒暖，各随其时，但先期一日，有风雨微寒者即是。其花则：鹅儿、木兰、李花、玚花、桤花、桐花、金樱、黄苏、楝花、荷花、槟榔、蔓罗、菱花、木槿、桂花、芦花、兰花、蓼花、桃花、枇杷、梅花、水仙、山茶、瑞香，其名具存。"这表明古人对节令物候的认识与观测较以往无论是在手段还是在方法上都有了很大的提高和进步。

中国以农立国，农业有悠久的历史，因而在古代许多优秀的农学著作中也都把天时、气象物候条件放在相当重要的地位。如《吕氏春秋》的《审时》篇一开头就说："凡农之道，厚（候）之为实。"就是说在农业生产的道理当中，根据各地气候条件及时地进行耕作是最重要、最可宝贵的。成书于北魏的贾思勰的《齐民要术》便对农林牧副渔生产与节令物候的关系有专门的论述说明。从《齐民要术》的内容看，书中讨论农业生产的地区范围主要在黄河中下游：大致包括山西东南部、河北的中南部、河南的黄河北岸和山东。作者把所讨论地区的气候条件结合各种农事，提出了具体进行农事活动的时间。还总结了这个地区的气候条件，而且特别注意墒情，强调适时耕作，提高产量，增进农业生产的效益。下面就是有关这方面的记载：

有闰之岁，节气近后，宜晚田。然大率欲早，早田倍多于晚。早田净而易治，晚者芜秽难治，其收任多少，从岁所宜，非……凡五谷，大判上旬种者全收，中旬中收，下旬下收。（《种谷》）

提倡适时早播：

地正月中冻解者，时节既早，虽浸，芽不生，但燥种之，不须浸子。地若二月始解者，岁月稍晚，恐泽少，不时生，失岁计矣；便于暖处笼盛胡荽子，一日三度以水沃之，二三日则芽生，于旦暮时接润漫掷之，数日悉出矣。（《种胡荽第二十四》）

春多风旱，非畦不得。（《种葵第十七》）

春雨难期，必须借泽，蹉跎失机，则不得矣。（《种胡荽第二十四》）

四月亢旱，不浇则不长；有雨则不须。四月以前，虽旱亦不须浇，地实保泽，雪势未尽故也。（《种葵第十七》）

六月连雨时，穞生者亦寻满地，省耕种之劳……即于六月中旱时，耧耩作垄……此菜旱种，非连雨不生，所以不同春月要求湿下，种后，未遇连雨，虽一月不生，亦勿怪……六月中无不霖，遇连雨生，则根强科（棵）大。七月种者，雨多亦得。（《种胡荽第二十四》）

六月连雨，拔栽之。（《种兰香第二十五》）

常记十月、十一月、十二月冻树日种之，万不失一。冻树者，凝霜封着木条也。（《黍穄第四》）

十月末，地将冻，漫散子，唯穊为佳，亩用子六升。散讫，即再劳。有雪，勿令从风飞去，劳雪令地保泽，叶又不虫。每雪，辄一劳之。若竟冬无雪，腊月中汲井水普浇，悉令徹泽。(《种葵第十七》)

冬月大雪时，速并力堆雪于坑上为大堆。至春草生，瓜亦生，茎叶肥茂，异于常者。(《种瓜第十四》)

此外，《齐民要术·作豉法》对制作豆豉的最佳时令季节与技术过程也有详载，云：

《食经》作豉法：常夏五月至八月，是时月也。率一石豆，熟澡之，渍一宿。明日出，蒸之，手捻其皮破则可，便敷于地——地恶者，亦可席上敷之——令厚二寸许。豆须通冷，以青茅覆之，亦厚二寸许。三日视之，要须通得黄为可。去茅，又薄掸之，以手指画之，作耕垄。一日再三如此。凡三日作此，可止。更煮豆，取浓汁，并秫米女麹五升，盐五升，合此豉中。以豆汁洒溲之，令调，以手搏，令汁出指间，以此为度。毕，纳瓶中，若不满瓶，以矫桑叶满之，勿抑。乃密泥之中庭。二十七日，出，排曝令燥。更蒸之时，煮矫桑叶汁洒溲之，乃蒸如炊熟久，可复排之。此三蒸曝则成。(《作豉法第七十二》)

还必须特别指出的是，《齐民要术》中对于霜害的预报和防霜措施，较之汉代的《氾胜之书》大有改进，《栽树第三十二》篇中记载：

凡五果，花盛时，遭霜则无子。常预于园中，往往贮恶草生粪，天雨新晴，北风寒切，是夜必霜，此时放火作煴，少得烟气，则免于霜矣。

节令物候现象既然关系到人们的生产、生活，因此很早的时候就引起人们的注意。为了掌握各种节令物候的气象规律，更好地用于实际，不但需要定性地总结观天经验，更重要的须设法解决对气象现象的定量观测问题。中国古代很早就发明了许多观测物候天文的气象仪器。而到唐代时，不仅能够把风确定为八级，出现了测风的相风鸟、相风旋，而且还能测定风速和远近，进行天气预报。

中国古人对风特别重视，当作一种神来崇拜。殷商时曾把风认为是帝所派遣的使臣，称为“帝使风”。每当君王或奴隶主出外田猎或巡游的时候，用一种叫“斿”或“旒”的旗子来候风。据《辞源》解释：“旗之直幅附于竿者，谓之縿。其旁缀横幅附于縿而飞扬者，谓之斿。”“古言旗之九斿，十二斿，即九幅或十二幅也。”这种飘带状的旗子，就是中国最早最原始的测风器。大概是用布帛之物制成的测风旗，演变到后来，改用鸡的羽毛五两或八两，以细绳紧缚内中夹之编成，长短三四尺许，属于竿上占风，称为綄（音桓）。西汉刘安在《淮南子·齐俗训》中提到：“辟若綄之候风也，无须臾之间定矣。”东汉高诱注：“綄候风者也。世所谓五两。”同时还引许慎注云：“綄候风羽也，楚之谓之五两。”庸人李善注引《兵书》曰：“凡候风法以鸡羽重八两，建五丈旗（竿），取羽系其巅，立军营中。”这种称“统”的测风器，看来最晚在公元前2世纪中国就已经有了。类似这样的仪器，到唐代还有所改进提高，这就是五代时王仁裕撰的《开元天宝遗事》中所提到的“相风旌”。书中记载：“相风旌，五王宫中，各于庭中竖长竿，挂五色旌于竿头，旌之四垂，缀以小金铃，有声，即使侍从者，视旌之所向，可以知四方之风候也。”

其实流传最远、使用最广的测风器，还是相风鸟。这种测风器，一般是用木或铜的原料制成鸟形，置于竿上，其头指风向测风的，相传在舜禹时就已出现。至于如何利用相风鸟候风的详尽过程，唐朝李淳风所著的《乙巳占》一书中有较明确的说明：“凡候风者，必于高回平原，立五丈长竿，以鸡羽八两为葆，属于竿上以候风。风吹羽葆平直则占。亦可于竿首作盘，盘上作木鸟三足，两足连上而外立，一足系羽下而内转，风来鸟转回首向之，鸟口衔花，花旋则占之。”清朝麟庆纂辑的《河工器具图说》中对相风鸟的制作和使用曾提到：“刻木鸟形，尾插小旗，立于长竿之杪，或屋头，四面可以旋转。如风自南来，则鸟向南，而旗即向北……凡堤厢埽，运料挑河皆须相度风色，以占晴雨，则鸟又可少哉？”

由上述两书的记载可知，利用相风鸟不仅能观测风向，而且根据风的观测还可作天气预报。说明中国古人较早掌握了风观测的技术和手段，并将它作为气象观测的重要参考依据。

关于测量风速的仪器，中国古代尚无具体的记载，但从唐朝李淳风所著的《乙巳占·占风远近法》中可知已有用树的动态作标准来判断风的速度和远近。书中记载：

凡风起，初迟后疾者，其来远；初急后缓，其来近（此以迟疾推风发远近）。凡风动叶，十里；鸣条，百里；摇枝，二百里；堕叶，三百里；折小枝，四百里；折大枝，五百里；一云折木飞砂石千里，或云伐木施千里；又云折木千里；拔大树及根五千里。凡鸣条以上皆百里风也。

另外《乙巳占》中还提到：根据听风声，配五音，来示发风之远近。书中记载：

宫风近十里，中百里，远千里（宫之数也）；羽风近六里，中六十里，远六百里；征风近七里，中七十里，远七百里；角风近八里，中八十里，远八百里；商风近九，里，中九十里，远九百里。

这种依风声定风之远近，虽不够准确，但这就是当时人观测风速的通常做法，他们就是通过这种方法，再综合其他情况，对节令物候变化作出判断的，现在看来有些不可思议，然而它却反映出古人在节令物候的观测预报方面，确实有其独到的思维与创见之处，也是一个值得深入研究的课题。此外，这个时期，古人在对降雨量的测定、对大气中温度的测量，运用律琯（相当一种地温表）测定季节变化等方面也取得了进展。到了唐代，有人还把预报降水的天气谚语汇编为《相雨书》，以为生产生活实践服务，其中有的经验至今仍有一定的参考和科学研究价值。

节宴礼仪与恩荣盛事

魏晋南北朝至隋唐时期，是中国传统岁时节令活动日益完备和南北风习文化彼此交融，互为依存，共同发展的一个重要时期。一方面固有的岁时节令活动从形式到内容，在新的社会历史发展条件下汲取许多时代气息，得到了充实完备，更加丰满而具有强大的生命力，保持了岁时节令活动连续发展的特性；另一方面，此时道教、佛教文化的兴起，清谈玄学思潮带来的玄怪观念以及各民族文化的大交流、中外文化交流的空前活跃等，不但使南北的风习发生交融，而且使这时的岁时节令文化活动的内容及性质也在发生着前所未有的变异与革新。因此充实、发展、融合是这一历史时期中国岁时节令活动呈现的时代风貌。这些节令事象，在此一历史时期的宫廷仕宦的节宴礼仪与恩荣盛事中表现得尤为突出与显著。

两汉之际传入中国的佛教，到南北朝时经中国僧人道安传教，西域僧人鸠摩罗什译经，使得佛教在中国南北广泛传播开来。图澄、慧远进一步弘扬佛法，把苦修行、多戒律的佛教改造得适合中国士大夫们的口味，加之梁武帝等统治者的提倡，一时间造成“南朝四百八十寺，多少楼台烟雨中”的寺院林立的景象，形成了一股宗教传播热。而当佛教、道教同时向传统的思想文化体系冲击时，传统的“礼法”、“名教”正处在自然解体的过程中。文人士大夫由东汉末年的“清议”之风向魏晋时“玄学”转变，“九品中正制”与士族门阀制阻塞了研究经学的晋升仕途之路。自东汉末年以来的军阀混战、三国鼎立，直到魏晋南北朝几百年间连续不断的分裂征战，不但给人民带来了深重灾难，而且政治风云变幻急骤，生死无常，造成了反常的社会心理状态。对前途命运悲观失望、消极颓废成了文人士大夫们的主要思潮，放浪形骸、纵欲享乐成为上流社会的生活目的，虚无主义的清谈玄学弥漫一时，养生、淫乱、迷信、酗酒、炼丹等颓废悖乱行为成了时尚流行的社会风俗。不正常的社会秩序造成严重的社会心理失衡，这反映在当时岁时节令活动形式与内容上，便出现了较之以往迥然不同的一系列怪诞荒唐的风俗时尚。至于在岁时节令期间，凭借登高之会，乘祓禊之时，宴享宾朋，曲水泛觞，纵饮酗酒，高谈阔论，引吭高歌，诗酒风流，蔑视名教礼法，清谈漫论玄学之道更是寻常之事，从而使得传统的岁时节令活动从形式到内容均发生了质的变化与飞跃。

宗教对该时期岁时节令活动的内容影响颇深，主要表现在两方面：一是出现了一些宗教节日，如四月八日的浴佛节，七月十五日的中元节等。汉化寺院浴佛的习俗，早在东汉末年即已盛行了。据《三国志》卷四九《吴书四·笮融传》记载：“（笮融）大起浮屠祠，以铜为人，黄金涂身，衣以锦采。垂铜槃九重，下为重楼。阁道可容三千余人，悉课读佛经。令界内及旁郡人，有好佛者听受道，复其他役以招致之。由此，远近前后，至者五千余人户。每浴佛，多设酒饭，布席于路，经数十里，民人来观，及就食且万人，费以巨亿计。”足见浴佛盛会规模之空前浩大。《高僧传》卷十《佛图澄传》记述后赵君主石勒在佛诞节亲自到寺院浴佛，为儿发愿；《佛祖统纪》卷三十六也有宋孝武帝在大明六年四月八日“于内殿灌佛斋僧”的记载。浴佛节日仪式在南北各民族中都相当流行。不过浴佛节的日期在中国南北各寺有段时间是混乱的。这是因为古印度的历法与中国农历不同，僧人们在译经时只能根据大致日期进行换算。又由于印度佛教上座部与诸部关于佛诞日也记载不一，所以佛诞日到了中国就较混乱了，先后曾出现了十二月初八（腊八）、二月初八、四月初八等几种说法。如北朝多以四月初八为佛诞日，南朝梁到唐，认为佛诞日在二月初八日，于是在这天浴佛。后来汉化寺院才普遍以四月初八为佛诞节。

七月十五日是佛教的盂兰盆节，也是道教的中元节。根据《盂兰盆经》的记载，汉化寺院中盂兰盆节的宗教仪式是由三次舍身寺院为僧的梁武帝首创的。《佛祖统纪》卷三十七记载，梁武帝曾在大同四年（538年）亲临同泰寺，设盂兰盆斋，并按佛经的说法解释说："目连尊者设此盆供得脱母氏之苦。"此后，梁武帝年年七月十五日都要入寺送盆供养。不仅由于帝王的大力提倡与身体力行，还在于超度亲人亡灵的观念较为投合中国民间的传统心态。所以，自南朝梁起，盂兰盆节就蔚然成风，上自帝王将相，下至庶民百姓，无不在七月十五日入寺设斋供僧，以报祖上之德。佛教节日遂成民间的岁时节令活动的内容而得以传承不替。

二是宗教节日还对传统的岁时节令风俗产生巨大影响。《道书》说到："三元节"将正月十五称上元，七月十五称中元，十月十五称下元，都归结为道教祭祀天地水三官大帝的专门节日。可是道教著作《修真指要》解释为："上元日，天地水府，三官朝天之辰；上元，十天灵官、神仙兵马与上圣高真妙行真人，同下降人间，考定祸福。"不单单如此，上元日还是张灵源真人、张元精真人飞升之良辰美时。经此一说附会，上元作为道教节日已神乎其神。可是佛教还认为此节日是佛教的。唐道世《法苑珠林》记载汉永平十四年正月十五，在汉明帝主持下，道士与西域和尚在白马寺斗法比高低，而道士失败，和尚得胜，"光明五色直上空中，旋环如盖，于时天雨宝华，大众成悦"。这虽系佛、道教相争而编造的无稽之谈，但它说明佛、道教都想在元宵节传统风俗活动中施加自身的影响。腊月本是祭祖的节日，《荆楚岁时记》却记载此日村人"作金刚力士以逐疫"，"沐浴转除罪障"。传统岁时节日中出现了佛教神，之后按佛教解释此日成了佛教创始人释迦牟尼的"佛成道日"。每届腊八这天，群僧诵经、喝佛粥以示纪念。佛粥因而也称腊八粥，迄唐宋时这一节日风俗已广播民间，成为中国传统岁时节日风俗活动的一部分。其他的岁时节日如中秋、重阳、七夕等风俗活动中也都程度不同地渗入了不少佛教与道教的仪式内容，这也是该时期岁时节日文化风俗较之以往不同的特点之一，也是此一时期节令文化中所蕴含的宗教文化烙印的显现。

魏晋南北朝时期，北方少数民族（匈奴、鲜卑、羯、氐、羌）入主中原内地与汉族杂居，一方面使汉族与北方少数民族的风俗出现融合，呈现出丰富多元的发展态势；另一方面长期以来的战乱与社会动荡不安造成北方人民向南部大举迁徙，从而使汉族内部南北地方的不同岁时节日风俗习尚也开始产生交流与融合，其结果是岁时节日的区域性特征渐趋淡化，而全民性的节日风俗的趋同与共性特征在增强。以端午节为例：北方中原地区的恶月恶日观念此时被南方荆楚之民所接受，并被写进《荆楚岁时记》，称："恶月多禁忌，曝床席，忌覆屋。"关于端午节所纪念的历史人物，各地有各地人民所崇拜的英雄并赋予其传奇的色彩，《邺中记》、《琴操》记载山西并州地区人民五月五日纪念介子推；吴越地区人民此日纪念伍子胥；《会稽典录》及《后汉书·列女传》记载会稽人民于五月端午纪念孝女曹娥；《初学记》又引谢承《后汉书》记载苍梧郡人民在此日纪念屈原。但是经过魏晋南北朝时期的民族大迁徙与融合之后，南北区域性、民族性的岁时节日风俗习尚逐步趋于融合统一，加之长期动乱时代，人民都思念敬佩伟大的爱国者屈原，所以到唐宋以后，在五月五日端午节纪念屈原一说再无多大争议。这正是南北节日风俗融合的必然结果。

隋唐时期是中国传统岁时节令风俗发生划时代剧变的时期。虽然有的岁时节日风俗在形式上仍保留着往昔的迷信神秘外壳，但在实际内容上却发生了质的变化，节日风俗已完全开始挣脱原来的禁忌、迷信、祓禊、禳除的神秘氛围，过渡转变为娱乐型、礼仪型年节，无论是宫廷宦仕的节宴礼仪，抑或是恩荣盛事的年节浩大场面，其礼仪之隆、娱乐之兴，蔚为奇观，从而使这些活动盛况成为名副其实的佳节良辰。然而在某些方面也表露出向奢侈享乐方面发展的迹象。

隋唐时代中国的岁时节日风俗之所以发生这样的巨变，是由隋唐时期国家的强盛和统一，科学技术长足的进步，农业的恢复与发展，手工业、商业的发达繁荣，文化昌盛与中外文化的空前交流与兴盛的客观环境条件所决定的，并非偶然。如元旦的爆竹不再是驱鬼避邪的手段，噼噼啪啪的响声已象征着欢乐与热烈，"驱傩"转化为街头演出的小戏，庄严神秘的仪式变成了人们喜闻乐见的娱乐活动。元宵节祭神灯火变成了人们游观的花灯，中秋节由拜月变成了赏月的习尚，重阳节已成为赏菊咏菊盛会，上巳节祓禊被踏青娱乐所替代。荡秋千、放风筝、蹴鞠、打马球、拔河、射箭、走马、游猎、斗百草等大量的体育娱乐活动出现在唐人的岁时节日风俗中，是这一时期节日娱乐性增强的一个显著特点。这些娱乐活动形式多样，不拘一格。不同季节，不同的节日活动内容也纷呈异彩。尽管在魏晋南北朝时期，许多岁时节令风俗已向娱乐型转变，一些体育娱乐活动也在节日中出现，但远不及唐代变革得如此彻底，如此普遍，尤其是节日观念上的转变更是这样。唐代有关节日古老的神话传说，已不再是那么狰狞可怖，而却变得生动滑稽，浪漫而富有时代的诗情画意。如唐玄宗偕道士游观广寒宫，月宫桂下，仙姝成群，歌舞迷人。至于凶神恶煞的捉鬼门神，先由钟馗进士取代，后又转让给秦叔宝、尉迟敬德二位将军。这些都从一个侧面反映了唐代人民丰富的生活情趣和轻松愉快的精神风貌。同时亦表明世俗的文化主题已逐渐取代了神明的尊威而在年节文化活动中居于主导的地位。这是源于科技昌明、社会开放所带来的特定社会人文现象，更是年节文化活动的人文主旨、人们对文明再创活力及强烈参与意识的直接外化。其中又尤以人们主动的群体参与意识的强化最为突出，从而对后世产生巨大而深刻的影响。

但是发达的封建经济，也助长了宫廷、仕宦之家的节宴礼仪和恩荣盛事活动，以及民间节令生活竞相奢靡的社会风气。在隋文帝时，据《隋书·柳彧传》载，都邑百姓每至正月十五日，“作角抵之戏，递相夸竞，至于靡费财力”。因此大臣柳彧上奏隋文帝“请禁绝之”。此建议得到隋文帝的赞许，诏令“颁行天下，并即禁断”。到唐代唐玄宗后期也是享乐成风，荒淫奢侈过度。如元宵节宫廷里别出心裁，制作“灯轮”，缚山棚，架灯楼。连杨贵妃的姐姐韩国夫人也制作高达八十尺的灯树。中秋赏月、重阳赏菊的宫廷淫靡风俗更是不胜枚举。宫廷如此，达官贵人与仕宦之家皆争相仿效，民间富豪竞比侈华、夸财斗富、讲究节日排场、浪费惊人更是司空见惯的事情，节令文化智道被曲解与衍化为宫廷和仕宦之家互相攀比、炫盛耀奢的奇技淫巧。波及民间，被传导了崇尚浮华、及时行乐的负面信息。这是盛世危象的先兆，也是节令文化发展中出现的误区，对后世产生了消极的影响。

火树银花与节事娱乐

魏晋南北朝至隋唐五代时期，是中国传统岁时节令日益完善并发生质变的融汇时期，较之前代，在具体的节令时尚与节事娱乐诸方面，都表现出新的时代风貌特征，对后世发展产生了巨大影响。现依据岁时节令之序，对元旦、立春、人日、元宵、正月晦、中和节、上巳节、寒食、清明、端午、七夕、中元、中秋、重阳、下元、冬至、腊日、岁除等岁时节令期间的各项活动与节事娱乐内容，作较详尽的描述：

（1）**元旦**

元旦的名称始于南北朝时期，南朝梁萧子云《介雅》诗云："四气新元旦，万寿初今朝。"元旦也称鸡日，这是因于古人是以阴阳观念来解释的缘故。鸡为阳物，元旦亦属阳，因此两者才联系在一起。《太平御览》引《春秋说解》云："鸡为积阳南方之象，火阳精物炎上，故阳出鸡鸣，以类感也。"鸡和元旦产生这种观念的联系之后，在元旦的礼俗活动中扮演了重要的角色。元旦期间，从朝廷官府到民间庶人百姓之家，届时有一系列的庆贺拜祝活动。

元旦的朝贺之礼，继汉代以后发展尤为显著。陈思王曹植《元会》诗中描写曹魏时元旦朝贺盛况道："初岁元祚，吉日惟良，乃为嘉会，宴此高堂。"朝贺赴御宴的文武百官个个"衣裳鲜洁，黼黻玄黄"，高贵的礼服上绣着黑白相间的斧形花纹和黑青相间的亚形纹饰，洁净鲜艳。宴席上"珍膳杂沓"，圆圆方方的盘、簋食器中几乎满得溢出来。举目上看，上边宫殿雕梁画栋，向下看，下边宴席文士轩昂，真是君臣一堂，"欢笑尽娱，乐哉未央"！晋代元旦朝贺时，帝王要给百官增禄，每人赐醪酒二升。傅玄在《元日朝会赋》描述了朝廷庆祝元日的盛况：

> 考夏后之遗训，综殷周之典制，采秦汉之旧仪，肇元正之嘉会。于是先期戒事，众发允敕。万国咸享，各以其职。翼翼京邑，巍巍紫极。前三朝之夜中，庭燎晃以舒光。华灯若乎火树，炽百枝之煌煌。六钟隐其骇奋，鼓吹作乎云中。

这时朝贺的人"挨次而入，济济洋洋，肃肃习习，就位重列"，而天子盛服坐于帐前，凭玉几案，面南而受群臣朝贺。朝贺完毕，还要奏乐六章。真是一派管弦齐奏，歌声悠扬，颂声溢耳的节贺景象。

南朝梁时，每年元旦皇帝都要赐给群臣三样东西：一是岁旦酒，以示新年祝贺；二是辟恶散，以防疫疠；三是却鬼丸，以挡恶鬼。用却鬼丸来挡恶鬼瘟疫，似乎有些迷信离奇，但古人这么做其中必有一定的道理。根据周处《风土记》记载：月正元旦"五薰炼形"，以五辛发五脏之气，犹如春月饮酒茹葱，以通五脏一样。服五辛也叫"造五辛盘"，或称之为"五辛散"或"敷于散"。该药是以柏子仁、麻仁、细辛、干姜、附子等五味碾末配制的散剂，元旦用井花水服用它，具有"抑阴助阳却邪辟疫"的作用（转引自《岁时广记》卷五）。《医方类聚》

卷八十二《头面门四》条记载："元日造五辛盘，谓五熏炼形，所以发五脏气，止忌食生葱，令人面上起游风。"梁庾肩吾的《岁尽应令诗》云："岁序已云殚，春心不自安。聊开百叶酒，试奠五辛盘。金薄图神燕，朱泥印鬼丸。梅花应可折，惜为雪中看。"

隋唐时期，天下一统，经济文化繁荣昌盛，元旦朝会的礼仪在帝京都城自然成为炫耀威尊、粉饰太平的旷代盛举。隋人李孝贞在《元日早朝》诗中形象而生动地记载了这种盛大隆重的场面：

暖暖城霞旦，隐隐禁门开。
众灵臻仙府，百神朝帝台。
叶会双凫至，梁王驷马来。
戈鋋映林阙，歌管沸尘埃！

唐太宗的《元旦》诗更是宣扬自己：

恭已临四极，垂衣驭八荒。
霜戟列丹陛，丝竹韵长廊。

由此可知，唐代帝王在元旦不仅要受汉族文武百官朝贺，而且来自远方的少数民族和附属国的首领及使臣届时也要前来奉礼恭贺，其场面与规模之浩大，礼仪之繁缛，无与伦比。

唐代在元旦和除夕的年节活动的沿袭上，宫廷礼尚和民间风俗的内容相异各别，但又互相渗透。《唐诗纪事》曾载景云二年（711 年）正月朔唐睿宗赐群臣柏叶。这是民间饮椒柏酒的风俗在宫廷礼俗中的反映。唐代诗人的元旦应制诗中，就有不少《元日恩赐柏叶》的诗作。如李义《元日恩赐柏叶应制》诗云：

劲节凌冬劲，芳心待岁芳。
能令人益寿，非止麝含香。

武平一的《奉和元日赐群臣柏叶应制》诗云：

绿叶迎春绿，寒枝历岁寒。

愿持柏叶寿，长奉万年欢。

与宫廷的礼俗相应，在民间南北各地，元日有拜贺、进椒柏酒、饮桃汤、进屠苏酒、胶牙饧、下五辛盘、画鸡、绘门神、燃爆竹、贴门符、悬索和乞如愿等风俗习尚。无论形式还是活动内容，远较以往丰富多彩，更具有文化底蕴。

南朝梁宗懔《荆楚岁时记》云：

正月一日，是三元之日也，《春秋》谓之端月。鸡鸣而起，先于庭前爆竹，以辟山臊恶鬼……于是长幼悉正衣冠以次拜贺，进椒柏酒、饮桃汤、进屠苏酒、胶牙饧。下五辛盘、进敷于散、服却鬼丸。各进一鸡子……造桃板著户，谓之仙木……凡饮酒次第，从小起……贴画鸡户上，悬苇索于其上，插桃符其傍，百鬼畏之。

燃爆竹。元日燃放爆竹的目的是为了辟山臊恶鬼，但也给节日多少增加了一些喜庆热闹气氛。《岁时广记》所载款滨除日诗云："楚人重岁时爆竹，鸣磔磔。"又王荆公诗云："爆竹惊邻鬼。"古词云："南楼人未起，爆竹声闻应在笙歌里。"又云："竹爆当门庭，震门陛也。"《太平御览》卷二十九转引《易通卦验》云："正月五更，人整衣冠，于家庭中爆竹，帖画鸡子，或镂五色于户上，厌不祥也。"

椒柏酒。因为椒柏酒有延年益寿的功效和象征长寿吉祥的含义，所以《风土记》说正月元日俗人拜寿，均饮松柏、松椒花酒。明代李时珍著《本草纲目·谷部第二十五》卷记载：椒柏酒"元旦饮之，辟一切疫疠不正之气。除夕以椒三七粒，东向侧柏叶七枝，浸酒一瓶饮"。该书果部第三十二卷记载："岁旦饮椒柏酒以辟疫疠。椒乃玉衡星精，服之令人体健耐老；柏乃百木之精，为仙药，能伏邪鬼故也。吴猛真人服椒诀云：椒禀五行之气而生，叶青、皮红、花黄、膜白、子黑。其气馨香，其性下行，能使火热下达，不致上薰，芳草之中，功皆不及。时珍窃谓椒红丸虽云补肾，不分水火，未免误人。大抵此方惟脾胃及命门虚寒有湿郁者相宜。若肺胃素热者，大宜远之。"

五辛盘。又名春盘，俗谓可以辟恶、除瘟、通五脏。《岁时广记》《五辛盘》条转引《正一旨要》云："五辛者，大蒜、小蒜、韭菜、芸苔、胡荽是也。"孙真人（孙思邈）食忌云：正月之节食五辛盘，其目的是"辟疠气"。孙真人养生诀云：元日取五辛食之，令人开五脏，去伏热。卫生必用诀云：韭性烂，春食补益。其实这些食品不只在于通五脏，而且有了贺新的意思，成为一种时尚。

桃汤。在元旦饮用桃汤，主要是为辟邪祈福。《岁时广记》说，桃者是五行之精，具有“能厌伏邪气，制御百鬼”的功能。《太平御览》卷二十九记载：“元日服桃汤，桃者五行之精，厌伏邪气，制百鬼。今人进屠苏酒、胶牙饧，盖其遗事也。”

贴门符。贴门符是民间元旦的重要习俗。这一习俗起源很早。《后汉书·礼仪志》“新春用桃符”注引《山海经》云：“度索山大桃树，树上有二神人，一曰神荼，一曰郁垒，能辟百鬼。故黄帝象之，冬月驱傩毕，既立桃梗于户上。”据汉代王充在《论衡》一书介绍，相传东海度朔山有棵大桃树，树下有两个神人手拿苇索，将作恶多端的坏鬼统统投进虎口。于是，黄帝便制定了这样的礼俗：在门旁竖立一个桃木人，再在两边画上二神和虎，其上挂一根苇索。据说这样可以防止恶鬼在民间为害百姓。汉代以后，这个风俗在民间广泛流行。门符本古之桃符。《风俗通》记载：“桃梗者，更也，岁终更始，受介祉也。然古时用桃梗，后世则易以红纸，而书吉祥语于其上，不知始自何时。”唐代王梵志在《父子相怜爱》的诗中更有“东家打桃符，西家悬赤索”的描述。清人赵翼在《陔余丛考》卷二十九《门帖》中对此习俗作了详考，他说《癸辛杂识》记载：“盐官县学教谕黄谦之，甲午岁题桃符云：‘宜入新年怎生呵，百事大吉那般者。’包宏斋致仕后，作园居，题桃符云：‘日短暂居犹旅舍，夜长宜就作祠堂’。廖药州桃符云：‘喜有宽闲为小隐，粗将止足报明时。’‘桃花流水之曲，绿阴芳草之间。’又《夷坚志》湘乡学长王仲淹书孙庙桃符曰：‘竟说素王颜有喜，定知黄甲捷先通。’已而王仁伯改名颜，遂发解。次科仲淹又改孔庙桃符曰：‘素王颜色津津喜，黄甲科名鼎鼎来。’已而王南强又登第。则宋、元时已有门帖矣。不特此也。《说苑》：五代时伪蜀每岁除诸宫门，各给桃符，书元亨利贞四字。时孟昶子善书，取本宫策勋府桃符书云：‘天垂余庆，地接长春。’明年王师平蜀，以吕余庆知军府事，即策勋府为治所，而长春乃太祖圣寿节也。亦见黄林复《茅亭客话》。而杨文公《谈苑》又以为孟昶学士辛寅逊所题桃符，则门帖又不自宋、元始，五代时早有之矣。”由此可见，五代十国以后，元旦民间这一具有迷信禳除色彩的桃符逐渐演变为春联。

（2）立春

立春，又名打春、正月节，在二十四节气中，由于它是全年的第一个节气，标志着大地回春，草木复苏，春季降临，农耕生产拉开帷幕，所以民间都把立春作为节日来过。节俗活动主要有迎春、鞭春、咬春等，表现的主要是欢庆春回大地、劝励农耕、祈求一年丰稔的主题。如簪春幡、赐春胜、剪春胜、剪春花、剪彩燕、戴春燕、剪春鸡、进春书、贴春字、作春饼、馈春盘、食春菜、进浆粥等都是表现人们欢喜、庆贺的形式。

魏晋南北朝时，立春日闺中女儿就有贴“宜春”帖、剪春胜簪戴之举。《荆楚岁时记》云：“立春之日，悉翦彩为燕以戴之”，“贴‘宜春’二字”。按宗懔的说法，西晋人傅咸的《燕赋》中就似乎已经提到宜春帖有祝吉之举。《燕赋》云：“四时代至，敬迎其始。彼应运而方臻，乃设燕以迎止……衔青书以赞时，著宜春之嘉祉。”周美成内制春帖云：“士人绣楣琼璧写宜春。”唐代的宜春帖也是贴在门上的，孙思邈《千金月令》云：“立春日贴宜春字于门。”后来，所贴的不仅写“宜春”二字，也有福、喜等字。

春胜和人日的人胜、华胜一样，都是一种妇女装饰的花样。《荆楚岁时记》提到的彩燕即属此类。因为立春之日簪戴，故称春胜。如果制成旗旌形样的，就称为春幡。春胜、春幡都是古代庆贺春临的装饰用品。《岁时广记》引《提要录》云：“春日刻青缯为小幡样，重累十余相连，缀而簪之，亦汉之遗事也。”古词云：“彩缕幡儿花枝小，凤钗上轻轻斜袅。”山谷诗云：“邻娃似与春争道，酥酒花枝剪彩幡。”在唐代这些用品不仅流行于士大夫家，宫廷还以此赏赐宫娥与文武百官。段成式《酉阳杂俎》云：“立春日，士大夫家剪纸为小幡，或悬于佳人之首，或缀于花下；又剪为春蝶、春钱、春胜以戏之。”《岁时广记》引《文昌杂录》云：唐制，“立春日赐三省官彩胜各有差。谢于紫宸门。”又《续翰林志》云：“立春赐镂银，饰彩胜之类。”与之相应，还有剪春花的活动内容，如《唐书》说唐中宗景龙四年（710 年）立春时，“上令侍臣自芳林门经苑东度入仗，至望春宫迎春，内出彩花树，人赐一枝，令学士赋诗”。宋之问《立春咏剪彩花应制诗》云：“今年春色好，应为剪刀催。”又周美成内制帖云：“明朝春仗当行乐，刻燕催花掷万金。”又赵彦若剪彩花诗云：“花随红意发，叶就绿情新。”即咏此仪。此外，唐代民间每逢春日，民人妇女还有用五色绢或纸剪彩燕幡胜戴在头上，且在彩燕上贴“宜春”二字的习尚，致使土牛、春燕都成为春天来临的象征之物与岁稔丰登的吉祥之兆。唐代诗人冷朝阳在《立春》诗中有“土牛呈岁稔，彩燕表年春”之句。值得一提的是，立春日，北朝妇女尚有进春书的习尚。《酉阳杂俎》说：北朝妇人立春日“进春书，以青缯为帜，刻龙象衔之，或为虾蟇”。

春胜、春幡是节物，但立春日以外的更大节物是与农耕、祈求丰稔有关的春牛、芒神，它们是与迎春、鞭春的节俗活动紧密联系的。迎春是一项较为古老的节俗活动，早在先秦就业已存在。《礼记·月令·孟春之月》云：

> 立春之日，天子亲率三公九卿、诸侯大夫以迎春于东郊，还反，赏公卿大夫于朝，命相布德和令，行庆施惠，下及兆民，庆赐遂行，毋有不当。

不过这里仅提到迎春于东郊。汉代时，“天人感应”与阴阳五行学渗透于节令文化活动之中，以春、东为青色，并开始有土牛、耕人、青帝句芒的记载。春之神句芒，据说为鸟身人面，乘坐两条龙驾的车子。《后汉书·礼仪志》云：“立春之日，夜漏未尽五刻，京师百官皆衣青衣，郡国县道官下至斗食令史皆服青帻、立春幡、施土牛耕人于门外以示兆民。”《祭祀志》亦称：“立春之日，迎春于东郊，祭青帝句芒，车旗服饰皆青，歌青阳八佾。”陈徐陵新曲云：“立春历日自当新，正月春幡底须故。”所以《论衡》卷十六《乱龙篇》记载：立春东耕，为土像人，“男女各二人，秉耒把锄，或立土牛，土牛未必耕也。顺气应时，示率下也”。

由此可见，汉代的祭青帝句芒不过是祭春神、农神，土牛、耕人，也是象征性地向人们展示农耕的到来、催劝农耕。唐代之后，巫术行为渗透到节俗之中，于是出现“执杖鞭牛”之举，这即是所谓鞭春、鞭春牛、打春牛。后遂相沿成习，并有赋予其新的内涵。

鞭春之外尚有作春饼、馈春盘、食春菜、进浆粥等节令饮食文化活动，以示迎春、庆春。《荆楚岁时纪》说，立春之日“啖春饼、生菜”。东晋时的李鄂，立春日命以“芦菔芹芽为菜盘，馈贶。江淮人多效之”。据《尔雅》记载：“芦菔即萝卜也。”古诗云：“芦菔白玉缕，生菜青丝盘。”《岁时广记》“食春菜”条转引《齐人月令》说道：“凡立春日食生菜，不可过多，取迎新之意而已。”唐《四时宝镜》云：立春日食芦菔、春饼、生菜号春盘。杜甫《立春》诗有“春日春盘细生菜，忽忆两京（按指唐代以长安为西京，洛阳为东京）梅发时。盘出高门行白玉，菜传纤手送青丝”的描述。这种习俗一直留存在清代。立春日，齐人还有进浆粥的食俗，《齐人月令》云：“凡立春日进浆粥，此导和气。”可见，“春”与“和”之义紧密相连，且在节令文化活动的内蕴中，亦包含有天、时、地、节、令、人六者相与和谐共振的深刻意义，以求天时之自然节律与社会之人事节律二者相通、相和、相导，从而显现出节令智道文化的高妙与对社会生活的导化作用。

(3) 人日

人日亦称“人七（日）”、“人庆（日）”、“七元日”。源于古代的占卜活动。古人相信天人感应，以岁后第七日为人日，看此日天气阴晴占卜终岁的灾祥。汉代东方朔《占书》记载：岁后八日，一日鸡，二日犬，三日猪，四日羊，五日牛，六日马，七日人，八日谷。其日晴，所主之物育，阴则灾。汉魏以后，人日逐渐从单一的占卜活动发展成包括庆祝、祭祀等内容的节日。到了这一天，官府对罪犯都不施刑，后来也就慢慢失传了。南北朝时，每逢人日，人们便以七种菜作羹，用彩布剪成人形，或镂刻金箔为人状，贴于屏风、床帐，或戴于头上，又制作各种华胜互相馈赠，以求祈福避灾，并有登高宴会赋诗等习俗。重人的习尚逐渐被人们接受，形成了新的时代风尚。

《荆楚岁时记》云：“正月七日为人日，以七种菜为羹。翦彩为人，或镂金箔为人，以贴屏风，亦戴之头鬓。又造华胜以相遗。”胜本系妇女的一种首饰，取意“优美”、“优胜”。传说中的西王母曾戴过这种首饰，《山海经·西山经》云：西王母“蓬发戴胜”。胜有许多种，如有人胜、方胜、宝胜、花胜、春胜等，而人日主要用人胜和花（华）胜。据《后汉书·舆服志》记载：太皇太后、皇太后入庙服，“簪以玳瑁为擿长一尺，端为华胜，上为凤凰爵，以翡翠为毛羽”。可见人日剪人胜、花胜插鬓之俗于汉代已见端倪，到南北朝时有了明确的文字记载，并有相应的解说，董勋在《问礼俗》中说：“人胜者，或剪彩……像人入新年，形容改从新也。华胜，起于晋代，见贾充《李夫人典戒》，云：‘像瑞图金胜之形，又取像西王母戴胜见武帝于承华殿也。’”而《历代风俗诗选》一书，载录了很多人日的诗篇，如陈无已诗云：“巧胜向人真奈老，衰颜从俗不宜新。”贺方回人日词云：“巧剪合欢罗胜子，钗头春意翩翩。”李商隐《人日即事》诗以他特有的情调写人写事，诗中“镂金作胜传荆俗，剪彩为人起晋风”一句，谈到了人胜的渊源问题。同系唐代的徐延寿作《人日剪彩》诗专从妇女角度来写，颇具韵致。诗云：

闺妇持刀坐，自怜裁剪新。
叶催情缀色，花寄手成春。
帖燕留妆户，粘鸡待饷人。
擎来问夫婿，何处不如真？

杜甫在唐代宗大历三年（768 年）作的《人日二首》诗中也有“此日此时人共得，一谈一笑俗相看。尊前柏叶休随酒，胜里金花巧耐寒”的描写。此外，唐朝廷有时还将此作为节日礼物，由皇帝赏赐给臣子。如唐中宗时，每逢人日，便有赐王公以下的豪贵之家以彩缕人胜贺节的礼尚。

除了剪彩、镂箔作人胜、花胜之外，其时还有食煎饼、薰天之俗和登高筵宴的礼仪。《岁时广记》记载：《述征记》云：“北人以人日食煎饼于庭中，俗云薰天，未知所从也。”《谈薮》记载北齐高祖正月七日升高宴群臣。《隋书》还记载杨休之正月七日登高侍宴，曾赋有人日诗。每逢人日，唐人要吃春盘和登高饮酒以贺节。韩愈在《人日城南登高》诗中说：“盘蔬冬春杂，尊酒清浊共。”即是记述这个社会风俗的。

（4）元宵节

在魏晋隋唐时期，元宵节的活动内容除了张灯、赏灯、娱乐和品尝元宵之外，还增加了祀门户、祭蚕神、迎紫姑等活动。自两汉以来的宵禁令也有所宽限。

祀门户。据《玉烛宝典》记载，魏晋时，正月十五日作膏以祀门户。按《岁时广记》描述：“今人州里风俗，正月望日祭门，先以杨柳枝插门，随枝所指，向以酒脯饮食及豆粥糕糜祭之。”为何如此祭祀呢？《齐谐记》记载：正月半，有位神仙降临到以养蚕为业的陈氏家宅，说：“若能见祭，当令蚕桑百倍。”《续齐谐记》中也有类似更为详尽的描绘。在正月十四日，吴县人张成夜见一妇人立在房宅的东南角，对张成说：“此地是君家蚕室，我即地之神，明日正月半，宜作白粥泛膏于上，以祭我，当令君蚕桑百倍。”说罢就不见了。张成按照她说的办法祭祀，从此养蚕业岁岁丰收。由于这个传说的影响，魏晋南北朝时百姓每到十五日均作粥祭祀，并加肉覆盖在粥上来吃。而且吃时要祈祷：“登高糜，挟鼠脑，欲来不来，待我三蚕老！”并称这些祈神咒语“则以为蚕襄鼠”。显然，他们祭祀的是蚕神。这种习俗是中国农业文化以及民间行业神崇拜心理在风俗上的反映。此习在唐代仍十分盛行。

迎紫姑。迎紫姑也是以卜将来蚕事好坏。据南朝宋人刘敬叔《异苑》说：紫姑本是一户人家的小妾，被正房大妇所嫉妒，“每以秽事相役”，于正月十五日气愤而死。所以世人在她死的日子作其形而迎接她。迎时必须净洁，念祝说：“子胥（紫姑丈夫之名）不在，曹姑（即其大妇）亦归去，小姑可出。”迎紫姑时要在厕所边或猪栏边，如果手中的紫姑形象物变重，“便是神来，奠设果酒亦觉面辉辉有色，便跳躞不住，能占众事卜蚕桑”。《太平御览》卷八百八十四记载：

"世有紫姑，古来相传，云是人妾，为大女所妬诬，以秽事相役，正月十五日，感激而死。故世人以其日作其形，夜于厕间或猪栏边迎之，咒曰：'子胥不在，曹氏亦归。'曹即其大妇也。小姑可出戏，捉者觉重，便是神来。奠设酒果，亦觉貌辉辉有色，即跳躁不住，能占众事，卜行来蚕桑。"《梦溪笔谈》卷二十一记载："旧俗正月望夜迎厕神，谓之紫姑。亦不必正月，常时皆可召。余少时见小儿辈等闲则召之，以为嬉笑。亲戚间曾有召之而不肯去者，两见有此，自后遂不敢召。景祐中，太常博士王纶家因迎紫姑，有神降其闺女，自称上帝后宫诸女，能文章，颇清丽，今谓之《女仙集》，行于世……余与其子弟游，亲见其笔迹。其家亦时见其形，但自腰以上见之，乃好女子；其下常为云气所拥。善鼓筝，音调凄婉，听者忘倦。尝衣其女曰：'能乘云与我游乎？'女子许之。乃自其庭中涌白云如蒸，女子践之，云不能载。神曰：'汝履下有秽土，可去履而登。'女子乃□而登，如履缯絮，冉冉至屋复下。曰：'汝未可往，更期异日。'后女子嫁，其神乃不至，其家了无祸福……近岁迎紫姑者极多，大率多能文章歌诗，有极工者。余屡见之，多自称蓬莱谪仙。医卜无所不能，棋与国手为敌。然其灵异显著，无如王纶家者。"

隋朝时，全国趋于统一，元宵的节俗活动也盛行起来。隋初，隋文帝提倡节俭治国，又出于对维护礼教与国力的考虑，有人上疏奏请禁止元宵大闹灯火的各项娱乐活动。《隋书》卷六二《列传第二七·柳彧传》详载此事，字里行间透露出当时元宵节的盛况，阐明了禁的原因：

彧见近代以来，都邑百姓每至正月十五日，作角抵之戏，递相夸竞，至于糜费财力，上奏请禁绝之。曰："臣闻昔者明主训民治国，率履法度，动由礼典。非法不服，非道不行，道路不同，男女有别，防其邪僻，纳诸轨度。窃见京邑，爰及外州，每以正月望夜，充街塞陌，聚戏朋游。鸣鼓聒天，燎炬照地，人戴兽面，男为女服，倡优杂技，诡状异形。以秽嫚为欢娱，用鄙亵为笑乐，内外共观，曾不相避。高棚跨路，广幕陵云，袨服靓妆，车马填噎。肴醑肆陈，丝竹繁会，竭资破产，竞此一时。尽室并孥，无问贵贱，男女混杂，缁素不分，秽行因此而生，盗贼由斯而起。浸以成俗，实有由来，因循敝风，曾无先觉。非益于化，实损于民。请颁行天下，并即禁断。"

结果柳彧的奏请得到隋文帝的首肯，准予执行。但与文帝相反，其子隋炀帝却一改父制，大开元宵之禁，率先铺张元宵的张灯、游玩娱乐活动，以至于后世《资治通鉴·隋纪》胡三省注称“今人元宵行乐，盖始盛于此”。

据《隋书》卷一五《志第一〇·音乐下》记载：

> 每当正月，万国来朝，留至十五日，于端门外，建国门内，绵亘八里，列为戏场。百官起棚夹路，从昏达旦，以纵观之，至晦而罢。伎人皆衣锦绣缯采。其歌舞者，多为妇人服，鸣环佩，饰以花毦者，殆三万人。

从此一扫汉代敬神礼佛的节日观念而开元宵行乐之端。薛道衡《和许给事善心戏场转韵诗》以60句之长描述当时的盛况，“京洛重新年，复属轮圆”，过了元旦，又到元宵，“万户皆集会，百戏前来”，日夜欢腾，“竟夕鱼负灯，彻夜龙衔烛。欢笑无已时，歌咏还相继”。表演项目中，有各少数民族舞蹈：“羌笛陇头吟，胡舞龟兹曲，假面饰金银，盛装摇珠玉”，又有惊险的马术杂技：“柳杨百兽舞，盘跚五禽戏，狻猊弄斑足，巨象垂长鼻，青羊跑复跳，白马回旋骑”。隋炀帝也写过一首《正月十五日于通衢建灯夜升南楼诗》云：

法轮天上转，梵声天上来。
灯树千光照，花焰七枝开。
月影凝流水，春风含夜梅。
幡动黄金地，钟发琉璃台。

由此可见隋炀帝时元宵娱乐活动的盛况。

同两汉乃至隋初一样，唐代都城长安也例行宵禁制度。《新唐书》卷九八《列传第二三·马周传》记载：“先是京师晨暮传呼以警众，后置鼓代之，俗曰‘冬冬鼓’。”每到傍晚，鼓声一起，整个长安城便会出现“六街鼓歇行人绝，九衢茫茫空有月”的场面，但唯独元宵期间特许弛禁放夜，各前推后延一日共为三天。而由于唐代生产力的发达和社会的富庶给礼俗、娱乐活动奠定了坚实的基础，所以唐代的元宵节俗活动的规模年盛一年，极尽姿态。这三天的节期盛况，从唐代许多大诗人的笔下都可以看到。如初唐卢照邻《十五夜观灯》诗云：

锦里开芳宴，兰缸艳早年。
缛彩遥分地，繁光远缀天。
接汉疑星落，依楼似月悬。
别有千金笑，来映九枝前。

苏味道《正月十五夜》诗云：

火树银花合，星桥铁锁开。
暗尘随马去，明月逐人来。
游伎皆秾李，行歌尽落梅。
金吾不禁夜，玉漏莫相催。

崔液的《上元夜六首》（选三首）诗中咏：

玉漏银壶且莫催，铁关金锁彻明开。
谁家见月能闲坐，何处闻灯不看来。
神灯佛火百轮张，刻像图形七宝装。
影里如闻金口说，空中似散玉毫光。
公子王孙意气骄，不论相识也相邀。
最怜长袖风前弱，更赏新弦暗里调。

从历史记载可知，唐代有几位皇帝对元宵节俗的兴盛有所作为。如唐睿宗之制作巨型灯轮以及制灯树、灯楼等即最为典型。

《朝野佥载》卷三记载：唐睿宗先天二年（713 年）正月十五、十六夜，在京城安福门外作一巨型灯轮，高达二十丈，上边缠绕五颜六色的丝绸锦绣，以黄金白银作装饰，灯轮悬挂花灯五万盏，如同缤彩纷呈、霞光万道的花树一般。同时让“宫女千数，衣罗绮，曳锦绣，耀珠翠，施香粉，一花冠一巾帔不下万钱，装束一妓女皆至三百贯”，在灯轮下轻歌曼舞，还从长安万年县选少女千余人，“衣服花钗媚子称是”，在灯轮下踏歌三日夜，“欢乐之极，未始有之”。当时洛阳的灯市盛况，一如韩仲宣在《上元夜效小庾体同用春字》诗中所述：“他乡月夜人，相伴看灯轮，光随九华出，影共百枝新”，以致“歌钟盛百里，车马沸南邻”。再如崔知贤在《上元夜效小庾体同用春字》诗描绘的那样，此夜“月下多游骑，灯前绕看人，欢乐无穷已，歌舞达明晨”。

开元、天宝时代的元宵灯节，还出现了“灯树”、“灯楼”，在灯的制作上，较前花样翻新，巧思奇特，层出不穷。《岁时广记》卷十转引《广德神异录》、《明皇杂录》等书记载：说唐玄宗有一年在东都洛阳，遇正月十五日夜移驾上阳宫，大陈影灯，设庭燎，自禁中至于殿庭，皆设蜡炬连属不绝，“洞照宫室，荧煌如昼时。有尚方都匠毛顺，心多巧思，结缔缯彩为灯楼”，广达二十间，高达一百五十尺，“悬以珠玉金银，微风一至，锵然成韵。仍以灯为龙凤虎豹腾跃之状，似非人力”所及。既然上有皇帝倡导，必然会有下民仿效。皇亲国戚更具优越性，不甘屈后，竞相夸富斗奇。灯火设计更是极尽巧思，一争高下。五代后周时王仁裕的《开元天宝遗事》记载，杨国忠子弟，每至上元夜，各有千炬烛围绕于左右。而杨贵妃的大姐韩国夫人更是独具匠心，为独领风骚，制作“百枝灯树”，高达八十尺，将其竖立高山，上元夜点之，“百里皆见，光明夺月色也”。民间花灯也是花样层出不穷，长安城中彻夜辉煌如昼。苏味道在《正月十五夜》诗序中写道：“京城正月望日，盛饰灯火之会，金吾弛禁，贵戚及下里工贾，无不夜游。车马骈阗，人不得顾，王主之家，马上作乐，以相夸竞，文士皆赋诗以纪其事。”

综上所述可见，唐代的元宵灯会，不仅花灯品种繁多，灯具装饰日趋花样翻新，争妍斗奇，而且灯光下有乐舞百戏。正如《明皇杂录》卷下所载：唐玄宗设宴大酺则上御勤政殿，“金吾及四军士兵，未明陈仗，盛列旗帜，皆帔黄金甲，衣短后绣袍。太常陈乐，卫尉张幕后，诸蕃酋长就食”。此时府县教坊，“大陈山车旱船，寻撞走索，丸剑角抵，戏马斗鸡。又令宫女数百，饰以珠翠，衣以锦绣，自帷中出，击雷鼓为破阵乐、太平乐、上元乐。又引大象、犀牛入场，或拜或舞，动中音律”。“每正月望夜，又御勤政楼，观作乐。贵臣戚里，官设看楼。夜阑，即遣宫女于楼前歌舞以娱之”。除此之外，元宵节还有猜谜语、吃元宵等风俗习尚。

（5）正月晦日的送穷习尚

晦指每月的最后一天。晦与朔、弦、望一样，都是中国古代对月相的称谓，月初叫朔，月末月亮变暗叫晦，十五月圆时叫望，介于朔望、望晦之间的分别叫上弦、下弦。农历的月有大尽、小尽之别，大尽30天，30日是晦日，小尽29天，29日是晦日。正月晦日与送穷之俗联系，晦在29日的便称“穷九”。《荆楚岁时记》载：每月皆有晦朔，以正月晦为初年时，“俗重以为节，释名目晦者，月尽之名也”。

晦日送穷的习俗比较古老，次日各家扫除屋室尘秽，投入水中，称为送穷。梁宗懔的《荆楚岁时记》记载：“晦日，送穷。”关于该习俗的形成，该书援引《金谷园记》云：“高阳氏子庾约，好衣敝食糜。人作新衣与之，即裂破，以火烧穿著之，宫中号曰‘穷子’。正月晦日巷死。”因而“今人作糜，弃破衣，是日祀于巷，日送穷鬼”。到唐代时，大文豪韩愈曾写就一篇洋洋洒洒的《祭穷文》，其自注引《文宗备问》说：“颛顼高辛时，宫中生一子，不著完衣，宫中号为穷子。其后正月晦死，宫中葬之，相谓曰：‘今日送却穷子，自尔相承送之。’”唐《四时宝镜》、《岁时纪丽》也说，高阳氏之子好衣敝（穿破衣）食糜（喝稀粥），正月晦日死，“世作糜弃破衣于巷口，祝于巷口，曰除贫也”。所以姚合的《晦日送穷三首》诗说：“年年到此日，沥酒拜街中。万户千门看，无人不送穷。”至于唐代民间送穷的具体仪式，据韩愈、段成式的《送穷文》介绍，每年此日，首先要扎一个草人，扎成穷女模样，同时再扎一只草船（或雕一乘柳木车），在草船或柳车上装一些干粮，用酒食祭过之后，打开家门，将穷鬼送走。

晦日在魏晋隋唐时期，除了送穷的习俗外，还有湔（浣洗）裙裳、酺饮食、作膏糜、拔白发、种冬瓜、占谷价等风俗。《荆楚岁时记》说：“元日至月晦，人并为酺食，渡水士女悉湔裳酹酒于水湄，以为度厄。今人唯晦日临河解除，妇人或湔裙。”是为晦日湔裙裳的由来。对于晦日的饮宴之礼，《玉烛宝典》记载：“元日至月晦，并为酺聚饮食，士女泛舟或临水宴乐。酺聚者，大饮之名也。一云出钱为醵，出食为酺。”《唐六典》膳部有节日食料，注云是为晦日膏糜。《四时纂要》云：“正月甲子拔白发，晦日汲井水服，令髭发不白。”《杂五行书》说正月晦日风雨，主价贵。此外《齐民要术》还说其时晦日仍有种冬瓜的习俗。

(6) 中和节

中和节，又名二月二。本来在二月一日，后将土地神生日也纳入其中，故改在二月二日。据《旧唐书·德宗纪下》、《新唐书》卷一三九《列传第六四·李泌传》记载，唐中叶以前，春天只有三个节日：正月九、正月晦（三十）和三月上巳节。其中两个节在正月，而二月没有节日。唐德宗时，李泌上书，废正月晦，以二月一日为中和节，以示务本。李泌奏道：“更晦日于往月之终，揆明时于来月之始。请令文武百辟，此是日进农书，司农献穜稑；王公戚里上春服，士庶以刀尺相遗，村社作中和酒祭句芒，聚会宴乐为享句芒，祈年谷，仍望下各州府所在颁行。”德宗十分赞同，便下令以正月初九、二月朔和三月上巳合称“三令节”。从记载看，二月二并非一个单纯的节日，其活动形式与礼俗概而言之有踏青游曲江、赐宴饮乐、挑菜、拾菜、视农事、迎富贵果子等活动。唐《辇下岁时记》说：开元中期都人游赏于曲江，莫盛于中和、上巳节。《康骈剧谈录》云：“曲江地本秦陛州，开元中疏凿为胜境。其南有紫云楼、芙蓉苑；其西有杏园、慈恩寺，花卉环列，烟水四际，都人游玩，盛于中和节”，“中和上巳赐宴江侧，菇蒲葱翠，柳阴四合，碧波红蕖，湛然可爱”。白居易《二月二日》诗描写了踏青的盛况：

二月二日新雨晴，草芽菜甲一时生。
轻衫细马青年少，十字津头一字行。

韩偓的《踏青》诗云：

踏青会散欲归时，金车久立频催上。
收裙整髻故迟迟，两点深心各惆怅。

而刘禹锡的《淮阴行》、郑谷的《蜀中新雨》诗都写到了挑菜、拾菜的情景。其中唐代文人李庾《西都赋》谈到了“立中和而视农”的习尚。《文昌杂录》说唐代的岁时节仪，二月一日则有迎富贵果子之仪。此外，王建的《宫词》诗：“殿前明日中和节，连夜琼林散舞衣。传报所司分蜡烛，监开金锁放人归。”则记录了唐代宫廷在中和节日期间的庆祝活动与放宫人回家与亲人团聚的习尚。

（7）社日

以农耕为“本业”的古人对土地有着极其深厚和特别的情感，他们生活、耕作于其间，视其为第二生命。对于土地的依赖和由此而生发的浓厚情感，使人们赋予它以特有的民俗文化内容，创造出无数神秘的传说，其中土地神的诞生以及古人为之而进行的各种祭祀、春祈秋报等活动便具有典型意义。古代的始初称土地神为社，它本来是比较单纯而抽象的，后来逐渐人格化，并形成了配偶神社公、社母，又称土地爷和土地奶奶。农人奉祀的神明还有土谷神，即古代的稷，俗称田主、田祖。土地神和土谷神合起来，就是古代的社稷了。所以《白虎通德论》说：“人非土不立，非谷不食；土地广博不可遍敬，五谷众多不可一一而祭，故封土立社，示有土地。稷五谷之长，故立稷而祭之也。”它们或合祀，或单祀，单祀则以社为主。因此古代享祀土地神的日子叫社日。一般春秋各一，后来则间或有四时致祭的。时间分别在立春、立秋后的第五个戊日。《岁时广记·二社日》条记载：“《统天万年历》曰：立春后五戊为春社，立秋后五戊为秋社。”《礼记·月令》云：择元只命民社。其注云：“为祀社稷春事兴，故祭之以祈农祥。元日谓近春分，先后戊日，元吉也。”解释了其之所以如此的原因。汉代以前只有春社，汉以后才有春秋二社的祭祀活动。春秋二社祀神的功能是有所分别的，即所谓的春祈秋报。春社主要是祈求土地神保佑农业丰收，秋社则以收获报谢神明。如此一春一秋、一祈一报，安排得极有条理和韵致，体现了古人对土地特有的崇敬情愫。

从文献记载看，春秋二社的内容，春社的活动更多一些。春社按立春后第五个戊日推算，一般在二月初二前后，而二月二日相传又是土地神的诞辰，故此日的享祀也格外隆重。魏晋隋唐的社日不仅承袭了前代的形式与方法，而且还增加了卜禾稼、种社瓜、祈降社雨、治聋酒、饮宴等内容。《荆楚岁时记》记载：是日，四邻民家结成会社，杀牲备供，于树下为屋神，并作馓饼，佐以生菜、韭黄、豚肉为食。《白虎通》云：“社稷有树，表功也。”《齐民要术》说：“种丝瓜，社日为上。”又云：“社日以杵舂百果树下，则结实牢，不实者，亦宜用此法。”不知缘由何解。《岁时广记·降社雨》，转引《提要录》说：“社公、社母不食旧水，故社日必有雨，谓之社翁雨。”陆龟蒙诗云：“几点社翁雨，一番花信风。”又云：“社日雨，社公以之沐发。”李御史社日书怀云：“社公沐发望年丰，岂谓雨余仍苦风。”《海录碎事》称社日酒有能治聋的功效。故杜甫的《社日》诗有：“共醉治聋酒”之句；五代李涛的《春社从李昉求酒》诗说：“社公今日没心情，为乞治聋酒一瓶。恼乱玉堂将欲遍，依稀巡到第三厅。”据宋代张洎《贾氏谈录》、彭乘《墨客挥犀》卷十、叶梦得《石林诗话》等书记载，传说社公是个聋子，人们祭祀他的社酒是供他治耳聋用的。由此，此习传至民间。对社日秋报的饮宴景况，唐张演的《社日村居》诗有极为形象生动的描述，云：

鹅湖山下稻粱肥，豚栅鸡栖对掩扉。
桑柘影斜春社散，家家扶得醉人归。

此外，唐代民间社日时还有禁忌习俗。张籍的《吴楚歌辞》诗：

庭前春鸟啄林鸣，红夹罗襦缝未成。

今朝社日停针线，起向朱樱树下行。

便记述了吴楚一带人民社日忌针线活的习尚。

（8）上巳节

古时以农历三月上旬巳日为“上巳”，魏晋以后上巳节期改为农历三月三日，起源于远古时期举行的辟灾祛邪的“祓禊”仪式。汉魏以后，娱乐的色彩日增并且渐居主导地位，而祓禊古义渐趋淡化。如晋代王羲之的《兰亭集序》就是他为当时文人禊游所作诗歌的序言，序中记述了当时“修禊事”的盛况：

永和九年，岁在癸丑，暮春之初，会于会稽山阴之兰亭，修禊事也。群贤毕至，少长咸集。此地有崇山峻岭，茂林修竹，又有清流激湍，映带左右，引以为流觞曲水，列坐其次，虽无丝竹管弦之盛，一觞一咏，亦足以畅叙幽情（《晋书》卷八〇《列传第五〇·王羲之传》）。

这一记述对后世影响颇大，其中与祓禊古义最能吻合的上巳节俗是所谓“曲水流觞”。由于方式方法各异，这种活动也称流杯、泛酒、曲水流杯、流觞曲水、流杯曲水等，流卵、流枣也是这个系列的活动内容之一。据传此活动起于周公的曲水宴。梁宗懔《荆楚岁时记》引《续齐谐记》详释此说：

晋武帝问尚书挚虞曰：“三日曲水，其义何指?”答曰：“汉章帝时，平原徐肇以三月初生三女，而三日俱亡。一村以为怪，乃相携之水滨盥洗，遂因流水以滥觞，曲水之义起于此。”帝曰：“若此谈，便非嘉事。”尚书郎束皙曰：“挚虞小生，不足以知此，臣请说其始。昔周公卜成洛邑，因流水以泛酒，故逸诗云：‘羽觞随波流。’又，秦昭王三月上巳，置酒河曲，有金人自东而出，奉水心剑曰：‘令君制有西夏。’及秦霸诸侯，乃因其处立为曲水祠，二汉相沿，皆为盛集。”帝曰：“善。”赐金十五斤，左迁挚虞为阳城令。

至南朝时，每年三月三日时，士民并出江渚池沼间，为流杯曲水之饮，饱享春季的美好时光。《荆楚岁时记》云："荆楚四民，三月三日并出江渚池沼间，为流杯曲水宴。取黍、曲、菜汁和蜜为食，以厌时气。一云，用黍曲和菜作羹。"唐代时，则有皇帝赐宴曲江，倾城禊饮踏青等上自宫廷、仕宦，下至民间的节日饮宴娱乐活动。唐《辇下岁时记》记载：三月上巳"有赐宴群臣，即在曲江，倾都人物于江头禊饮、踏青。豪家缚棚相接，至于杏园，进士局在亭子，上宏词拔萃宴，在池南岸内。学士驸马等张建封宴，元巳曲江特命宰相同榻入食"。踏青之举虽说以三月三或清明节为多，但在时间与地点上则有所差异，诸如正月八、二月二等。江南春早，踏青固然较早，北方则非等到暮春三月不可。唐代都城长安的踏青多在三月初三。杜甫《丽人行》及《绝句》均记此习，前云："三月三日天气新，长安水边多丽人。"后云："江边踏青罢，回首见旌旗。"此后，上巳节的踏青郊游等娱乐活动的内容便渐渐汇入清明节的内容中去了。

(9) 寒食节与清明节

寒食节又称冷节、禁烟节。其来源有二说：一说是为纪念介子推，一说源于周代禁火制度。它晚于上巳节，又早于清明节，历来说法不一，不是固定在一年的某月某日，而是给出一个相对的参照点推算。参照点有两个，一是清明，一是冬至。对此《岁时广记》曰："去冬节一百五日，即有疾风甚雨，谓之寒食。据历合在清明前二日，亦有去冬至一百六日者，禁火三日，今谓之禁烟节是也。又谓之百五节。"洪迈《容斋随笔》云："今人（指宋代）谓寒食为一百五日，以其自冬至之后至清明历节气五，凡为一百七日，而先两日为寒食。"寒食节除了祭祖扫墓之仪外，还因为禁火而形成了专门的时令食品，并有踏青、插柳枝、打秋千、蹴鞠、斗鸡卵等形式多样的娱乐活动。

关于寒食节的时令食品，陆翙《邺中记》记载："寒食三日作醴酪，又煮粳米及麦为酪，捣杏仁，煮作粥。"《玉烛宝典》云："今人悉为大麦粥，研杏仁为酪，引饧沃之。"白乐天诗云："留饧和冷粥，出火煮新茶。"《秦中岁时记》云："寒食内宴宰执，以酴醾酒。王立之诗话云：酴醾本酒名也，以花颜色侣之，故取以为名。按唐百官志，良醖署令进御，则供酴醾桑落之酒。"

有关寒食节娱乐活动的记载，文献多有翔实的描述，不胜枚举。

打秋千。打秋千一说是由古代北方少数民族的一项习武活动嬗变而来。据《古今艺术图》载："寒食秋千，本北方山戎之戏，一习轻趫者也。后人因之，每至寒食而为戏乐之事。后中国女子学之，乃以彩绳悬树立架日秋千。或云齐桓公北伐山戎，此戏始传中国。”秋千之戏到南北朝时传入北方，《荆楚岁时记》云：“春节悬长绳于高木，士女袨服坐立其上，推引之，名秋千。楚俗谓之施钩。《涅槃经》谓之罥索。”又字书云：“秋千，绳戏也。”《天宝遗事》称此项娱乐为“半仙之戏”。记载唐玄宗天宝年间宫中至寒食节时，“竞竖秋千，令宫嫔戏笑，以为宴乐，帝呼为半仙戏，都人士女因而呼之”。可见，当时的秋千之戏风靡一时。诗人王建的《秋千词》写尽其景：

长长丝绳紫复碧，袅袅横枝高百尺。
少年儿女重秋千，盘巾结带分两边。
身轻裙薄易生力，双手向空如鸟翼。
下来立定重系衣，复畏斜风高不得。
旁人送上那足贵，终赌鸣珰斗自起。
回回若与高树齐，头上宝钗从堕地。
眼前争胜难为休，足踏平地看始愁。

可见寒食节打秋千是一项普及到社会各阶层且为人们喜闻乐见的一项娱乐活动。

蹋鞠戏。刘向《别录》中说，寒食节的蹋鞠之戏，系由黄帝所造。又有人说“起于战国之时，乃兵势也。所以讲武知有材也”。

绳橛戏。《秦中岁时记》说：“寒食节，内仆司车与诸军使为绳橛之戏，合车辙道两头，打大橛张绳，橛上高二尺许，须紧榜定驾车盘，转碾轮于绳上过，不失者胜，落轮绳下者输，装饰车牛赌物以千计。”

斗鸡卵之戏。《玉烛宝典》说寒食节时，“城市尤多斗鸡卵之戏”。杜淹在《吟寒食斗鸡应秦王教》诗中描绘了雄鸡搏斗的情景：“寒食东郊道，扬鞲竞出笼。花冠初照日，芥羽正生风。顾敌知心勇，先鸣觉气雄。长翘频扫阵，利爪屡通中。飞毛遍绿野，洒血渍芳丛。虽然百战胜，会自不论功。”此外，当时还有献彩毽、镂鸡子、画鸭卵彼此“相饷”的习俗。

大约到了唐代，寒食节与清明节合而为一，寒食节变成了清明节的一部分。清明节在包容寒食节诸项岁时节令风俗之外，还增加了打马球、拔河等项运动娱乐习尚，并有宴进士、宴百官的饮宴礼仪。唐《辇下岁时记》云：清明节新进士开宴集于曲江亭，既撤馔则移乐泛舟。又有月灯阁打毬之会。《西清诗话》说唐朝清明节宴赏百官的馔肴皆系“冷食，又至夜而罢”。张籍的《寒食内宴诗》云：

朝光瑞气满宫楼，彩纛鱼龙四面稠。
廊下御厨分冷食，殿前香骑逐飞毬。
千官尽醉犹教坐，百戏皆呈未放休。
共喜拜恩侵夜出，金吾不敢问行由。

关于拔河的娱乐活动，《景龙文馆记》云：“清明节帝命侍臣为拔河之戏，以大麻絙两头系千条小绳，每绳数人执之，以挽力弱为输。时七宰相二骑马为东朋，三相五将为西朋，仆射韦巨源、少师唐休碌，年老随垣而踣，久不能起，帝以为笑乐。”而温庭筠的《寒食日作》云：

红深绿暗径相交，抱暖含芳披紫袍。
彩索平时墙婉娩，轻球落处晚寥梢。
窗中草色妒鸡卵，盘上芹泥憎燕巢。
自有玉楼春意在，不能骑马度烟郊。

较详尽地记述了直至晚唐仍盛行的寒食习尚，如荡秋千、打球、吃镂鸡子、芹菜春盘及郊游踏青等内容，让生者享受生命当下的快乐，满足的是死者的愿望。而尽欢是人情人性顺应时气的自然要求。慎终追远、衔悲志哀，与探春宴乐两不耽误，都是人生的题中应有之义，也都是清明寒食的题中应有之义。说明迄唐代晚期，寒食节的宴饮娱乐活动更加丰富和多样。

此外，清明前后也是民间扫墓祭祖以及祈求蚕业丰收，祭祀蚕神的节日。其中围绕清明节的活动就关乎“死”与“生”两个层次。墓祭就是让死者享受身后应有的尊严，给生者以慰藉。关于祭祀蚕神的风俗，据《泗人月令》记载：“清明节令蚕妾理蚕室。”又云：“清明日，修蚕具、蚕室，大宜蚕。”届时要进行相应的祈蚕供神的仪式和活动。

（10）浴佛日

魏晋至隋唐的浴佛日，民间有作龙华会、设法乐、求子、戒杀生、占果实等具有时代风貌的祭祀娱乐风俗。《荆楚岁时记》记载：“荆楚以四月八日，诸寺各设会，香汤浴佛，共作龙华会，以弥勒下生之征也。”荆楚人相承四月八日，迎接八字之佛，于金城设幡幢鼓吹，以为法乐。《河图》说四月八日勿杀生，勿伐草木，此为“仙家大忌”。《阴阳》书称，四月八日雨，主果实少（参见宋陈元靓编《岁时广记》卷二十）。

（11）端午节

魏晋时期端午习俗较之以往的巨变是，楚地端午纪念屈原的习尚开始为全国各地所接受；虽有五月五日“采艾以为人形，悬于门户上，以禳毒水”或饮菖蒲酒，但是端午节已不完全笼罩在“恶日”的气氛中，相反的出现了不少娱乐活动。据《荆楚岁时记》记载：“泗人五月五日蹋百草，今人又有斗百草之戏。”原有的许多迷信风俗均因社会经济的发展，南北风俗的交汇以及少数民族风俗观念的影响、融合而发生了变化，并赋予新的时代发展特点，进而为隋唐时期岁时节令的丰富发展作了有力的铺垫。

隋唐时期端午节从表面形式上好似一脉相承前朝，但是从年节文化性质上讲，原有特定意义的节日风俗活动这时已多演变为节日娱乐活动。唐代宫廷端午宴享照旧依时依人给予赏赐，以示恩宠，以行恩荣盛事，但最常赐之物是夏令使用的扇子。唐太宗在贞观十八年（644 年）五月曾对长孙无忌和杨帅道说：“五日旧俗，必用服玩相贺。今朕各遗卿飞白扇二枚，庶动清风增美德，此推旧俗之法。”遂以扇恩赏宠臣。《新唐书·礼志》记载：唐玄宗天宝年间常在五月五日奠衣扇于诸陵以祀祖宗。还有对群臣百姓端午赏赐衣带和百索粽子的习尚。如窦叔向的《端午日恩赐百索》诗便对蒙恩受赏后的感激涕零心态有非常翔实的告白，他写道：

仙宫长命缕，端午降殊弘。
事盛蛟龙见，恩深犬马知。
余生尚可续，终冀答明时。

值得提及的是唐玄宗时端午娱乐活动别出心裁。据《开元天宝遗事》记载：宫中每到端午节时，“造粉团角黍贮于金盘中，以小角造弓子，纤妙可爱，架箭射中粉团，中者得食。盖粉团滑腻而难射也。都中盛于此戏”。后来此戏传遍长安都城，一时仕宦之家和民间都仿效之，射粉团成了端午的一种风俗，所以古书云：“都中盛行此戏。”（宋陈元靓编《岁时广记》卷二十一）。唐代民间端午风俗活动形式也类似前代，如《酉阳杂俎》卷一《礼异》记载：北朝妇人，“五月进五时图、五时花，施帐之上。是日又进长命缕，宛转绳结，皆为人像带之”。

这里的五时图则是绘制的五毒蛇、蝎、蜍、蜥蜴之类，是五毒图之前身，此俗一直影响到明清时期。五时花则是绘制的石榴花，五月正是榴花吐艳之时。唐代民间，每届端午节时便有用五彩丝线缠绕筒粽投入水底祭祀屈原的习俗。褚朝阳的《五丝》一诗：

越人传楚俗，截竹竞索丝。
水底深休也，日中还贺之。
章施文胜质，列匹美于姬。
锦绣侔新段，羔羊寝旧诗。
但夸端午节，谁荐屈原祠。
把酒时伸奠，汨罗空远而。

即是记叙唐人端午风俗的诗句。至于殷尧藩《端午日》一诗中“少年佳节倍多情，老去谁知感慨生。不效艾符趋习俗，但祈蒲酒话升平”之句（参见何立智等选注：《唐代民俗和民俗诗》，语文出版社，1993 年），则描绘了端午日唐人在门上悬挂艾菖蒲以禳除毒气之习。在端午节日娱乐方面，唐代有别于以往的一个显著特点是：一方面是上行下效，蔚然成风；另一方面，民间的一些风俗活动也受到了官府的支持。如储光羲的《观竞渡》一诗中，就有“标随绿云动，船逆清波来”，“能令秋大有，鼓吹远相催”等句（参见何立智等选注：《唐代民俗和民俗诗》，语文出版社，1993 年），描绘了唐代端午龙舟竞渡的盛况。

（12）七夕节

农历七月七日是七夕节，而乞巧是七夕节最为普遍的节俗活动，几乎是天下各地皆然。乞巧之俗，汉代业已形成。至魏晋南北朝时，随着牛郎织女爱情故事的广泛传播和日趋完善，七夕成为民间普遍的节日，节俗活动日臻丰富多彩。南朝梁宗懔在《荆楚岁时记》一书中描述此俗：“七月七日，为牵牛、织女聚会之夜……是夕，人家妇女结彩缕，穿七孔针，或以金、银、鍮石为针，陈几筵、酒、脯、瓜果于庭中以乞巧。有喜子网于瓜上，则以为符应。”关于乞巧的时间尽管有他说，但最多的还是与七夕联系在一起。不过汉代登楼晒衣的风俗到魏晋时已演变为晒书习俗。

到唐朝时，都城长安的七夕穿针乞巧的习俗也别有特色。对此崔颢《七夕》诗云：

长安城中月如练，家家此夜持针线。
仙裙玉佩空自知，天上人间不相见。

祖咏的《七夕》诗云：

闺女求天女，更阑意未阑。
玉庭开粉席，罗袖捧金盘。
向月穿针易，临风整线难。
不知谁得巧，明旦试相看。

届时宫中则有祀星楼和岁时乞巧果的风尚。《开元天宝遗事》云：宫中七夕以锦彩结成楼殿，高百丈，可容数十人，陈瓜果、酒炙，设坐具以祀牛女二星。“嫔妃穿针乞巧，动清商之曲，宴乐达旦，士民皆效之。”（宋陈元靓编《岁时广记》卷二十一），《文昌杂录》也记述唐岁时节物七月七日则有金针、织始、乞巧果子等。

（13）中元节

七月十五日，道教有中元节，佛教称盂兰盆会，民间谓之为鬼节。前已述及，盂兰盆会始于梁武帝。据《佛祖统记》的记载，大同四年（538年），梁武帝驾幸同泰寺，设盂兰盆斋。其后民间普遍盛行此俗。北齐的颜之推在《颜氏家训》中曾提到“七月半盂兰盆”为孝亲之供。迄唐代，皇家每年要送盂兰盆到各官寺，献供各种杂物，并有音乐仪仗及送盆官人随行；民间施主也到各寺献供献盆及种种杂物。还增加了放河灯、焚法船等节俗活动。

（14）中秋节

拜月、赏月、玩月是中秋节的主要娱乐活动形式。据载，赏玩月华之风在汉武帝时已经大盛，其后相沿不断。尤其到盛唐的风流皇帝唐玄宗时，这一习俗盛极。《开元天宝遗事》说，唐玄宗与杨贵妃每年都要在太液池赏月，后来还修了专供赏月的“望月台”。在民间，赏月玩月的风习也颇为盛行，尤其是文人墨客，常三五邀集，对月酌酒，酒酣赋诗。据《唐代民俗和民俗诗》辑录，唐欧阳詹在《玩月》诗序中说：“月可玩。玩月，古也。谢赋、鲍诗、朓之庭前、亮之楼中，皆玩月也。”意即南北朝时已出现谢灵运、鲍照、谢朓等人赏月的诗赋。到了唐代，此风更盛。殷文圭的《八月十五夜》诗："万里无云镜九州，最团圆夜是中秋。"而司空图的《中秋诗》也说："此夜若无月，一年虚度秋。"表明唐代民间对中秋赏月与家人团聚的重视。至于王建的《十五夜望月寄杜郎中》一诗："中庭地白树栖鸦，冷露无声湿桂花。今夜月明人尽望，不知秋思在谁家?"更道出了游子中秋望团圆的心境。相传中秋吃月饼的习俗起于唐代。乔继堂《中国岁时礼俗》一书称唐高祖李渊和群臣欢度中秋时，手持吐蕃商人所献装饰华美的圆饼，指天上明月笑道："应将圆饼邀蟾蜍。"随即分圆饼予群臣。又《洛中见闻》云：唐僖宗中秋吃月饼，味极美。他听说新科进士在曲江宴饮，便命以红绫包月饼赐给进士。不但如此，而且团圆是中秋节最主要的民俗信仰，几乎贯穿于各种节物与风俗、各项节俗活动之中。中秋团圆的信念发生甚早，大多又和月亮的团圆相关。这在遗存的大量古诗歌中有充分的载录。

（15）**重阳节**

魏晋隋唐时期，重阳节的各项节俗活动较前更加完备，无论是登高、赏菊、插茱萸，还是食重阳糕、饮菊花酒等节俗内容，均具备时代文化特色，而且节俗的娱乐性在节令活动中渐趋主导地位，此为该时期重阳节文化活动中一个显著特点。如有关登高之俗起源的传说故事也开始流行。此时的登高已经增加了游乐内容，不仅仅具有驱邪免祸的用意。宗懔的《荆楚岁时记》云："九月九日，四民并籍野饮宴"，"按杜公瞻云：九月九日宴会，未知起于何代，然自汉世以来未改。今北人重此节。佩茱萸，食蓬饵，饮菊花酒，云令人长寿。近代皆设宴于台榭"。民间的习俗一般是登高饮酒、赋诗作文。宫廷皇室也多有此举。顾禄《清嘉录》述唐以前的宫廷登高之举说道："孟嘉从桓温游龙山，亦九日登高之举，后遂相承为故事。《南齐书·礼志》，宋武帝在鼓城时，九日，上项羽戏马台登高。《齐武帝本纪》，九日，孙陵风商飙馆登高宴群臣。《全唐诗话》，唐中宗临渭水登高。"又《唐诗纪事》谓景龙三年（709年）九月九日，唐中宗李显临幸渭亭登高，令臣下赋同题四韵五言诗一首，先成者赏，后成者罚。魏晋隋唐时期，每届重阳，在民间不但登高活动颇为盛行，而且文人墨客尤其热衷此项活动，因而使它变为一项综合性的"登高会"。晋周处《风土记》云："以重阳相会，登山饮菊花酒，谓之登高会。"因为登高时有插茱萸、佩茱萸囊之俗，故登高会又名"茱萸会"，同时也有称之"茱萸节"的。

到了唐代，茱萸按照唐代民俗习尚，既可将它作为重阳的节日礼物送给亲友，如孟浩然的《九日得新序》一诗中，便有"茱萸正可佩，折取寄情亲"的描述；同时，重阳插戴茱萸，还可避邪。王维的著名诗篇《九月九日忆山东兄弟》诗云："独在异乡为异客，每逢佳节倍思亲。遥知兄弟登高处，遍插茱萸少一人。"记述了重阳登高、插茱萸两种风习。而唐张说《湘州九日城北亭子》诗云："西楚茱萸节，南淮戏马台。"关于插茱萸、佩茱萸囊的缘起，多推及桓景避灾免祸的故事。后世对其作用的一般解释是"辟恶气、御初寒"。《风土记》记载："九月九日律中无射而数九。俗以此日茱萸气烈成熟，尚此日折茱萸房以插头，言辟恶气而御初寒。"唐郭震《秋歌》之二也说："辟恶茱萸囊，延年菊花酒。"此外，被后世传承不替的节物与饮食习尚是食重阳糕和饮菊花酒。

（16）**冬至**

冬至本是二十四节气之一，时间大约在阳历的十二月二十二三日间。依照天文历法学的阐释，冬至日太阳到达黄经270°，阳光直射地球的南回归线，北半球白昼最短；其后阳光直射位置向北移动，白昼渐长。我国传统的阴阳观念则以阴阳二气解释冬至，《通纬·孝经援神契》载称："大雪后十五日，斗指子，为冬至，十一月中（夏历）。阴极而阳至，日南至，渐长至也。"而《月令七十二候集解》也认为冬至时，"十一月中，终藏之气，至此而极也"。因为这个节气与人们生产、生活有着极为密切的关系，所以到南北朝时即成为正式的节日了。南朝梁宗懔《荆楚岁时记》云："去冬节一百五日，即有疾风甚雨，谓之寒食。"并有了"长至节"、"亚岁"、"一阳节"的名称。

在魏晋时，冬至日，国君接受万国及百僚的称贺，其仪礼亚于岁朝，并有献袜履之仪，表示迎福践长。曹植《冬至献袜颂表》记载："千载昌期，一阳嘉节，四方交泰，万物昭苏……并献纹履七炳，袜若干副。"曹植在冬至时，向他父亲曹操献上绣鞋七双，袜子若干副，以作为向父王的贺节礼物，且专门上表称贺。《宋书》记载：魏晋冬至日，国君受万国及百僚称贺，"因小会，其仪亚于岁朝。"南北朝时，此节礼仪更重于前，并且有拜父、拜母之礼；民间尚有吃赤豆粥以避邪与卜壬日之俗。到唐代时，便以冬至和岁首二节并重。如《岁时广纪》卷三十八《如元旦》条转引《泗人月令》云：冬至之日"荐黍羔，先荐玄冥以及祖祢，其进酒尊老及谒贺君师、耆老一如元旦"。该书《卜壬日》条引《清台占法》说：冬至后一日得壬，灾旱千里；二日得壬，小旱；三日得壬，平常；四日得壬，五谷丰熟；五日得壬，小水；六日得壬，大水；七日得壬，河决；八日得壬，海翻；九日得壬，禾麦大熟；十日得壬，五谷不成。对于冬至日民间吃赤豆粥习俗的来历，《荆楚岁时记》说："共工氏有不才之子，以冬至死为疫鬼，畏赤小豆，故冬至日作赤豆粥，以禳之。”屏山先生《至日诗》云：“豆糜厌胜怜荆俗，云物书祥忆鲁台。”即是记载此节日风俗的。

(17) 腊日

腊日也称腊八。中国远古时期，“腊”本是一种祭礼。人们常在冬月将尽时用猎获的禽兽举行大祭，以祈福求寿，避灾迎祥。古代“猎”字与“腊”字相通，“腊祭”即“猎祭”，故将每年终了的十二月称作“腊月”，把十二月初八称作“腊日”。《礼记·月令》记载：“是月也，大饮蒸。天子乃祈来年于天宗。”

从先秦时起，即将“腊日”视为年节来过的，但并不固定在十二月初八日，直到魏晋南北朝时才固定在这一天。当时《荆楚岁时记》中便有“腊鼓鸣，春草生”的谚语，反映人们在腊日这一天鸣鼓起舞，迎接新春的欢乐情景。届时民间有祀公社、祭先祖、浴蚕种、酿冬酒、造脂花馂等祭祀、饮宴及预先准备蚕种的活动。在宫廷则有赐御宴、御食、献口脂、进香囊的礼仪之举。《岁时广记》引《集正历》云：腊日取蚕种，笼挂桑中，任霜霰雨雪飘冻，至立春日收，谓之“天浴”。盖蛾子生，有实有妄，“妄者，经寒冻后，不复生；唯实者生蚕，则强健有收成也”。《泗人月令》记载：“十月上辛命典馈渍酿冬酒，以借腊日祭祀。”《金门岁节》说洛阳人家腊月造脂花馂，以共享宴食用。对唐代腊日宫廷的饮宴之仪，《提要录》记载：“唐制腊日赐宴及赐口脂、面药（系指一种涂擦口唇脸面，用以防寒御冻的油膏香药），以翠管银罂（罂，为一种口小腹大的瓶子）盛之。”杜甫《腊日》诗云：“纵酒欲谋良夜醉，还家初散紫宸朝。口脂面药随恩泽，翠管银罂下九霄。”即是记载这个风尚的。

又因为腊日是释迦牟尼得道成佛的日子，所以佛寺此日也熬制“腊八粥”供佛，此俗后融于民间的岁时节令习俗之中，成为民间的主要节俗内容之一。

(18) 岁除

岁除亦称“除夜”、“年三十”、“大年夜”、“除夕”。它指夏历十二月最后一天晚上，也指这一天。除即是旧岁将尽，至此而除的意思。远在周代，已有岁终举行驱傩的习俗。“除夕”二字，最早见于东汉应邵的《风俗通义》，其原意为驱邪求福。到晋时，才有分岁、守岁之俗。清翟灏《通俗编》卷三，引周处《风上记》云：除夕，“夜祭危竣事，才动聚饮，祝颂而散，谓之‘分岁’”，晋人每“至除夕，通宵达旦不寐，谓之‘守岁’”，含送旧、延年之义。《荆楚岁时记》载南北朝时，每逢岁暮（除夕），民间家家“具肴蔌，谓宿岁之储，以迎新年，相聚酣饮留宿。岁饭至新年则弃之街衢，以为去故纳新也”。梁庾肩吾《岁尽应令》诗云："聊开柏叶酒，试奠五辛盘，金薄图神燕，朱泥印鬼丸。"至唐代，则将大年夜称"除夜"。王建《宫词》称："金吾除夜进傩名，画裤朱衣四队行。"该夜无论是宫廷还是民间，均有饮宴、庭燎、铜刀刻门和点水盆灯等风俗。其中唐太宗李世民的《守岁》诗，对宫中的除夕风俗作了概括描述：

暮景斜芳殿，年华丽绮宫。
寒辞去冬雪，暖带入春风。
阶馥舒梅素，盘花卷烛红。
共欢新故岁，迎送一宵中。

这是宫中岁除节仪的真实写照，同时也生动地反映出唐代君臣之间在年终岁末之时共欢同饮、送旧迎新的融洽节日气氛，具有特定的社会政治意义和文化价值。

至于唐代民间的大年三十夜，家家户户"守岁"的风俗，则与魏晋南北朝时期差别不大。但地区不同，风俗则略有差异。据《唐代民俗和民俗诗》辑录，张说的《岳州守岁》诗："除夜清樽满，寒庭燎火多。舞夜连臂拂，醉坐合声歌。"介绍了岳州一地的守岁风俗。而储光羲的《秦中守岁》诗："阖（关闭）门守初夜，燎火到清晨。"表明唐代秦中民间有关门守岁的风俗。但丁仙之的《京中守岁》诗："守岁多燃烛，通宵莫掩扉。"则表明唐代京中民俗，守岁时万万不可关门。诗人杜甫更有《杜位宅守岁》一诗：

守岁阿戎家，椒盘已颂花。
盍簪喧枥马，列炬散林鸦。
四十明朝过，飞腾暮景斜。
谁能更拘束，烂醉是生涯。

诗中提到的喝椒柏酒、献"椒花颂"、设庭燎等，是唐代仕宦之家和民间守岁的典型风尚。这些风俗被后代所承袭和发展，被赋予很多时代特点和丰富内容。

第五讲

祭拜游乐与民间年节活动

中国古代的节令文化，在宋辽金元时期不仅得以进一步丰富完善，而且通过祭拜游乐与民间年节活动，使广大人民在参与节令文化活动的过程中，得以将源于实践的丰富生产、生活、文化、科技的经验、智慧，注入到节令文化之中，使之得以充实与升华。这是文明再创的过程，又是节令文化得以长存不衰且不断更新的活力源泉所在。反之，丰富完善后的节令文化又更激发人们通过节令活动来对主客观世界进行探索与创造的热情，使得这一历史时期，祭拜游乐的兴盛与民间年节活动的高涨，成为重要而独特的历史文化现象。而宋辽金元时期又是中国封建社会由分裂、割据、混乱再度走向统一发展的重要历史阶段，所以这一时期，伴随政治上多元一体格局的形成，经济的发展，科技的进步，传统历史文化模式的延续与创新，人们的生产生活方式的面貌也发生了巨大的变化，节令活动的民间化特色更为突出和鲜明，并呈现出多元发展的时代特征。这些变化在广大民间、宫廷的岁时节令与祭拜游乐活动中表现得尤其显著。

节气定历与科技进步

传统的农业历法在宋辽金元时期继续完善，人们对自然的认识愈益深刻而全面，自然与人类彼此之间关系愈益得到协调理顺，是这一时期人们岁时节令文化活动日益丰富发展的一个重要前提条件。在经历汉族文化与少数民族文化的交融之后，中国传统的节令文化活动被注入了新的发展因子和活力，形成了新的具有发展特色的类型，更加体现了中国节令文化所应具有的代表性和广泛性特征。

1. 天文历法的发展与创新

宋辽金元时代是中国封建社会政治、经济、文化、科技发展的时期，较之前代，在天文历法方面颇有发展与创新。北宋从开国（960 年）到靖康二年（1127 年），在 168 年间，颁行了九个历法；南宋从建炎二年（1128 年）到祥兴二年（1279 年），在 152 年间，颁行了十个历法。这说明立法的改革必须适应社会生产生活和政治的需要，必须制定适合各地实际的历法，否则一切都将遇到麻烦，出现问题。值得注意的是北宋最著名的科学家沈括为了配合农业生产发展的需要，提出了十二气历的理论。我们知道，中国自古以来的历日制度规定以十二月配于春夏秋冬四季，每季三个月；如遇闰月，这季为四个月。而在天文学上，又以立春、立夏、立秋、立冬为四季的开始。这两种规定的矛盾，在传统的历法上始终没有得到统一。因此到北宋时，沈括提出不用十二月而用十二气为孟春、仲春……的第一日，以解决这个传统遗留的矛盾问题。他在《补笔谈》卷二《象数》中对此有非常详细的阐释：

> 今为术，莫若用十二气为一年，更不用十二月。直以立春之日为孟春之一日，惊蛰为仲春之一日，大尽三十日，岁岁齐尽，永无闰余，十二月常一大一小相间，纵有两小相并，一岁不过一次。如此，则四时之常正，岁政不相凌夺。日月五星，亦自从之，不须改旧法，唯月之盈亏，事虽有系之者，如海胎育之类，不预岁时寒暑之节，寓之历间可也。

此历就是十二气历。他认为这样大月三十一日，小月三十日，年年一样，没有闰余，而且十二气常常一大一小相隔，纵有两小相连，一年不过一次。他还列举宋哲宗元祐元年（1086 年）孟春、仲春二气为例，加以说明。

按照沈括的研究和设想，历日制度可以和天文配合得更好，为生产服务也更为简便。这是因为农业生产的日期安排应决定于气候变化。气候变化的基本因素是地球绕太阳的公转运动，二十四节气就是反映这种运动。所以沈括提出十二气历目的是企图打破阴阳历的旧传统，从根本上解决历法适应农业生产需要的问题。由于阴阳历在千百年间已成为封建国家上层政治生态的重要构成部分，加之人们世代因循于旧历法的传统，所以沈括的十二气历的创议受到守旧势力的阻挠，未能在实践中加以使用和推广。

从公元10世纪起，中国北方地区先后相继建立了少数民族统治的政权——辽、西夏和金。辽金两代都设有司天监，掌管天文观测和编纂历法。他们先后都使用过当时中原地区通行的历法，后来又都自行编算各自的历法。金大定二十一年（1181年）颁行的赵知微重修大明历，在说明月球运动方面达到了很精密的程度，成为元代授时历的主要根据之一。金在灭北宋、攻陷汴京后，先后把汴京宋朝先进的天文仪器运到了自己的首都，这对北方地区天文学的发展起到了一定的推动作用。金代晚期，民间讲学的风气比较普遍，他们主要是讲科学技术，这对后来的元代的天文历法的发展起了重要的先导和促进作用。

辽国于公元1125年被金所灭。公元13世纪以后，蒙族在北方崛起，先后灭了金、西夏和南宋，建立了元王朝。元世祖忽必烈统一全国以后，中国天文历法学的发展达到了一个新的高度。国家统一之后，忽必烈把金、宋两个司天监原有的工作人员集合到大都，加上他自己选拔的官员以及从各地征集起来的优秀工艺人员，在元代的司天台（后改为司天监）机构中形成一支颇为强大的科技队伍；并在大量的天文观测和记证的基础上吸取前代历法的精华，运用金、宋二代的数学成就，创造颁行了中国古代最精确的历法——授时历。

授时历颁行于至元十八年（1281年），实际施行达360年之久，历经元明两代，可以说是中国历史上行用最久的历法。它是由王恂、许衡、郭守敬等共同修订的，而由郭守敬纂成定稿，因此一般认为郭守敬是授时历的作者。郭守敬在修新历过程中提出“历之本在于测验，而测验之器莫先于仪表”的主张，创造和改进了简仪、仰仪、高表、候极仪、景符和窥几等十余件观测天象的仪器以及玲珑仪、灵台水浑等表演天象的仪器。同时在全国各地设立二十七个观测站进行规模巨大的大地测量工作，重新观测了二十八宿及其他一些恒量星的位置，测定了黄赤交角，达到了较高的精确度。

中国古代历法一般用分数来表示天文数据的奇零部分，计算颇费周折。唐代虽然已用十进小数概念，但没有被一般天文学家所重视；直到授时历才被采用。授时历以一日为一百刻，一刻为一百分，一分为一百秒；弧度一度也为一百分，一分为一百秒。秒以下有微、纤等名，一律从百进位。

授时历不使用上元积年，径以至元十八年辛巳岁冬至为历元。根据连续四年（1276年—1280年）的实际观测确定了当年的气应、闰应、转应和交应等天文数据。授时历以365.2425日为一回归年，以365.2575度为一周天，由此得岁差66年8个月退一度，这和统天历相同；还规定回归年日数每一百年减少$\frac{2}{10000}$日，也和统天历大同小异。它的朔望月、近点月和交点月的数据则和赵知微重修的大明历相同。

授时历除了根据实测考证所有天文数据外，还用招差法创立内插公式推算日月五星的运行度数，比刘焯内插公式更能切合实际，比起以前各家历法有很大的进步。授时历认为，太阳在冬至点速度最高，在夏至点速度最低。王恂、许衡、郭守敬等根据实测，知道从冬至到常气春分前三日，太阳走一象限91.31度，只要88.91日；在此时间内有盈积2.40度，即太阳多行2.40度。从春分前三日到夏至93.71日的时间内，也走了一象限91.31度，缩积也是2.40度，即太阳少行2.40度。授时历根据这个实测结果，利用垛积招差法计算冬至后某时的盈积分。它利用招差法制定了一个从冬至起按日盈积分数的表格。

授时历也用招差法处理月球在近点月内的不等速问题。它用三差法列出太阴迟疾立成，以备检查在任何指定限内月球多行或少行的度数。授时历先求某月的平朔时刻，然后再求该月定朔的时刻。招差法是一项在历法方面具有世界意义的伟大成就。它的内插法只用到三次差，确有美中不足之处，但招差术的准确性，原不以三差为限，它是可以推广到任何高次差数的。这样利用累次差数的内插公式且将它应用到历法的制定中，中国要比西方约早四百年。

元代以前历法的制定与推算都用经验公式，从太阳黄经度求其赤经纬度，所得结果不是十分精密。授时历根据球面测量的理论，创立两个公式和球面三角法公式，在理论上是一致的。由于它所用的三角函数和反三角函数值都是很粗疏的，因而用公式计算出来的赤经不很准确。但无论怎么讲，它所运用的方式方法都为前人所无，它可以说是集古代历法之大成，也是中国自己编纂历法的终结。正是由于这个原因和前提条件的存在，从而为人们顺应自然规律，认识自然，征服改造自然环境创立了基础（参见陈遵妫著：《中国天文学史》，上海人民出版社，1980年）。

2. 物候观测与理论成就

宋辽金元时期，在物候实际观测与理论的系统总结方面，也取得了突出的成就，如保留下来许多物候观测的第一手原始记录，对种植作物与纬度南北、地势高低条件的密切关系作了科学解释，风土限制说发展到风土驯化说，有了专门的量雨器和能够测量地温的仪器，而且中国最早的农业气象专著《田家五行》也问世了。这些说明中国的物候气象观测与理论水平达到了一个新的高度。

天文历法的进步对农业生产的发展起着重要的推动作用，而物候知识在古代农业生产的实际运作中一直在发挥着直接、有效的指导性作用，这是千百万劳动者生产生活实践经验的总结与感性认识的结晶，也是这些文明的创造者们对节令文化的直接传承、弘扬和发展，这些内容从中国古代农书中都可以得到证明。农书中讲到耕地和播种等的适宜时期有时，还以自然界的物候为准。如陈旉《农书》中提出农业生产要“顺天地时利之宜，识阴阳消长之理”，以“盗天地之利时”，指出利用天时的重要性。他在《农书·天时之宜篇第四》云：

四时八节之行，气候有盈缩踦赢之度。五运六气所主，阴阳消长有太过不及之差。其道甚微，其效甚著。盖万物因时受气，因气发生；其或气至而时未至，或时至而气未至，则造化发生之理因之也。若仲冬而李梅实，季秋而昆虫不蛰藏，类可见矣。天反时为灾，地反物为妖。灾妖之生，不虚其应者，气类召之也。阴阳一有愆忒，则四序乱而不能生成万物。寒暑一失代谢，即节候差而不能运转一气。在耕稼盗天地之时利，可不知耶？传曰：“不先时而起，不后时而缩。”故农事必知天地时宜，则生之，蓄之，长之，育之，成之，熟之，无不遂矣……然则顺天地时利之宜，识阴阳消长之理，则百谷之成，斯可必矣。

从该书的记载看：当时人已懂得掌握气候变化规律，适时播种水稻育秧，以防止烂秧。对此陈旉《农书·善其根苗篇》记载：

又先看其年气候早晚寒暖之宜，乃下种，即万不失一。若气候尚有寒，当且从容熟治苗田，以待其暖，则力役宽裕，无窘迫灭裂之患。得其时宜，即一月可胜两月，长茂且无疏失。多见人才暖便下种，不测其节候尚寒，忽为暴寒所折，芽蘖冻烂瓮臭，其苗田已不复可下种，乃始别择白田以为秧地，未免忽略。如此失者十常三四，闲岁如此，终不自省，乃复罪岁，诚愚痴也。

迄今为止，中国古代最早而又有科学价值的物候实测记录，是南宋吕祖谦写的《庚子·辛丑日记》。吕祖谦（1137—1181）是一位著名的文学家，浙江金华人，他在逝世前两年，居家患病期间，每天都记日记，并且写下他所留心观察的物候。日记从淳熙七年（1180年）正月初一日到次年七月二十八日，记有腊梅、樱桃、杏、桃、紫荆、李、海棠、梨、蔷薇、蜀葵、萱草、莲、芙蓉、菊等二十多种植物开花和第一次听到春禽、秋虫鸣叫的时间。不过他是按阴历日期记载的，因此从时间上看两年物候相差比较大，使用的时候应须注意。这份物候资料非常珍贵，是世界上现存最早的凭实际观测获得的科学记录。

值得称赞的是北宋科学家沈括，对于物候与地势高度的关系、物候与纬度的关系、物候与植物品种的关系、物候与栽培技术的关系等问题，都进行了研究，并在他所著的《梦溪笔谈》中记录了他的科学见解。例如他就采药的时节问题详论：

> 古法采草药多用二月八日，此殊失当……用叶者，取叶初长足时……用花者，取花初敷时，用实者，成实时采，皆不可限以时月。缘土气有早晚，天时有愆伏，如平地三月花者，深山中则四月花。白乐天游大林寺诗云："人间四月芳菲尽，山寺桃花始盛开。"盖常理也。此地势高下之不同也……岭峤微草，凌冬不凋，并汾乔木望秋先陨，诸越则桃李冬实，朔漠则桃李夏荣，此地气之不同。

从此段论述看出，沈括对于物候与地势高度的关系、物候与纬度的关系、物候与植物品种的关系等问题，都进行了研究和探讨。他说由于"地势高下之不同"，在平原地区"三月花者"，到了山区"则四月花"。他很赞赏唐代诗人白居易的名句："人间四月芳菲尽，山寺桃花始盛开。"并称这是物候的常理。又说南岭地方的草"凌冬不凋"，而汾河流域的树木"望秋先陨"，这是因为"地气之不同"。他分析水稻有"七月熟者，有八九月熟者，有十月熟者"的根本原因是水稻本身的"性之不同也"，即品种各异之故。更重要的是他解释了栽培作物的种植除受自然条件与物候因素影响外，人的因素即栽培技术也起很大作用。他说由于"人力之不同"，"岂可一切拘于定月哉"？并指出提高栽培技术可以使作物早熟增产，这是非常正确又富有积极科学意义的见解。

此外，在这一时期的《陈旉农书》（宋）、《农桑辑要》（元）、《王祯农书》

（元）等书中，对种植作物要考虑纬度南北、地势高低等差异问题也作了科学的解释，较之《齐民要术》只谈作物种植早晚的“上时”、“中时”、“下时”，而不讲其中深蕴的道理要进步和科学得多。例如，在《王祯农书·农桑通诀集之一·地利篇第二》中曾写道：

天下地土，南北高下相半。且以江淮南北论之，江淮以北，高田平旷，所种宜黍稷等稼；江淮以南，下土涂泥，所种宜稻秫。又南北渐远，寒暖殊别，故所种早晚不同；惟东西寒暖稍平，所种杂错，然亦有南北高下之殊。

另外王祯在农业物候气象上的最大贡献是创制了一幅“授时指掌活法之图”。他将星躔、季节、物候以及农业生产秩序灵活地综合绘在一张图上。它实际上是中国最早绘制的一张“农业生产科技指南图”，具有十分重大的理论与实践价值，它是古代节令文化发展历程中具有划时代和里程碑意义的文明成果。有了此图，生产者、管理者观图行事必有所获。此图特点是：非常明确、实用、方便，颇受人们的欢迎。而《农桑辑要卷第三·九谷风土及种莳时月》在论及气候的冷暖与播种的迟早同纬度的关系时，写道：

若夫时之早晚，案《齐民要术》有上、中、下三时，大率以洛阳土中为准，此亦举一隅之义尔。以周公土圭之法推之：洛南千里，其地多暑；洛北千里，其地多寒。暑既多矣，种艺之时不得不加早；寒既多矣，种艺之时，不得不加迟。又山川高下之不一，原隰广隘之不齐，虽南乎洛，其间山原高旷，景气凄清，与北方同寒者有焉；虽北乎洛，山隈掩抱，风日和煦，与南土同暑者有矣。东西以是为差，苟比而同之，殆类夫胶柱而鼓瑟矣。氾胜之书有言，种无期，因地为时，此不刊之论也。

从这些关于物候与作物种植关系的阐述，可知宋辽金元时期科学家在研究物候问题时不仅仅限于对物候的描述记载，而已开始由感性认识上升到理性认识阶段了。这是前人无法与之比拟的，也是中国古代节令文化发展中富有理论意义的重大突破。

随着物候观测的实践经验的积累和理论水准的提高，古人对与农业生产密切相关的降水、土地温湿以及季节变化的观测探究，也取得了多方面的发展进步，并有相应的理论与具体测算方法见诸记载：

测雨方法。由于降雨多少直接影响农业、水文的状况和态势，所以很久以来，人们对降雨量的问题一直抱着十分关切的态度。在睡虎地秦墓出土的竹简中即有关于雨量上报的记述，《睡虎地秦墓竹简·田律》记载："辄言雨少多，所利顷数。""近县令轻足行其书，远县令邮行之。"《后汉书·礼仪志第五》载述，东汉时官方曾命令下属行政机构"自立春至夏，尽立秋，郡国上雨泽"。既然郡国要上报降雨量，推想一定是有统一的测雨方法，可惜未能记传下来。关于测量降水的最早明确记载，见于公元1247年南宋秦九韶（1202—1261）所著的《数书九章》。该书卷四中有四道数学题目，都是具体涉及到测量降水量的。现引录如下：

> 天池测雨。问：今州郡都有天池盆，以测雨水。但知以盆中之水为得雨之数，不知器形不同，则受雨多少亦异，未可以所测，便为平地得雨之数。假令盆口径二尺八寸，底径一尺二寸，深一尺八寸，接雨水深九寸，欲求平地，雨降几何？
>
> 答曰：平地雨降三寸。（推算过程略）
>
> 圆罂测雨。问：以圆罂接雨，口径一尺五寸，腹径二尺四寸，底径八寸，深一尺六寸。罂里接得雨一尺二寸。圆法用密率，问平地雨水深几何？答曰：平地水深一尺八寸。（推算过程略）
>
> 峻积验雪。问：验雪占年。墙高一丈二尺，倚木去址五尺，梢与墙齐，木身积雪厚四寸，峻积薄，平积厚，欲知平地雪厚几何？答曰：平地雪厚一尺四寸。（推算过程略）
>
> 竹器验雪。问：以圆竹箩验雪，箩口径一尺六寸，深一尺七寸，底径一尺二寸，雪降其中，高一尺，箩体通风，受雪多，则平地少，欲知平地雪高几何？答曰：平地雪厚九寸。（推算过程略）

从以上四题看来，都是秦九韶根据当时实际测雨、测雪时所遇到的困难问题而提出给数学家予以解决的。由此可知，中国至少在南宋时已经有了测雨雪的具体方法了。这种用天池、圆罂以及峻积、竹器测雨验雪的办法，就是中国较早时期使用的量雨器。当时这些量雨器是非常简单而不够精确的，但在科学不够发达的古代，能想出这些办法量雨，已经是很不简单了。

测量大气湿度与用律琯测定季节的方法，早在汉代已经有文字记载了。本书前已述及。用律琯（相当一种地温表）测定季节变化，这是中国百姓在一千九百多年前的一种发明创造。其结构和用法早在《续后汉书》及《隋书志》中已有记述，后来北宋科学家沈括在他的《梦溪笔谈》中专门有介绍。其中说：

> 司马彪《续汉书》候气之法："于密室中以木为案（即桌子），置十二律琯，各如其方。实以葭灰（芦苇茎中的薄膜所制成的灰，质极轻），覆以缇縠（即黄色绸纱），气至则一律飞灰。"……盖彪说得其略耳。唯《隋书·志》论之甚详，其法：先治一室，令其地极平，乃埋律琯，皆使上齐，入地则有浅深。冬至阳气（即由地下向上传递的热量），距地面九寸而止，唯黄钟（律琯名称之一）一琯达之，故黄钟为之应。正月阳气距地面八寸而止，自太簇（律琯名称之一）以上皆达，黄钟大吕（律琯名称之一）先以虚，故唯太簇一律飞灰。如人用针彻其经渠（主要通道），则气随针而出矣。地有疏密，则不能无差忒，故先以木案隔之，然后实土案上，令坚密均一。其上以水平其槩，然后埋律其下。虽有疏密，为木案所节，其气自平，但在调其案上之土耳。

在这一段文献记载中，沈括不仅详细阐明这种测定季节变化的方法，同时肯定了这种测定方法的基本原理是与阳气（地温）有关。根据现在地温资料表明，在中高纬度地区，冬至以后，土壤上层温度逐渐升高，使热量向下层传导，夏至以后则相反，即土壤上层地温逐渐降低，热量是自下向上传导。所以沈括的见解基本是符合今日土壤温度季节变化规律的，所不同的是过去把地温的季节变化说成是阳气升降罢了。

尤其值得注意的是，到了元末，浙江吴兴人娄元礼根据收集整理的吴中民间农事气象谚语以及他本人的亲身走访、验证，历时数年编撰的中国现存最早的农业气象专著《田家五行》也问世了。据《中国农学书录》说：该书分为上、中、下三卷，每卷分为若干类。上卷自"正月类"至"十二月类"，每月都按日序记载占候；中卷是天文、地理、草木、鸟兽、鳞鱼等类，大部属于物候性质；下卷是三月、六甲、气候、涓吉、祥瑞等类，则几乎全为迷信之谈。除下卷外，书中的记述大都是以吴中农民的经验为依据。书中内容包括天气、气候、农业气象、物候等方面的谚语共五百余条，多适用于长江下游地区，其中有许多内容至今还可作为农事气象预报的参考。如“朝霞不出门，暮霞行千里”一句，就是根据天象霞出现的时间情况来判断短期内天气会不会下雨的一条谚语。因为早上太阳刚从东方地平线出现，阳光穿越大气路程长，这时如果大气中水蒸气很多，阳光短波被散射掉，剩下红色长波，没有被散射，于是在天顶或西方呈现红霞。由于中纬度地区天气系统的运行变化时序序向都是自西向东的，如果天要下雨，很快就要到来，所以“朝霞不出门”，反之出现暮霞，就不会下雨。因此“暮霞行千里”，无须担心落雨问题了。

“海燕忽成群而来，主风雨。”这一条是根据物象而判断天气有无风雨的谚语。因为如海上风暴将来临，海燕就不能在那里安然飞翔，而骤然成群飞回，预示海上风暴不久就要到来。“行得春风有夏雨。”意思是说夏雨应时种田，并不是说雨水必大。这是一条经过长期验证的农事气象预报谚语，适用于长江中下游地区。

这是根据天气变化规律而得到的。因为在这一地区，从长期对天气观测的经验得知，如果春季多风，则未来夏季常常有足够的雨水种田。

综上所述可见，宋辽金元时期在物候观测、气象理论以及气象观测仪器等方面都取得了重要成就，这是在历朝历代发展基础上的进步和飞跃，更是长期社会生产生活经验积累的必然结果，说明中国在观测气候变化、总结自然规律方面，的确作出过重要贡献。如果与同期世界各国相同领域的科技发展状况相比，中国仍然处于遥遥领先的发展阶段。

年事宴享与风俗节仪

宋辽金元时期，科技的长足进步，社会经济的繁荣，地区开发的加速，文化的发达，民族交融的广泛与深入，促使了社会生产、生活的多元化。其具体表现是年事宴享与风俗节仪较前而言，从形式到内容都更加丰富多彩。另一方面，是节令文化对社会生活的渗透更趋多元化与表面化，进而形成了上自宫廷下至民间的年节宴享节仪活动诸多新的特点，通过这些系列活动，确定实现了社会的多重效益与调节功能的发挥，使历史的发展形成了一个具有特殊意义的阶段，从而确立了其在中国节令文化发展史上的重要地位。现以岁时节令为序，对其新变化和新特点进行概要叙述。

(1) 元旦

宋代以降，无论是宫廷的元旦庆贺朝礼节仪，还是民间的元旦欢庆拜贺活动，其活动形式与节令内容更趋多姿多彩。当爆竹声声划破夜空之时，官方的朝贺之礼便拉开了帷幕。其礼仪氛围之隆重肃穆森严，较之前代有过之而无不及。《东京梦华录》记载：宋代朝廷的元旦大朝会就在汴京（开封）大庆殿举行。有介胄长大人四人立于殿角，谓之“镇殿将军”。各国使节入贺正殿，圣上列法驾仪仗，文武百官皆冠冕朝服，连诸路举人入京朝贺也士服朝班。举人一般都是头戴二梁冠，白袍青缘。诸州官吏朝贺时，向皇上献奉地方特产和贡品。

在元旦朝贺礼仪中，各少数民族政权的使节礼仪是最富有各国和地方特色的。如辽国的大使头顶金冠，而金冠的后檐又长又尖，像一大莲叶，身着紫色窄狭紧身袍；辽国的副使却裹金带如汉服。大使跪拜方式与汉族双膝着地不同，而是跪右足，立左足，以两手着右肩为一拜。但副使跪拜必须如同汉仪。西夏国的正使与副使都戴短小制样的金冠，身着绯窄袍、金蹀躞、吊敦背，叉手而展拜。高丽与南番交州的使节行礼如同汉仪。可是逢长髯高鼻的回纥族入朝时，却是以长帛缠头，散披长袍。于阗来朝者均戴小金花毡笠，金丝战袍束带，并且都偕其妻同来，乘着骆驼，以毡兜铜铎入贡，一南蛮五番入朝时都是椎髻乌毡，如同僧人一般礼拜。朝贺后，宋朝皇帝一般都要赐给汉装棉袄之类的服饰。还有远方真腊（今柬埔寨）、大食（今伊朗）等国的使者，也不远万里来参加宫廷的元旦朝贺。

朝贺完毕，皇帝要给宰执群臣赐宴，而外国使节在驿馆赐宴。第二日和第三日还要到御苑射箭为乐，选拔善射的武官伴射，且在园中赐宴。先招宫中箭班士的弓弩手立于箭垛子前，穿无脚小帽锦袄，踏弩开弓，舞旋搭箭。武官弯弓射中者，皇上要赏赐闹装、银鞍马、衣着、金银器物等。来朝的各藩属国使辞朝时，皇帝一般要赐宴饯行，并赐赠马匹银帛，礼物丰厚无比。

金人由于“浸染华风”或“因辽旧俗”，金国也有庆贺元旦为一年之始的礼仪。因此，自天会三年（1125年）起，宋夏等国亦派使节前来金国贺元旦。《金史》卷三十六和卷三十七，分别载有《元日、圣诞上寿仪》与《正旦、生日皇太子受贺仪》。在举行元日、圣诞上寿仪时，皇帝升御座，要行鸣鞭之礼。而在举行受尊仪、朝参常朝仪、册皇太子仪、外国使入见仪、曲宴仪、朝辞仪时，都有鸣鞭的仪礼之举。《宋史》卷一百四十八《仪卫志》记载其礼仪：“鸣鞭，唐及五代有之。《周官·条狼氏》'执鞭趋辟'之遗法也。内侍二人执之，鞭鞘用红丝而渍以蜡，行幸则前驱而鸣之，大祀礼毕还宫亦用焉，视朝，宴会则用于殿庭。"据此可知，金人贺元旦用鸣鞭礼仪，主要是效法模仿自唐宋宫廷的礼仪制度和规定。

元代蒙古族入主中原之后，大量汲取了包括节令文化在内的汉族文化，元旦宫廷的朝贺礼仪更是对汉宫廷礼仪百般仿效和模仿，很多内容都是照搬使用，没有蒙汉之别的。对此，元代著名诗人萨都剌《都门元日》诗，对元大都（今北京）元日的朝仪盛况非常生动的描述：

> 元日都门瑞气新，层层冠盖羽林阵。
> 云边鹄立千官晓，天上龙飞万国春。
> 宫殿日高腾紫霭，箫韶风细入青旻。
> 太平天子恩如海，亦遣椒觞到小臣。

从诗中描绘的意境看，元朝宫中元日的祝贺仪式之隆重不亚于宋朝宫廷，连赐椒柏酒的汉族习尚也被蒙古贵族吸收接纳了。傅若金《次韵元日朝贺》诗中的"宫漏催朝烛影斜，千官鸣玉动晨鸦"、"宴罢戴花经苑路，诗成传草到山家"等诗句也反映出当时千官上朝贺元日的盛况，说明元代宫中的元日朝贺也在五更开始，这时在烛光灯影中千官上朝，官员们身上的玉佩丁当鸣响，连早晨酣睡之鸦都被惊醒了。此外，元日朝贺之后，皇帝还要赐御宴，官员们则要佩戴花朵以示欢庆愉乐之情。

宋代的民间寻常百姓之家，元旦期间却是另一番忙碌喜庆景象。有拜天地、祭列祖、互相拜贺、投递名刺（即飞帖）、宴饮、玩赏娱乐等风尚。其中拜年分为三种类型，一是同宗族拜尊长，二是亲族拜访，三是官僚朋友之间的互相拜访。拜尊长一是家中拜家长，二是同族拜长者，此拜贺都在元旦当日进行。与此同时，民间还产生了许多有趣的过新年的地方习俗。如《金门岁节》记载：洛阳人家正旦造丝鸡蜡燕、粉荔枝互相馈送。古词云："晓日楼头残雪尽，乍破腊风传春信。彩燕丝鸡珠幡玉，胜并归钗鬓。"《琐碎录》称：京师人岁旦用盘盛柏一枝，柿、橘各一枚，就中擘破，众人分而食之，以为一岁百事吉之兆。京师人元旦尚有食索饼的风俗。还有忌针线、禳长短、卖闾懂、呼畜类、祭瘟神、遇疫鬼、决风候、卜晴雨、验民食、望气色、秤江水、观云霞、认雷鸣、听人声、拜日月、占丰歉、卜善恶等风俗（宋陈元靓编《岁时广记》卷五至卷七）。从记载看，宋以后民间元旦娱乐活动的内容较前更加丰富，时间也越来越长。《东京梦华录》说宋代民间的节俗与节仪为：“正月一日年节，开封府放关扑三日。士庶自早互相庆贺，坊巷以食物动使果实柴炭之类，歌叫关扑。”开封府北封五门外一带，皆结彩棚，铺陈冠梳、珠翠、头面、衣着、花朵、领抹、靴鞋、玩好之类。“间列舞场歌馆，车马交驰。向晚，贵家妇女纵赏关赌，入场观看，入市店饮宴，惯习成风，不相笑”，“小民虽贫者，亦须新洁衣服，把酒相酬尔”。南宋吴自牧的《梦粱录》说：元旦新年，“士夫皆交相贺，细民男女亦皆鲜衣，往来拜节”。无论贫富，游玩琳宫梵宇。竟日不绝。家家饮宴，笑语喧哗。宋施宿《嘉泰会稽志》记载：该地“元旦男女夙兴，家主设酒果以奠，男女序拜，竣乃盛服，谐亲属贺，设酒食相款，日岁假，凡五日而毕”。宋代诗人田况的《元日登安福寺塔》诗云：

岁历起新元，锦里春意早。
诘旦会朋采，群游候驺道。
像塔倚中霄，犟襜结重橑。
随俗纵危步，超若薄清昊。
千里如指掌，万象可重讨。
野涧山水迴，寒余林色老。
邀赏空闾巷，竭来喧稚耄。
人物事都口，车马拥行道。
顾此欢娱俗，良慰羁马抱。
第忧民政疏，元庸各宸造。

(2) 立春

宋代以后的立春节令风尚，除围绕农事生产活动之外，在原有的迎春礼俗基础上，更加完善了立春的各项节令活动。据载有进春牛、鞭春牛、争春牛、买春牛、造春牛、送春牛、评春牛、绘春牛、缠春杖、立春幡、赐春幡、撰春帖、请春词、赐春馔、馈春盘、移芒儿等俗，表示劝农春耕和祈求丰收之意愿。《艺苑雌黄》云：“立春日‘祀句芒、决土牛其来尚矣。然土牛有二说：一曰以送寒气；一曰以示农之早晚。予渭二说可合为一，土爰稼穑牛者，稼穑之具，故用之以劝农，冬则水用事，季冬建丑寒气极矣。土实胜水，故用以送寒。古人制此良有深意。'《国朝会要》云：立春前五日，都邑并造土牛耕夫犁具于大门外之东，是日黎明有司为坛，以祭先农，官吏各具彩仗环击牛者三，所以示劝耕之意。"（宋陈元靓编《岁时广记》卷八。）南宋《梦粱录》说：立春前一日，以镇鼓锣吹伎乐迎春牛，往府衙前迎春馆内，至日侵晨，郡守率僚佐以彩仗鞭春，如方州仪。太史局例于禁中殿陛下，奏律管吹灰，应阳春之象。街市以花装栏，坐乘小春牛，"及春幡春胜，各相献遗于贵家宅舍，示丰稔之兆"。辽代契丹族妇女于是日制春书，以青缯为帜，刻画龙、象或蟾蜍。帜上书"宜春"二字，以示贺节。

（3）元宵节

宋辽金元时期的元宵节的节仪活动，较之前代而论，从内容到形式，发展到一个新的阶段：一是，到北宋干德五年（967年），放灯的时间增至五夜，"起于十四，止于十八"。南宋淳祐三年（1243年）又增加十三日一夜，放灯增至六夜。

二是，灯笼制作比唐以前更为豪华。孟元老《东京梦华录》对北宋东京开封府元宵节的盛况作了详细的描述，是时开封府元宵花灯，自年前冬至后就开始"绞缚山棚，立木正对宣德楼"。到了元宵节，赏灯游人已集御街两廊下，"奇术异能，歌舞百戏，鳞鳞相切，乐声嘈杂十余里"。在棚上张灯结彩，叠成山林形状，称之为"灯山"，灯山点燃之后，万灯齐明，"金碧相射，锦绣交辉"。灯山还彩绘神仙故事。皇宫内的灯山更是奇妙多姿，以彩结成文殊菩萨跨狮子、普贤菩萨骑白象等，"各于手指出水五道，其手摇动。用辘轳绞水上灯山尖高处，用木柜贮之，逐时放下，如瀑布状"。此外还有火龙灯，各以草把缚成戏龙之状，用青幕遮笼，草上密置灯烛数万盏，望之蜿蜒如双龙飞走。自灯山至宣德门楼横大街，约百余丈，用棘刺围绕，谓之"棘盆"，内设两长竿高数十丈，以绘彩结束，纸糊百戏人物，悬于杆上，风动宛如天外飞仙。

三是，形成了专门的"灯市"。如《乾淳岁时记》记载，在都城从前一年孟冬（十月）开始，"天街茶肆渐已罗列灯球等求售，谓之灯市。自此以后，每夕皆然"。宋金盈之《醉翁谈录》载称："上元自月初开东华门为灯市。十一日，车驾谒原庙回。车马自阙前皆趋东华门外，如水之趋下，辐之凑毂。又有灯球、灯槊、绢灯、笼日月灯、诗牌绢灯、镜灯、字灯、马骑灯、风灯、水灯、琉璃灯、影灯，诸灯之最繁者，棘盆灯为上。是灯于上前为大乐坊，以棘为垣，所以节观者，谓之棘盆。山棚上棘盆中，皆以木为仙佛人物车马之像，尽集名娼立山棚上。"灯市不仅在京师很盛，在其他各地也颇为风行。范成大在《吴郡志》中说道：苏州的“罗灯”、福州的“白玉灯”、新安的“无骨灯”，犹如春兰秋菊，各有秀色。值得称道的是，还有类似皮影戏的五彩羊皮灯、丝灯、走马灯等等，颇受人民喜爱。正如范成大在《灯市行》诗中所咏：

吴台今古繁华地，偏爱元宵灯影戏。
春前腊后天好晴，已向街头作灯市。

更为重要的是宋代兴起了烟火，火药在宋以后的节日娱乐中得到广泛应用，被制作成炮仗或烟火。《乾淳岁时记》记载：“宫漏既深，始宜放烟火百余架，于是乐声四起，烛影纵横，而驾始还。”不但宫中如此，民间也是如此。

四是，打灯谜与各项杂技表演也是元宵节的主要活动内容之一。灯谜就是将谜语贴在花灯上，让游人一边赏灯，一边猜谜。据考证，灯谜在北宋时已勃兴。如南宋《武林旧事·灯品》中记载，当时杭州节日风俗说：“有人以绢灯剪写诗词，时寓讥笑，及画人物，藏头隐语，及旧京深语，戏弄行人。”这里的“藏头隐语”即指灯谜而言。《嘉定县志》载称：“正月十五日为上元节，先数日卖灯谓之灯市……好事者或以藏头诗句悬杂物于灯，任人商揣，曰灯谜。”自此之后，每逢元宵节，全国各地大都举行竞猜“灯谜”的节日游艺活动。而元宵节期间的杂技活动也是丰富多彩的。《东京梦华录》记载的元宵节杂技项目就有：击丸，蹴鞠，踏索上竿，赵野人的“倒吃冷淘”，张九歌的“吞铁剑”，李外宁的药法傀儡，小健儿的“吐五色水、旋烧泥瓦子”，猴呈百戏，鱼跳刀门，使唤蜂蝶，追呼蝼蚁等。这些杂技演出无疑给元宵节增添了节日的奇光异彩，使节日气氛与文化活动气息更加浓厚。

五是，典型的节日食品是元宵，与节日同名，显然是因借而来；在南方叫“汤圆”、“水圆”。宋人陈元靓《岁时广记》称之为“元子”。《岁时杂记》称：“京人以绿豆粉为科斗羹，煮糯为丸糖为臛，谓之圆子。”周密的《乾淳岁时记》称之为“乳糖元子”，取意在于阖家团圆、和睦，表示祝福在新的一年里幸福康乐的心愿；而馈赠亲朋故旧以元宵，则是借以表示百事顺遂圆满的祝愿。范成大《上元纪吴下节物》称此“捻粉团圆意”；周必大的《元宵煮浮圆子》诗云：“今夕知何夕，团圆事事同。汤官循旧味，灶婢诧新功。星灿乌云里，珠浮浊水中。岁时编杂咏，附此说家风。”

六是，宋代以后，中原汉族的元宵节风俗对少数民族也有很大影响。以前少数民族并没有过元宵节放灯之俗。据《松漠纪闻》记载，金国女真人在金太宗吴乞买时并不知有元宵燃灯之俗。公元1129年，有一个中原和尚被女真人掠到金国上京，逢上元节时，他制作了一个大灯球用高竿挂起来。金国皇帝吴乞买以为这是汉人聚众哗变的信号，就将这个和尚杀死了。待到后来金人南下，才明白这是汉人元宵节张灯娱乐，于是也跟着过起元宵节来。如《大金国志》卷十三《海陵纪》记载："贞元元年（1153年）春正月，元夕张灯，宴丞相以下于燕之新宫，赋诗纵饮，尽欢而罢。"金世宗虽曾一度命宫中元宵不得张灯，及至大定末年反而益盛。

《金史》卷六《世宗纪》记载：大定十年（1170年）正月甲子，命宫中元宵无得张灯。但《金史》卷二十三《五行志》却称：大定二十三年（1183年）正月辛已，广乐园灯山焚，延及熙春殿。《大金国志》卷十八《世宗纪》又称：大定二十七年（1187年）正月，元夕张灯，"琉璃、珠璎、翠羽、飞仙之类不一，至有一灯金珠为饰者。都人男女盛饰观玩，至十八日而罢"。女真人于元夕不仅因袭华风有张灯之俗，金初于是夕还有"放偷"之习。蒙古族入主中原以前也不过元宵节。但元朝建立后，接受了中原汉族过元宵节的习尚。据《元史·张养浩传》记载：元英宗即位后，适值元宵，即在"内庭张灯为鳌山"。由少数民族上层统治者倡导和效法，民间的模仿和学习就更加不可阻挡了，传统的节令文化中又融入了少数民族的文化因素和异样的成分，使之具有了多元发展的特征。

（4）中和节

关于两宋时期宫中、官府和民间中和节的风俗内容，据南宋吴自牧《梦粱录》记载：二月朔，谓之"中和节"，民间有以青囊盛百谷、瓜、果子种，互相派送，用意是为"献生子"。禁中宫女，此日有以百草斗戏的习尚。百官适时进农书，以示务本之意。宋杨万里的《中和节日步东园》诗云："一年佳节又中和，两分春光一已过。莫恨消寒花较晚，留连春色尽从他。"比较形象地描述了佳节的习俗。

（5）花朝节

与月夕相对，花朝的节期应该是仲春之中，即二月十五日。据《中华全国风俗志·浙江杭州》条记述："二月望为花朝节。盖花朝月夕，世俗恒言二、八两月为春秋之半，故以二月半为花朝，八月半为月夕也。"不过由于历史和自然地理以及各地物候存在差异的原因，花朝节期诸说歧出，有二月二、二月十二日之说。该节俗至晚在宋代已经形成，南宋的《西湖游览志余》和《梦粱录》两书就有相关节俗的记载。《梦粱录·二月望》称："仲春十五日为花朝节，浙间风俗，以为春序正中，百花争放之时，最堪游赏，都人皆往钱塘门外玉壶、古柳林、扬府、云洞，钱湖门外庆乐、小湖等园，嘉会门外包家山王保生、张太尉等园，玩赏奇花异木。"花朝节的信仰基础是所谓的此日为百花生日、花王诞辰、花神诞辰之期。关于花王、花神历来说法不一，并附会有诸种传奇的内容，然而民间为享祀花神，多建有花神庙。宋代花朝节的活动内容主要是，南北均流行"扑蝶会"。清汪灏《广群芳谱》引用宋杨万里《诚斋诗话》云："东京（开封）二月十二日曰花朝，为扑蝶会。"《中华全国风俗志》也谈及当日杭州此俗说："是日宋时有扑蝶之戏。"

其实从宋代有关的文献记载看，花朝节的节俗并不限于这些，官府、寺观此日也有相应的节令活动。《梦粱录》记载："此日帅守、县宰，率僚佐出郊，召父老赐酒食，劝以农桑，告谕勤劬，奉行虔恪。天庆观递年设老君诞会，燃万盏华灯，供圣修斋，为民祈福。士庶拈香瞻仰，往来无数。崇新门外长明寺及诸教院僧尼，建佛涅槃胜会，罗列幡幢。"以种种香花异果上供，挂名贤书画，设珍异玩具，庄严道场，观者纷集，竟日不绝。

（6）社日

社日的节仪，宋辽金元时期在民间主要有送社糕、宰社肉、杀社猪、喷社酒、饮社钱、罢社祭、降社雨和忌学业、不食韮、乞社语的风俗。宋代孟元老《东京梦华录·秋社》条云：八月秋社，各以社糕、社酒相赍送贵戚。宫院以猪羊肉、腰子、妳房、肚肺、鸭饼、瓜姜之属，切作棋子片样，滋味调和，铺于饭上，谓之"社饭"，请客供养。人家妇女皆归外家，晚归，"即外公姨舅皆以新葫芦儿、枣儿为遗，俗云宜良外甥。市学先生预敛诸生钱作社会，以至雇倩、只应、白席、歌唱之人。归时各携花篮、果实、食物、社糕而散。春社亦是如此"。

（7）寒食清明

到宋代时，寒食节渐与清明节融合为一个节日，其节俗习尚及活动内容基本承袭唐代的风俗，主要有插柳、植树、扫墓、踏青等风俗，踏青时还进行射柳、拔河、蹴鞠、扑蝶、采百草、放风筝、斗鸡、荡秋千等娱乐活动。如南宋吴自牧《梦粱录》记载："家家以柳条插于门上，名曰'明眼'。"江南民谚称："清明不戴杨柳，红颜变皓首。"该日又为民间祭祖日，人们拜扫坟墓，追忆先人。宋代朝廷规定："寒食"至"清明"三日，各地均须祭扫陵墓，故是日"官员士庶，俱出郊省坟，以尽思时之敬"。清明正交暮春三月，人们便把扫墓与郊游结合起来，到野外作春日之游，然后围坐饮宴，抵暮而归，形成了遍及全国南北的踏青之俗。《东京梦华录》记载：是日“四野如市”，扫墓的人群往往就芳树之下，或园圃之间，罗列杯盘，互相劝酬。“都城之歌儿舞女，遍满园亭，抵暮而归。各携枣馏、炊饼，黄胖、掉刀，名花异果，山亭戏具，鸭卵鸡雏，谓之‘门外土仪’。轿子即以杨柳杂花装簇顶上，四垂遮映。”在杭州地方，据《梦粱录》一书记载，清明节时“宴于湖者，则彩舟画舫，款款撑驾，随处行乐”。词人柳永的《木兰花慢·清明》词曾对宋代清明踏青的美景乐趣作过绘声绘色的描述，读后使人有身临其境之感。他写道：

> 拆桐花烂漫，乍疏雨，洗清明。正艳杏烧林，缃桃绣野，芳景如屏。倾城，尽寻胜去，骤雕鞍绀幰出郊坰，风暖繁弦脆管，万家竞奏新声。盈盈，斗草踏青，人艳冶，递逢迎。向路傍往往，遗簪堕珥，珠翠纵横。欢情，对佳丽地，信金罍罄竭玉山倾。拼却明朝永日，画堂一枕春酲。

到元代时，清明寒食节的上述风俗仍然得以传承与发展。《析津志辑佚·风俗》条云：元代“清明寒食，宫廷于是节最为富丽，起立彩索秋千架，自有戏蹴秋千之服”。还有了专门的秋千之服，说明不但赋予其新的文化内涵，而且节仪中的娱乐文化性更为突出，反映出同样的节令内容在不同时代所具有的新特点。

（8）浴佛节

四月八日为佛诞日，亦为浴佛节，其浴佛等节仪盛事活动在南宋时更为兴盛，此日临安（今杭州市）民间于西湖作放生会。《武林旧事》记载：“四月八日为佛诞日，诸寺院各有浴佛会，僧尼辈竞以小盆贮铜像，浸以糖水，覆以花棚，铙钹交迎，编往邸第富室，以小杓浇灌，以求施利。是日西湖作放生会，舟楫甚盛，略如春时小舟，竞买龟鱼螺蚌放生。”农家还以是日风向占卜谷价的贵贱。民谣曰：“南风吹佛面，有收也不贱。北风吹佛面，无收也不贵。”亦有乡民于此月赛社神，剪纸为龙舟，巡行阡陌，植旗田中，俗谓可治虫害。陆游的《赛神曲》说：

> 击鼓坎坎，吹笙呜呜。绿袍槐简立老巫，红衫绣裙舞小姑。乌臼烛明蜡不如，鲤鱼糁美出神厨。老巫前致词，小姑抱酒壶：愿神来享常欢

娱，使我嘉谷收连车；牛羊暮归塞门闾，鸡鹜一母生百雏；岁岁赐栗，年年蠲租；蒲鞭不施，圜土空虚；束草作官但形模，刻木为吏无文书；淳风复还羲皇初，绳亦不结况其余！神归人散醉相扶，夜深歌舞官道隅。

不过在佛寺，浴佛节的真正高潮还不在浴佛本身，浴佛节最热闹的活动要属“行像”。所谓“行像”，就是用装饰华美的车载着佛像在城市的街衢大道上巡行，这是一件类似游行的盛大庆祝活动。如有的大寺院则以歌舞伎乐为行像的前导，只限于巡行城中主要商业大街。辽代时有以仪仗队、百戏玩耍导从行像的风习。但其热烈欢乐的场面气氛，“与民同乐”的根本精神却是一致的。每逢佛诞日，寺中僧众却可以在漫长而枯燥、单调的修行生活中，借机大为轻松一下，充分领略人世生活的另一面。

（9）端午节

宋代以降，端午节风俗有了新的变化，同时增加诸多具有时代特色的内容。如，汉魏隋唐时端午节民间多以朱索、桃印施于门户，以止恶气驱瘟避邪，而宋代民间此节却讲究贴天师符。宋陈元靓编《岁时广记》引《岁时杂记》（卷二十一）记载：“端午，都人画天师像以卖。”又有合泥做张天师，以艾为头，以蒜为拳，置于门户之上。苏子由作《皇太妃邠端午帖子》诗就记述：“太医争献天师艾，端雾长萦尧母门。”挂天师像、作泥人天师，这些活动很显然是受道教影响所致。此外，端午节还刻蒲棒为小人子或葫芦形状带在身上以避邪。王沂公的《端五帖子》云：“明朝知是天中节，旋刻菖蒲要辟邪。”小儿则有用帛裹蚌粉，缀填以棉絮，佩于身上，用作吸汗水的习尚。古词云：“门儿高挂艾，人儿鹅儿粉扑儿，结儿缀着小符儿，蛇儿百索儿，纱帕子玉环儿，孩儿画扇儿，奴儿自是豆，娘儿今朝正及时。”端午节常食用的节物是粽子，此时花样品种增多，形制不一，有角粽、锥粽、茭粽、筒粽、秤锤粽、九子粽等多种。《岁时杂记》云：京师人自五月一日起，家家均准备团粽、蜀葵、桃柳枝、杏子、林檎、柰予、香印等物，届端午日祭天。古词云：“角黍厅前祭天，神妆成异果。”还有一种制作精美的节令食品叫“百头草”，它是以菖蒲、生姜、杏、梅、李子、紫苏等物，切成细丝，盐浸晒干，或用糖、蜂蜜浸之而成的，做工颇为讲究。有的还以梅皮入料而成，又叫“酿梅”。唐代的白粉团，在宋代制作工艺也有发展，称“水团”或“白团”，有的杂以五色，制成人兽花果之状。做工最精良的称为“滴粉团”，为了达到色香俱佳的目的，有的还加入麝香。这些都是端午时节的上乘美味佳肴

（宋陈元靓编《岁时广记》卷二十一）。吴自牧在《梦粱录》中记载北宋开封重五（端午）风俗时说：“五日重午节，又曰‘浴兰令节’，内司意思局以红纱彩金盝子，以菖蒲或通草雕刻天师驭虎像于中，四围以五色染菖蒲悬围于左右。又雕刻生百虫铺于上，却以葵、榴、艾叶、花朵簇拥。内更以百索彩线、细巧镂金花朵，及银样鼓儿、糖蜜韵果、巧粽、五色珠儿结成经筒符袋。”不但如此，而且此日皇帝要用亲笔御书葵榴画扇，将其与艾虎、纱匹缎分赐诸宰、宰执、亲王。而都城杭州的端午节风俗，据《梦粱录》一书称，自初一至端午日，家家购买桃、柳、葵、榴、蒲叶、伏道，又并市茭、粽、五色水团、时果、五色瘟纸，当门供养。端午节令日用品叫卖者，从隔宿到五更，沿门唱卖，满街不绝。有的家以艾与百草缚成天师状悬于门额上，有的悬虎头白泽。而仕宦之家还用红笔书写“五月五日天中节，赤口白舌尽消灭”之句。此日民间均采集百草或修制药品，用来避瘟疾避邪。此外杭州人还有特殊的端午节风俗，即无论大小之家，都要焚午香（即中午焚香）一月。尤其是端午这天，葵榴斗艳，栀艾争香，角黍色金，菖蒲切玉，以酬佳景。不仅是富家巨室如此，虽系贫苦之人亦及时行乐。

尤其值得一提的是，汉族端午节俗也被辽金两国吸收。如《辽史·礼志》即载有辽国重午朝仪，皇帝要系长寿彩缕才升座。对南北臣僚也要各赐寿缕。而金国除吸收一些汉族过端午节的风俗外，在端午节还有拜天之礼、射柳之俗及击鞠等娱乐活动。《金史》卷六《世宗纪》云：大定三年（1163 年）五月重午（端午节）时，金世宗便“幸广乐园射柳，命皇太子、亲王、百官皆射，胜者赐物有差。上复御常武殿，赐宴击球。自是岁以为常”。金俗每年重午、中元（七月十五）、重九日时俱行拜天之礼，筑台拜天之后便是射柳、击球比赛。对女真人射柳、击球竞技的比赛规程，《金史·礼志》有具体详尽的描述。其射柳，“插柳球场为两行，当射者以尊卑序，各以帕识其枝，去地约数寸，削其皮而白之。先以一人驰马前导，后驰马以无羽横镞箭射之，既断柳，又以手接而驰去者为上。断而不能接去者，次之。或断其青处，及中而不能断，与不能中者为负。每射必伐鼓以助其气”。其击球，“各乘所常习马，持鞠杖。杖长数尺，其端如偃月。分其众为两队，共争击一球。先于球场南立双桓，置板，下开一孔为门，而加网为囊，能夺得鞠击入网囊者为胜。或曰：‘两端对立二门，互相排击，各以出门为胜。’球状小如拳，以轻韧木枵其中而朱之。皆所以习蹺捷也”。《三朝北盟会编》卷七十三引《北狩闻见录》，载有天会五年（1127 年），宋徽宗赵佶于真定府为宗望等人击球所写的诗。其叙击球时的情景云：

锦袍骏马晓朋分，一点星驰百骑奔。

夺得头等须正过，无令绰拨入斜门。

《金史》卷七十三《按答海传》载称：宗雄次子按答海，年龄“二十余，御球场分朋击球，连胜三算，宗工旧老咸异之”。《金史》卷十一《章宗纪》也云：泰和三年（1203 年）“五月壬申，以重午，拜天，射柳，上三发三中”。由此可知，击球要连战三场，射柳要射三发。并且《金史》还说“行射柳、击球之戏，亦辽俗也，金因尚之”。这是传承辽代端午节风俗而来的。同时，表明社会岁时节令风俗是彼此影响、互相吸收的。后来辽金的这些风俗又被中原汉人接收，融入节日的风俗内容之中。可见节令文化的交流与融合是双向的，往往会出现倒流的现象，但这不是简单的重复，而是一次丰富内涵的深层次交流与影响。

（10）三伏节

《阴阳书》记载：夏至逢第三庚为初伏，第四庚为中伏，立秋后初庚为末伏，是谓之三伏。曹植曾谓三伏为“三旬”。宋代，三伏节时，民间有祭祀、避时暑、聚宴、品尝时令食品的风俗。如《东京梦华录》云：京都人最重三伏，盖因六月中别无时节。《皇朝岁时杂记》也说：政府及要局修史修书之类的史官，自初伏至末伏，每人日供冰二匣，并赐冰炒面等物，百司要“休务”避暑。人们往往到风亭水榭，峻宇高楼，“雪槛冰盘，浮瓜沈李，流杯曲沼，包鲜新荷，远迩笙歌，通夕而罢”。《梦粱录》称：六月六日，显应观崔府君诞辰，自东都时庙食已盛。是日都人士女，骈集烛香，已而登舟泛湖，为避暑之游。时物则有新荔枝、军庭李、奉化项里之杨梅、聚景园之秀莲新藕、蜜筒甜瓜、椒核枇杷、紫菱、碧芡、林檎、金桃、蜜渍昌元梅、木瓜豆儿、水荔枝膏、金橘、水团、麻饮芥辣、白醪凉水，冰雪爽口之物，“关扑香囊、画扇、涎花、珠佩。而茉莉为最盛，初出之时，其价甚穹，妇人簇戴，多至七插，所直数十券，不过供一饷之娱耳。盖入夏则游船不复入里湖，多占蒲深柳密宽凉之地，披襟钓水，月上始还。或好事者则敞大舫，设蕲簟高枕取凉，栉发快浴，惟取适意。或留宿湖心，竟夕而归”。

（11）七夕节

宋代以后民间的乞巧活动更为丰富，对牛郎、织女的传说和乞巧风俗均有了进一步的完善和发展。在宋代增加了男孩祀牛郎神的习俗。每逢“七夕”，便有“乞巧市”之设，专卖乞巧物。《岁时杂记》云：东京潘楼前有乞巧市，卖乞巧物，自七月初一日始，车马喧阗，至七夕前两三日，还是车马相次，壅遏不复得出。民间还以竹或木或麻黠，编成“乞巧楼”，内摆五色彩剪成的仙楼，刻牛郎织女像及仙人等于其上，以乞巧。小儿则置笔砚纸墨于牵牛位前，书曰“某乞聪明”；女孩则致针线箱笥于织女位前，书曰“某乞巧”，并有专门的乞巧果和乞巧图问世。京师的富贵之家，则于高楼危榭，安排筵会，以赏节序，又于广庭中设香案及酒果，遂令女郎望月，瞻斗列拜，乞巧于牛郎织女。或取小蜘蛛，以金银小盒儿盛之，次早观其网丝圆正，名曰“得巧”。杨朴《七夕》诗云：

年年乞与人间巧，不道人间巧已多。

梅尧臣的《七夕》诗云：

古来传织女，七夕渡明河。
巧意世争乞，神光谁见过。
隔年期已拙，旧俗验方讹。
五色金盘果，蜘蛛浪作窠。

这里特别值得注意的是，中国的传统岁时节令风俗，也经常受到异域风尚的影响和渗入，宋代人七夕中卖磨喝乐（又名摩睺罗、磨合罗、罗睺罗）之俗就是典型一例。因其名系梵语音译，不大一致。它是宋元时代，每逢七夕时人们所供奉的织女、牛郎的一种土偶泥人形象的总称。它来自佛经的神名，在佛经中它属于天龙八部神之一。随着佛教文化影响的深入，汉人从佛经中汲取这个神名，用来在七夕祭祀牛郎织女。《醉翁谈录》记载：“京师是日，多博泥孩儿，端正细腻。京语谓之‘摩罗’，大小甚不一，价亦不廉，或加饰以男女服，有及于华侈者。南人目为巧儿。”《梦粱录》称：“内庭与贵宅皆塑卖磨喝乐，孩儿悉以土木雕塐，更以造彩装襕座，用碧纱罩笼之，下以桌面架之，用青绿销金桌衣围护，或以金玉珠翠装饰尤佳”，“市井儿童，手执新荷叶，效摩罗之状”。为何磨喝乐这种小泥人竟如此尊贵呢？据《阿弥陀经疏》与《五百弟子本起经》解释：罗罗当年曾是一国之王，有一位仙人犯了罪，被禁在安后园里，国王忘记了，六日未供奉饮食。仙人因此坠入黑绳地狱。过了六万年才脱身成胎，又过六年才出世。六岁出家成佛，成为罗睺罗。成道之后，入大乘，久住世间者系其变化身。因此，这一佛教神灵在七夕节受到供奉。

(12) **中元节**

如果说，宋代以前的盂兰盆会主要意在供佛供僧，特别注重供器供品的富丽奇妙的话，那么到了宋代，中元节（盂兰盆会）却更看重超度亡灵、祭祀祖先的节令文化意蕴，并将中国传统的对祖先鬼魂的崇拜与祭祀渐渐融入节日礼仪之中，从而形成了具有时代特色的新的节仪风尚。如宋孟元老《东京梦华录》卷八云：

> 七月十五日中元节。先数日，市井卖冥器靴鞋、幞头帽子、金犀假带、五彩衣服。以纸糊架子盘游出卖。潘楼并州东西瓦子亦如七夕。耍闹处亦卖果食种生花果之类，及印卖《尊胜目连经》。又以竹竿斫成三脚，高三五尺，上织灯窝之状，谓之盂兰盆，挂搭衣服冥钱在上焚之。构肆乐人，自过七夕，便搬'目连救母'杂剧，直至十五日止，观者增倍……又卖麻谷窠儿，亦是系在桌子脚上，乃告祖先秋成之意……十五日供养祖先素食，才明即卖穄米饭，巡门叫卖，亦告成意也。又卖转明菜、花花油饼、馂豏、沙豏之类。城外有新坟者，即往拜扫。禁中亦出车马诣道者院谒坟。本院官给祠部十道，设大会，焚钱山，祭军阵亡殁、设孤魂之道场。

由此可见，宋代盂兰盆会的热闹程度远远超过了前代，但在风气上却以主要供奉亡亲取代了以前的供佛供僧。人们不仅仅向寺院施舍财物食品，更重要的活动还用在为亡亲筹办阴间所用的冥器、靴鞋……五彩衣服上，原来"饰以金翠"的盂兰盆到此时也成了"竹竿斫成三脚，高三五尺，上织灯窝之状"的假玩意儿，而且还把供奉亡亲的一切东西"挂搭"在这种"盂兰盆"上焚烧，直接送给阴间的亲人亡魂收用。朝廷也在此日为阵亡将士焚钱（冥钱），设孤魂道场，超度亡灵，形成了与隋唐及隋唐以前盂兰盆会习俗有显著区别的新风气。尤其是在七月十五日左右，居然各种专门用于盂兰盆会的用品及食物也应时而生，到处是走街串巷的小贩，忙着叫卖各类用于祭祀的素食，甚至拜扫坟墓的清明习俗也挪在此日进行。而歌舞艺人更是借机上演"目连救母"的杂剧。相较之下，宋代的盂兰盆会开始表现出佛教与民间信仰合一的倾向，这种新的岁时节令风气对寺院也产生了影响，使得寺院不得不更看重为世俗之亡亲超度亡灵，而不能单纯供佛受食了。

宋代以后盂兰盆节的习俗还透露出另一面的新气息，即为荐亡而大放河灯、焚法船、铙吹歌舞、搬演杂剧，这些习俗带有较强的娱乐色彩，一经出现，便相沿不衰，被后世传承，并赋予更多的民间文化信息传播交流内容。

（13）中秋节

北宋时，始定八月十五日为中秋节，中秋节的风俗活动内容较之以往愈加丰富，愈具娱乐性与文化性。赏月、吃月饼、赏桂、观潮蔚然成风。《东京梦华录》记载，宋开封府在中秋节前，所有酒店皆卖新酒，所有酒店均要重新结彩，装饰门面。有的用花头画竿，上悬醉仙锦旗。迄八月十五日午未时（中午），凡是酒家均卖空了酒。这时正值金色收获的季节，诸种岁时时令食品，如石榴、梨、枣、栗、橘、榅桲都已成熟上市，菊黄蟹肥，均是烹制美味佳肴的上乘品料。到了中秋夜赏月之时，贵富之家，结饰台榭；而民间庶户，则争占酒楼玩月。整个东京城内呈现出一派“丝篁鼎沸，近内庭居民，夜深遥闻笙竽之声，宛若云外。闾里儿童，连宵嬉戏。夜市骈阗，至于通晓”的景象。到南宋时中秋赏月之风更盛。据吴自牧《梦粱录》记载，每年中秋，当金风荐爽，玉露生凉，丹桂香飘，银蟾光满之时，南宋临安（今杭州）城的王孙公子，富家巨室，莫不登危楼，临轩玩月，“或开广榭，玳筵罗列，琴瑟铿锵，酌酒高歌，以卜竟夕之欢”。至于那些民间的中等小康民家，“亦登小小月台，安排家宴，团圞子女，以酬佳节。虽陋巷贫窭之人，解衣市酒，勉强迎欢”，但亦“不肯虚度”。中秋节夜“大街卖买，直至五鼓，玩月游人，婆娑于市，至晓不绝”。《新编醉翁谈录》对当时焚香拜月的礼俗有详尽的描述，说道：“京师赏月之会，异于他乡。倾城人家，不以贫富，能自行者至十二三（岁），皆以成人之服饰之，登楼或于庭中焚香拜月，各有所期。男则愿早步蟾宫，高攀仙桂”；“女则愿貌似嫦娥，圆如洁月”。与以往所不同的是，在南宋赏月之时又注入赏灯的娱乐内容。中秋之夜，高悬的明月与地上灯火交相辉映，更加衬托出节日赏月的别致情趣。《武林旧事》记载：此夕浙江放“一点红”羊皮小水灯数十万盏，浮满水面，烂如繁星。各地街市也多悬灯，以助月色，庆贺中秋。而在宫中为备帝王后妃等中秋赏月，还建有专门的“赏月桥”。据周密《癸辛杂识》记载，德寿宫中秋赏月之桥，是吴磷所进献的阶石砌就，莹彻如玉，并用金钉铰桥，因而又名之为“万岁桥”，桥下是千叶白莲花。皇帝所用的御几、御榻以及瓶炉酒具皆用水晶制成。水南面有宫女小童演奏清乐。水北岸是教坊乐工，仅吹笛者就达二百人，可见其豪华气派与极尽奢侈之程度。

除了上述的赏月、玩月习俗之外，民间的赏桂、观潮与吃月饼的习尚也颇有明显的时代节仪特色，见诸文献的载述也颇为丰富和多彩。八月桂花遍地开，而中秋节时节正是丹桂飘香的金秋收获之季，又因中秋月佳的美丽传说广泛盛行，遂有赏桂之举。显然赏桂之俗并不是举处皆有的习俗，而是在桂树繁茂的地方才得以赏桂。如杭州灵隐寺有大片桂树，故唐宋的大诗人白居易、苏东坡都曾于此赏桂吟诗。宋代虞俦《有怀汉老弟》诗云："芙蓉泣露坡头见，桂子飘香月下闻。"诗中一语双关，既描写月下赏桂的佳趣，又联系月中桂子飘落人间的传说，寓意深刻，更具诗情画意。此外南京古云谱、苏州虎丘的中秋节赏桂之举，宋代也颇为盛行。与赏桂同样具有很强的地域性特色的风俗活动，便是中秋观潮。早在汉代，枚乘就记述过广陵（扬州）观涛，如《七发》记载："将以八月之望，与诸侯交游兄弟，并往观涛于广陵之曲江。"其实名闻遐迩的观潮，当以杭州的中秋节钱塘江观潮场面与气势最为壮观惊险。据《元和郡县志·江南道钱塘县》记载："浙江东流入海处的钱塘江，每年八月十八日，浪涛涌至数丈，数百里士女，共观舟人渔子，泝涛触浪，谓之'弄潮'。"可见钱塘江入海口有它得天独厚的优越条件，因此是观潮的最佳位置。钱塘观潮之习虽说在唐宋时已很盛行，但尤以南宋时为最。宋周密《武林旧事》和吴自牧《梦粱录》对中秋节前后观潮的场面作过生动的描述：

浙江之潮，天下之伟观也。自既望以至十八日为最盛。方其远出海门，仅如银线，既而渐近，则玉城雪岭，际天而来，大声如雷霆，震撼激射，吞天沃日，势极雄豪……吴儿善泅者数百，皆披发文身，手持十幅大彩旗，争先鼓勇，泝迎而上，出没于鲸波万仞中，腾身百变，而旗尾略不沾湿，以此夸能。而豪民贵宦，争赏银彩。

临安风俗，四时奢侈，赏玩殆无虚日。西有湖光可爱，东有江湖堪观，皆绝景也。每岁八月内，潮怒胜于常时，都人自十一日起，便有观者，至十六、十八日倾城而出，车马纷纷，十八日最为繁盛，二十日则稍稀矣。十八日盖因帅座出郊，教习节制水军，自庙子头直至六和塔，家家楼屋，尽为贵戚内侍等雇赁作看位观潮……其杭人有一等无赖不惜性命之徒，以大彩旗，或小清凉伞、红绿小伞儿，各系绣色缎子满竿，伺潮出海门，百十为群，执旗泅水上，以迓子胥弄潮之戏，或有手脚执五小旗浮潮头而戏弄。

上述引文中的“不惜性命之徒”当谓“弄潮儿”，其勇敢拼搏精神颇使一些人所慕羡。以豪放风格见称的词人苏东坡大约正是被此情此景所感染，遂有传世佳作《中秋观夜潮》诗。据《历代风俗诗选》一书所载，他的诗与周、吴二人的描述不同，颇有几分感慨与赞叹，他写道：

定知玉兔十分圆，已作霜风九日寒。寄语重门休上钥，夜潮留向月中看。

万人鼓噪骇吴侬，犹似浮江老阿童。欲识潮头高几许，越山浑在浪花中。

吴儿生长狎涛澜，冒利轻生不自怜。东海若知明主意，应教斥卤变桑田。

江神河伯两醯鸡，海若东来气吐霓。安得夫差水犀手，三千强弩射潮低。

如果说中秋观潮是杭州地方特有的节令活动时尚，那么吃月饼则是南北盛行共同的风俗。吃月饼的风习据载唐代已有之，到了宋代，月饼的花色品种已有“荷叶”、“金花”、“芙蓉”等花色名目。苏东坡赋诗称赞月饼道：“小饼如嚼月，中有酥与饴。”说它是一种甜脆香美可口的时令佳品。据《梦粱录》记载：南宋时的月饼花样就有金银炙焦牡丹饼、枣箍荷叶饼、芙蓉饼、菊花饼、梅花饼、开炉饼、甘露饼、肉油饼等，均系市面点铺供应的中秋岁时节令的佳品美食。从元代到明清，中秋节的各项岁时节令活动基本上沿袭了唐宋时代中秋节的旧俗，并随着时代的发展进步，其内容更加丰富和完美。

（14）重阳节

宋代乃至以后的重阳节，从载述的节仪、节宴上看，已经完全成了登高聚宴、赏菊、饮菊花酒、食重阳糕的“单一”的菊花节活动了。无论是圣上与达官贵戚，还是庶民百姓，围绕逢时令而开放的菊花都有自己的节宴食风礼尚与娱乐方式，以表达不同的重阳年节活动的心境。《梦粱录》记载，宋人每年重阳日都要“以菊花、茱萸，浮于酒饮之”。还给菊花、茱萸二物起了两个雅致的别号，称菊花为“延寿客”，茱萸为“辟邪翁”，“故假此两物服之，以消阳九之厄”。依照每年的常例，皇宫禁中与达官显贵之家要在此日观赏菊花；即使一般的士庶平民之家也要购买一二株菊花玩赏自娱。当时市卖的名优品种菊花达到七八十种之多。这些菊花，不但花朵硕大而艳丽，而且香味馨郁耐久。如有白黄色蕊，状如莲房者称“万龄菊”，粉红色者称“桃花菊”；白而檀心者称“木香菊”；纯白而大者称之为“喜容菊”；色黄而圆者称“金玲菊”；花朵白大而蕊黄者称作“金盏银台菊”，诸如此类，花色名目繁多，不胜枚举。可以说，重阳节就犹如一次各色、各类、各种菊花荟萃的盛大花会。《乾淳岁时记》对宋代禁廷宫中每年重阳节的赏菊庆乐活动有详细描绘。书中写道：每年九月八日宫中就开始作重九，届时在庆瑞殿分列菊花万株，名花珍品，五彩缤纷，灿烂炫目。并且还要点燃菊灯，其盛况绝不亚于元宵庆典。同时举办赏花赏灯之宴，席间丝竹悠扬，乐鼓并作，大庆重阳佳节。伴随宋代的菊花盛会，也诞生了无数赏菊咏菊的华章佳作。女词人李清照的重九《醉花阴》词是其中的上乘篇章，据《漱玉词》所载词中云：

薄雾浓云愁永昼，瑞脑销金兽。佳节又重阳，玉枕纱橱，半夜凉初透。东篱把酒黄昏后，有暗香盈袖。莫道不销魂，帘卷西风，人比黄花瘦。

这首词把作者内心世界中那种对亲人刻骨铭心的相思以及由此激发出来的缠绵悱恻与伤离怨别之情，借重阳佳节赏菊咏叹而出，以极其平常的抒情途径，使人、节、景、物、情融为一体，却又似为人而应、而生、而发，从而收到了感人肺腑、催人应节伤怀的艺术效果，读罢令人掩卷而思，回味无穷。

重阳节的代表性时令佳品便是重阳糕，因为“糕”与“高”同音，古人坚信“百事皆高”之说，故在重阳节登高之时吃糕，象征步步登高，独具深意。宋代重阳糕的制作颇为讲究，而且寓意深刻。如《梦粱录》记载：此糕是以糖面蒸糕，上以猪羊肉鸭子为丝簇饤，插小彩旗，故名曰“重阳糕”。还有一种，是由宫中的“蜜煎局以五色米粉裱成狮蛮，以小彩旗簇之，下以熟栗子肉杵为细末，入麝香糖蜜和之，捏为饼糕小段，或如五色弹儿，皆入韵果糖霸，名之曰‘狮蛮栗糕’”。《乾淳岁时记》载道，当时有一种极特殊的重阳食品，它“以苏子微渍梅卤，杂和蔗霜、梨、橙、玉榴小颗，名曰‘春兰秋菊’”，不但食糕制作十分考究精美，而且命名奇特，为前世所罕见。

特别值得注意的是，宋辽金元时期汉族与少数民族之间的岁时节令文化习俗风尚的相互交融、渗透与影响，进一步加快与深层化。汉族的重阳节俗也被北方少数民族所接受。无论是辽国契丹人还是金国女真人，在重阳节也都有饮菊花酒、茱萸酒，欢度佳节的风俗，唯有食花糕之俗未被传入接纳。如金代宇文虚中的《又和九日》诗云：

一时旌节出，又见菊花开。
强忍玄猿泪，聊浮绿蚁杯。

绿蚁系酒的代称。朱弁《重九》诗亦云：

九日今何地，寒深紫塞霜。
敢嫌芦酒浊，且对菊花尝。

反映了重阳的赏菊和饮酒习俗。雷渊的《九日登少室绝顶同裕之分韵得萝字》一诗则云：

闲居爱重九，佳人重阳过。
登高酬节物，少室郁嵯峨。

元好问《十日作》云：

重阳拟作登高赋，一片伤心画不成。

反映了重九登高的风俗。姚孝锡《重九偶成》也写道：

天边今日又重阳，陇树红飞雁信霜。
且插茱萸慰寒鬓，莫将诗句挠回肠。

这些诗，说明重九时节，北方少数民族也有插茱萸的习俗。汉族节令习俗在少数民族地区已经深深扎根，成为他们社会生活的重要部分，体现了彼此在价值观念上的趋同与审美方面的志趣和追求。

（15）冬至节

在宋代，冬至被视为大节，犹如年节，民间要进行各种形式的祭祖饮宴活动。《岁时杂记》说："都城以寒食、冬正（按指冬至、元旦）为三大节，自寒食至冬至中，无节序，故人间多相问遗，至献节或财力不及，故谚语云：'肥冬瘦年'。"《东京梦华录》记载：京师最重冬至节，虽至贫者，一年之间，"积累假借，至此日更易新衣，备办饮食，享祀先祖。官放关扑，庆贺往来，一如年节"。在饮宴方面还有食用馄饨的习尚。《岁时广记》卷三十八转引《岁时杂记》说：京师人家，冬至多食馄饨，故有"冬馄饨，年饦饦"之说。又称："新节已故，皮鞋底破，大捏馄饨，一口一个。"

（16）腊八

腊八即佛成道节，据载此节寺中僧众共食腊八粥的习俗早在宋代便已非常普遍了。《东京梦华录》说，腊八各大寺作浴佛会，"并送七宝五味粥与门徒，谓之'腊八粥'。都人是日各家亦以果子杂料煮粥而食也"。到了南宋，寺院中煮的腊八粥不仅供奉佛祖、自家食用，而且还赠送施主、富贵人家。吴自牧的《梦粱录》卷六说："（十二月）八日，寺院谓之'腊八'。大刹等寺，俱设五味粥，名曰'腊八粥'；亦设红糟，以麸乳诸果笋芋为之，供僧，或馈送檀施、贵宅等家。"由此可见，寺院中过佛成道节、食腊八粥的习俗早已传入民间，成为整个汉民族的腊八的节仪习尚，且使得这一原来为佛教的节日被民间市俗化，注入新的内容且相沿成习，成为民间的传统节日了。

（17）除夕（除夜）

十二月尽，即腊月的最末一天，俗云"月穷岁尽之日"，谓之"除夜"。到宋代以后，度岁成为年终大事。是日，士庶不论大小之家俱洒扫门闾，去尘秽，净庭户，换门神，挂钟馗，钉桃符，贴春牌，祭祀祖宗，举行守岁、别岁、馈岁之仪。是夜则备迎神香花供佛以祈新岁之安。禁廷在除夜"呈大驱傩仪，并系皇城司诸班直，戴面具，著绣画杂色衣装，手执金枪、银戟、画木刀剑、五色龙凤、五色旗帜，以教乐所伶工装将军、符使、判官、钟馗、六丁、六甲、神兵、五方鬼使、灶君、土地、门户、神尉等神，自禁中动鼓吹，驱祟出东华门外，转龙池湾，谓之'埋祟'而散"。是夜宫廷禁中爆竹高呼闻于街巷。士庶之家，围炉团坐，达旦不寐，谓之"守岁"。其实，宋代以后不但有守岁的习俗，还有"馈岁"、"别岁"、"辞年"等活动。除夕的概念也不限于"月穷岁尽"的最后一天，有了"小除夕"（即小年夜）与"大除夕"（即大年夜）的分别，其活动内容也增多了，有了接灶、祭床神、压岁钱等风俗。其中在苏东坡的《守岁》、《馈岁》与《别岁》三首诗，透露了宋代地方民间过年的一些风俗，现将《历代风俗诗选》一书所载的三首诗原文抄录如下，以窥知其具体节仪与习俗。他在《守岁》诗序说："除夕达旦不眠，谓之守岁。蜀之风俗如是。"诗的正文写道：

欲知垂尽岁，有似赴壑蛇。
修鳞半已没，去意谁能遮？
况欲系其尾，虽勤知奈何！
儿童强不睡，相守夜喧哗。
晨鸡且勿唱，更鼓畏添挝。
坐久灯烬落，起看北斗斜。
明年岂无年，心事恐蹉跎。
努力尽今夕，少年犹可夸。

诗中的"儿童强不睡，相守夜喧哗"，"坐久灯烬落，起看北斗斜"，正是反映了当时蜀中地区民间家家守岁的风俗。

苏东坡在《守岁·馈岁·别岁》诗序中说："岁晚相与馈问，为馈岁，酒食相邀，呼为别岁。"《馈岁》诗说：

农功各已收，岁事得相佐。
为欢恐无及，假物无论货。
山川随出产，贫富称小大。
置盘巨鲤横，发笼双兔卧。
富人事华靡，彩绣光翻座。
贫者愧不能，微挚出舂磨。
官居故人少，里巷佳节过。
亦欲举乡风，独唱无人和。

可见除夕之夜，民间相互馈赠时讲究"假物不论货"，赠物可以"山川随出产，贫富称小大"，贵在人情盛意而不在乎东西的多寡。"富人事华靡"，而贫者"微挚出舂磨"也可表达对新岁的祝贺。

馈岁是相互赠馈食物，而别岁则是相互邀请饮酒辞岁。正如《别岁》诗云：

故人适千里，临别尚迟迟。
人行犹可复，岁行那可追！
问岁安所之，远在天一涯。
已逐东流水，赴海归无时。
东邻酒初熟，西舍彘亦肥。
且为一日欢，慰此穷年悲。
勿嗟旧岁别，行与新岁辞。
去去勿回顾，还君老与衰。

由此可见，当时所谓的馈岁和别岁的年节礼仪行为主要是在除夕这一天进行，并不一定要在晚上，但守岁却一定是在除夕之夜。另外，从诗的描述看，其馈岁、别岁风俗主要指蜀中地区而言的，后来此俗才传播到北方和东南地区并在民间十分盛行，只不过有时叫法有些不同罢了。

民间年节与文化时尚

通过以上对宋辽金元时期岁时节令活动内容和发展脉络的描述，显而易见，这一历史时期是中国传统的岁时节令文化得以丰满发展的一个新的时期，也是民间年节与文化时尚产生巨大变化的时期，更是节令智道得以深层次渗透与影响社会生活的时期。因此，呈现出诸多年节时尚的新特色，而其主要特点是：

一是，农业经济重心在宋代的南移，使以北方文化为基础的岁时节令的格局，从内容到形式，按照农事耕作活动的新规律、新特色、新布局，不得不随之进行大幅度调整。以插秧技术的发明带动起来的稻作经济的勃兴，凭借多熟制的发展，承受了日益严重的人口压力；对水利的依赖成为几个强盛的历史悠久的统一王朝的坚固基础。文化中心随着经济重心的南移，使岁时节令活动的北方特征（半干旱气候条件下的农耕文化）受到削弱，新的更加繁忙的食物获得体系的确立，需要更加频繁的祈祷赛日程表，遂使新的岁时节令与民间年节逐步分化出来。一方面表现于寒食节转化为清明节、端午节中纪念屈原的观念和龙舟竞渡习俗的广泛传播等诸多文化事象；另一方面，各种岁时节令与民间年节文化活动的地域性差异在逐渐缩小，而趋同性、全民性的岁时节令，与民间年节文化中特有的物质与精神文明成果的共享性特征日益突出，从而使中国传统的富有特殊蕴意的岁时节令与民间年节文化，在传承流变之中不断完善发展。之所以说宋辽金元时期是中国岁时节令与民间年节文化的繁荣的时代，其最重要的根据和特征是，中国农民所遵从的岁时节令与民间年节框架，基本上是在宋代确立的，而且各种岁时节令与民间年节内涵的世俗化、民间化、享乐化转变进程，也是从宋代开始加快的。至于古代节令文化的完善丰富，亦随此同步加速。与此同时，岁时节令与民间年节活动随着其世俗、民间、享乐成分的递增，使节令智道的内容由量的积累而达于质的飞跃，特别是少数民族文化与智慧成果的融入、生产生活娱乐竞技技巧的传播、生产生活时尚的相互习染、信息的传播与交流、文明再创的彼此共助与互惠、社会生产与生活节律的调整和谐，给此一智道文化注入新的活力，输入新的血液。同时，勃兴与质的飞跃后的节令智道，又随着岁时节令与民间年节文化活动的扩展、深化，而对社会各阶层的生产生活与娱乐活动进行潜在的导化影响，实施多向与多效深层的渗透。

二是，根据传统沿袭的岁时年节与民间节令文化活动形式与内容渐由巫术迷信的笼罩下解脱出来，发展为礼仪性、娱乐性的人际交往和天人共乐同享、家人亲族互惠睦情的社会人文文化活动，是这一历史时期民间年节所表现出来的又一个重要特点。如元旦家家燃放的爆竹，原系一种用于驱鬼逐疫的巫术行为，此时已演变为欢乐的象征；大傩原来是打鬼巫术，宋代以后巫术迷信成分锐减，演变为一种民间小戏；中秋的祭月，宋代以后开始变成赏月活动；元宵节的祭神灯火，后来演变为灯火艺术等等。而各种具有浓厚文化娱乐性的如放风筝、拔河、射箭、射柳、斗草、击球等文化竞技活动形式融入岁时节令文化的体系之中，使岁时节令与民间年节文化活动的内容更加丰富多彩并发展到一个新的高峰。由此反映在节令智道中，则是人们在节令文化活动中，对天地、人物、时节认知的理性成分大增，而盲目的迷信与恐惧引发的膜拜大为减少。这种源于科技进步与社会文化的繁荣所带来的智道成果，是人性进一步解放觉醒的标志，又是人类对自身创造力、对自然抗争力的巨大肯定和赞赏。只不过表达的方式是以胜利者的姿态相互愉悦取乐、贺节罢了。这种社会文化心理的潜存意识，在此后的节令文化中越来越占据主导地位。

三是，道教与佛教文化对中国传统岁时节令与民间年节文化的渗透、融合，在这一时期表现得颇为明朗化。道教吸收了中国古老的民间宗教成分，使之日益完备，它的本土性使之易于为广大民众所接受。佛教乘儒家思想之式微而东来，其异质文化特征使得它必须适当地改变自己的某些教义、教规与神灵面目，方才能便于传播，在异国社会文化土壤中生根，以适应中国社会与民众信徒的心理渴求。尽管两大宗教各有其独特节日，如道教的上元、六月六、中元、下元，佛教的浴沸、盂兰盆、腊八等，但相比之下，佛教对中国岁时节令与民间年节文化活动的影响更大更深。不过，无论在何种情况之下，宗教节日被一般中国民众所接受，都是以粗糙的直接的祈求转化为间接的更为精致的仪式性象征为前提条件的（参见《中国古代文化》一书，北京大学出版社，1991 年）。而作为有着自身独立的文化品格、个性的岁时节令与民间年节文化体系，其节令智道是其文化的核心。故自此时期起，道佛二教的智慧文化因子亦更加速渗透、撞击、融汇入节令智道之中，成为一种新的文化载体。此一载体，不仅成为人们精神与心灵的巨大寄托、归宿，而且更成为人们感知、悟化、沟通宗教世界与人间世界的坚固桥梁。

四是，中国传统岁时节令民间年节文化的包容性与融合性特质，在宋辽金元时期的节令文化活动中得以生动而多侧面、多层次地展现。其具体表现是，在汉族中传承的主要传统民间岁时节日，如元旦、清明、端午、七夕、中秋等亦在各民族中普遍认可与广为流行。一些喜闻乐见的岁时节令风俗活动，诸如竞渡、蹴鞠、打秋千等，事实上已成为各民族共同享有的文化财富。而在宋辽金元时期，尤以在中原地区建立过政权的北方民族对中国传统岁时节令文化与民间年节习尚所产生的影响较大。一般认为，打秋千是北方山戎的节日游戏，清明射柳起初是辽宫廷中的求雨仪式；元代则引进了藏传佛教的某些仪式与习俗；另一方面，汉族的先进的岁时节令文化风俗也对少数民族的社会生活产生了巨大的影响，如元宵张灯先后被辽、金、元各代统治者与民众文化心理所认可接受。这表明，岁时节令与民间年节文化的融合，不仅是各民族的风俗的融汇，同时也是各地区风俗随着经济文化交流而趋同、互补、共谐的过程。这也是中国传统的岁时节令与民间年节文化蕴含的智慧之道永具无穷活力与魅力的根本原因所在。

五是，通过对宋辽金元时期岁时节令与民间年节文化的描述可见：岁时节令与民间年节文化本身的发展繁荣无不与统治者的积极干预与倡导有关。同时，各种岁时节令与民间年节活动又无不打上鲜明的农业文明特征。岁时节令与民间年节本身，更反映出农业社会特定的生活节律。许多节日本身，就反映了季节与气候的变化。由于人们对土地丰收寄予很大的愿望，于是产生出许多祈祷丰收的仪式并逐步演变为节令风俗。比如，像“行春之仪”、“祭土牛”、祭土地神的“社日”，无不具有农业社会的独特文化意蕴，透发出古代农业社会的民众渴望丰收、追求幸福生活的情趣与企盼。

由此可知，在宋辽金元时期，围绕土地和农业生产运作的人们，从天人关系、天地关系、时令关系、岁节关系、人地关系的万千变化、调节、适应、共谐、合律产生的智慧与悟性中，不但创造了节令智道本身，而且为节令智道增添与注入了诸多新的文明因子，更在节令文化与民间年节活动中诱发更多新的希望与祈祝，向人们传递与引播含量颇大的节事生产、生活调谐信息，进而使得生活在相对封闭的农业社会中的人们获益、受惠、应时、谐令，使他们在改造自然、创造文明、调节自身的实践过程中，减少盲目性，增加对自然与社会规律的认知把握。正是这一点，成为社会与人类文明迈向高层次的生动表现，更是中国节令文化丰富性与多样性的体现。

第六讲

趋时竞尚与年节文化功能

明清时期，社会面貌和世风较前大相径庭，出现了许多新的特点，其表现和变化：一是随着东南沿海地区商业的繁荣、商品经济的发展，社会价值观念的改变，一方面导致城市商人、市民阶层的大量兴起，另一方面又使得明清时期的年节文化活动较前更趋商业化、时尚化，并由此引发出新的群体性功能效应。二是明清时期是中国古代封建专制集权高度发展的时代，因而通过祭拜游乐等节令文化活动来达到封建统治者所倡导的效应和目的，便构成了此一时期节令文化更趋多元化的一个重要特色。三是明清时期，国内各民族间的政治、经济、文化交往更加频繁和密切，而清代又是以汉族为主体的多民族封建统一的国家的巩固时期，因此，表现在年节文化方面则是民族化特点和相应的文化交汇功能效应更加突出。四是明清时期也是中国历史上中西文化大撞击、大交汇的时代，西方较先进的科学技术、数学、历法等，通过耶稣会的来华传教士传到中国，从而促使中国传统的天文、历法方面的一些变革。这也导致了这一时期年节智道文化发展出现一些新的特色。五是随着边疆地区的开发，与之同步出现的是地区性经济的发展和繁荣，并呈现出不平衡性和地区特点，使得年节文化的南北地区性特点更加增强和显著，呈现出各自的不同文化特征。六是明清时期由于社会经济的发展和繁荣、人口的增长、文化的兴盛以及封建思想文化专制、禁锢的强化，由此导致人民逆反心理的相交作用的结果，促使广大人民通过各种节令文化活动来敦睦亲情、相互交往、抒发爱憎之情、宣泄心中的感情和宏愿，进而达到文化娱乐的目的。因此，这一时期节令文化活动中的民间化特点和群体整合效应，是其鲜明的时代文化特征。

科技昌明与年节文化的兴盛

明清两代历时540余载，这一历史时期的年节文化，有着多变而趋定的重要特点。其多变性，表现在历法的颁定和实施方面，也表现在宫中年节礼仪的流变、各地民间岁时年节俗的变化和趋于多元方面。至于其趋定的特点，是通过从宫廷到民间在年节礼仪的形式、规制的定型以及某些祭拜游乐风习的传承和模式化，文化功能的多层次显现以及对社会的稳定、维系效应的发挥等不同方面而体现出来的。

1. 科技进步与年节礼仪的流变

明清时期，年节礼仪文化的一个重要特点是逐渐趋于定型化、模式化，是各种礼仪形式集大成的时期。但是，在其发展过程中，又发生过诸多的流变和更易，表现形式多样，特点显著，主要体现在历法与礼仪改革与发展两大方面。

（1）历法科技的进步。明清两代，在历法科技方面取得巨大成就和进步。先后多次颁施历法，以适应社会经济和生产生活的需要，如明代的“大统历”、清代的“时宪历”、“癸卯历”、太平天国颁施的“天历”等，计算方法科学，精密度很高，误差很小，表明中国历法在明清时期，经过中西历法的改革和发展，确实取得了前所未有的科技进步与发展，中国的历法发展进入一个崭新的时代。

大统历，实际上就是元代郭守敬的“授时历”，内容完全一样。其制历者为元统，成历于洪武十七年甲子（1384年），行用276年时间。此历以365.2425日为一岁，精密度很高，它对太阳运动的观测结果，与近代的观测值只差26秒，达到了非常准确的程度。“大统历”一月的日数为29.530593天，推算节气的方法是将一岁的$\frac{1}{24}$作为一气，以没有中气的那一个月作为闰月。

时宪历，是清代西洋耶稣会传教士汤若望所制定的历法，顺治二年乙酉（1645年）成历，行用98年时间。此历正式采用“定气”的方法，这是中国历法史上第五次（即最后一次）大改革。所谓“定气”法，系指推算节气的一种方法。它以太阳在黄道上的位置为际准，自春分点起算，黄经隔15°为一个节气。

由于太阳在黄道上每天的移动快慢不匀，所以节气之间的天数也不一样：冬至前后太阳移行快些，两节气之间只有十四天多；夏至前后太阳移行慢些，两节气之间有16天之多。节气之间的天数虽然多寡不一，但能表示太阳的真实位置，使春分、秋分一定在昼夜平分那一天。“时宪历”正式采用定气法，改变了以往中国传统历法中使用的“平气”之法，是中国历法史上一次较大的改革和发展。

癸卯历，即重修的时宪历，是清代传教士戴进贤制定的历法，乾隆七年壬戌（1742年）成历，行用170年时间。戴进贤也是清代西洋来华的传教士。癸卯历以一岁为365.2423日，一月为29.5305日。上述明清两种历法的关系和优长，有如清代天文学家悔文鼎所说，是“以大统（历）之模型，纳西洋之法数”。可见它是中西历法文化融合交汇的产物，体现了中西文化的共同优点。

天历，是太平天国使用的历法，是洪秀全所制定的历法，成历于咸丰元年辛亥（1851年），行用14年时间。此历规定一年为366天，分为十二个月，大小月相间，大月31天，小月30天，不管朔望，不置闰月。在二十四个节气中，除了立春、清明、芒种、立秋、寒露、大雪是16天外，其余都是15天；以节气（立春、惊蛰、清明、立夏等）置于月首，中气（雨水、春分、谷雨、小满等）置于月中。它以干支纪日，与夏历相同，其礼拜的顺序和西方的习俗一致。

（2）节仪的时尚化趋于稳定。在年节礼仪方面，明代较之元代而言，恢复了中华文明的固有传统，并且在唐宋基础上赋予新的时代发展内容，出现了许多新的变化和特点；清代虽多承明制，但其内涵仍有新的发展。即使同为一朝，其前期、中期、后期也有不小的变化和各自的发展特点。这些渐变的内容，表现在节仪的规制及其实施对象和方式等方面，如年节的祭拜对象、祭祀方式等，因时而有所更易，每个季节都有特定的祭拜对象和所要达到的目的。但总的说来，凡逢元旦、冬至（清代又增至元旦、上元、端阳、中秋、重阳、冬至、除夕等年节）重大年节时，自宫廷而民间均有一系列祭拜、游乐、宴饮活动贯穿其中，而且这些活动渐趋时尚化与定式化，中国传统节令时尚发展到了一个成熟的阶段。

2. 节尚令事的“礼定”与兴盛

中国古代，月令之事是关系“王事之本、群牛之命”和治国安民的根本大事，所以历朝历代的“帝者之授时，王者之著令”被纳入礼的范围，并设有专门的机构和人员以保障其实施贯彻畅通无阻，以达到预期的目的。明清两代统治者更加重视继承和弘扬传统的节令文化，不仅节尚令事的礼仪规定等级森严，尊卑贵贱各有所分，不可僭越，礼仪内容更加完备细密，而且其程序繁文缛节，都有严格的规定和明确的要求，这说明节令文化被赋予了很浓厚的政治色彩，从天子到庶民百姓，都要按照规定的程序从事有关的礼仪活动，才能达到所期望的要求和目标。这表明成熟而被赋予多重内涵的节令文化，确实在明清时期的社会生活中扮演着特殊的角色，发挥着非同寻常的重要作用，进而构成了中华文化的有机组成部分。

（1）月令政事的“礼定”。明清两代，作为节令文化活动重要内容之一的月令政事，一如历代，仍由帝王亲自颁施。诸多礼仪和规制则由礼部制订之后，由帝王裁定，然后颁布天下，再成为宫中、百官、人民节令文化生活的准则和基本要求。明清两代的月令政事和诸多礼仪，虽然有所不同，各有特色和时代内容，但清承明制，所以大体上可由明而观清之礼制与具体内涵，其相承与差异也当明了。对明代的月令政事活动，明人冯应京著《月令广义》一书的记述颇详。其具体内容可分为如下方面：

“礼定”机构：明初，礼部设有仪礼、祠部、主客部、膳部等四个属部。洪武二十九年（1396年），改四部为仪制、祠祭、主客、精膳四清吏司。其中，仪式司的职掌是分掌“诸礼文、宗封、贡举、学校之事”。明代的各种典礼总分为吉礼、嘉礼、宾礼、军礼和凶礼。从国家层次上看，有朝廷之礼，有王国之礼，有州县之礼；从人的身份上看，有天子之礼，有后妃之礼，有宗室勋戚之礼，有百官之礼，有庶民之礼。这种礼文无非是以官服佩戴定品级，房屋车马明身份，玺文印信表尊严，使明朝的君臣吏民等级差法则化、规范化。所谓宗封就是负责承办宗室封号的具体事务。贡举就是国子监监生的来源、监规的制定、教学的内容，都受礼部仪制司的制约。祠祭司的职掌为“诸祀典、国恤、庙讳之事”。其中祭祀属于吉礼，祭祀的对象为天神、地只和人鬼，祀典分为大祀、中祀和小祀三种。此外祠祭司还兼管议谥号以及天文、地理、医药、卜筮、师筮、音乐、僧道人等籍领事务。主客司职掌主要为“诸蕃朝贡接待给赐之事”，具有处理外交事务及少数民族事务的性质。其还有监督审译外国及少数民族语言文字的职能。此外，四夷馆译字生、通事（翻译人员）亦有本司考稽。精膳司的职掌主要为“宴飨、牲豆、酒膳”事务。明朝皇帝赐百官礼食叫宴，或叫酒饭，根据不同官品，宴分上中下三等。牲豆指宴筵上食用的肉类和器皿。不同等级的宴飨，所用的牲豆、酒醴膳羞不同。蕃使、士官来朝，也赐宴，同时发给下程。下程是朝廷根据蕃使、士官等级、人数、居住天数供给不等的酒食、蔬菜、厨料等物。宴有一次、二次，下程有常例和钦赐。亲王之藩、王公及将军来朝与遣使朝觐，亦如蕃使、土官之例。从文献记载看，朝廷的月令政事及其礼仪多由这些机构按照朝政需要加以制定和不断完善的（参见王天有著：《明代国家机构研究》，北京大学出版社，1992 年 9 月版）。

年节贺仪：据《大明会典》等书记述，凡遇圣节（即当朝皇帝的生日）、正旦（正月初一）、冬至三大朝会，朔望日及每月常朝、郊祀时，天子的车驾出入，其卤簿仪仗，俱由锦衣卫提督所属官校，依次陈列。百官则分别有朝贺、朝觐、朝见等礼仪。如凡朝贺时序及万寿圣节，东宫、皇后朝仪，俱备载于《会典》之中。洪武元年（1368 年），令正旦、冬至、寿日，各衙门不许于寺观行香，其万岁牌不许复设。到宣德四年（1429 年）时，又令在外大小衙门，遇正旦等节，庆贺礼俱照洪武初年礼仪规定，舞蹈山呼，行十四拜礼，班次出入，各有禁例。其“朝觐”礼仪是：凡天下诸司官员朝觐皇帝，自十二月十六日起始，由鸿胪寺官陆续引见。凡朝觐官见辞谢恩，不论已未入流，各具公服行礼。正旦朝贺各具朝服，但不许僭著朱履。凡遇常朝俱穿本等锦绣服色。至于“百官朝见仪”，则颇为细繁。洪武二十六年（1393 年）定，稽首顿首五拜，为臣下见君上之礼。稽首四拜者，为百官见东宫、亲王之礼。其见父母亦行四拜礼，其余官长及亲戚朋友相见，止行两拜礼。凡谢恩、辞朝、到任、望阙听宣谕，行礼皆五拜三叩头。凡受赐皆五拜叩头，在官受赐者，初行四拜；受赐后，四拜。百官入朝，朝许带雨具、雨衣帽随行。又，洪武间定凡朔望，文武百官朝谒，俟皇太子升殿，百官行一拜礼毕，以次出。此外，由于明代朝廷尚爵，故官员礼类依品级等次，凡年节拜揖序立、行走回避、尊卑上下，各有仪节。凡官员拜揖，洪武二十九年（1396 年）定礼两拜，各第品爵，左右拜坐，各有仪注。永乐朝以后各朝沿袭祖制而不断赋予新的内涵。

节祭礼仪：在年节祭祀礼仪方面，明代初年，以郊庙、社稷、先农俱为“大祀”。后改先农及山川、帝王、孔子、旗纛为“中祀”。诸神之祭为“小祀”。嘉靖中期，又以朝日、夕月、天神、地只为中祀。在礼仪中，凡郊庙、社稷、山川、诸神，皆由天子亲祀。国有大事，则遣官祭告。若先农、旗纛五祀，城隍、京仓、马祖、先贤功臣、太厉诸祀，皆遣官致祭。唯有帝王陵寝及孔子庙的祭祀，则传制特遣。此外，在洪武初年时，天下郡县，皆祭三皇，后罢停，只令有司官员各主坛庙，祭社稷、风云雷雨、二十八宿、山川、城隍、孔子、旗纛及太厉诸祀。各王国（即分封诸王王国）及有司官员皆有祀典。至于庶人则祭里社、乡厉及祖父母、父母，并得祀灶，余俱被禁止。其中，一些重大祭祀的具体内容如下所述：

郊祀：包括祭天地日月、星辰、神只、海渎山川以及祈谷求雨等祭祀活动，此项祭祀由天子亲祀，礼仪隆重。其中，有圜丘冬至祀天。嘉靖时遵明初之制，建圜丘于大祀殿祀天，以大明夜日月星辰、云雨风雷从祀。又，方丘夏至祀地。洪武十年（1377年），制定节令祭祀之制，名大祀殿。每年于正月上辛日行礼，分献日月星辰、二十八宿、岳镇海渎山川诸神，共十四坛，后又增太岁、天下神只、历代帝王诸坛。最初，行春秋二祭，后仅八月中旬祭。嘉靖年建方泽于安定门，每年夏至时祭地，以五岳五镇、四海四渎、陵寝诸山从祀，并奉明太祖的神位作为配享。又，春分祭日、秋分祭月时，均以星辰从祭。又，大祀殿于每年孟春正月上辛日行祈谷祭，后又改以启蛰日行祈谷礼。又，建崇雩坛，岁旱时，则祭上帝以祷雨。

神只之祭：明朝初年，建山川坛于天地坛西，祭太岁、风云雷雨、五岳五镇、四海四渎、钟山之神，分祭京畿山川，春夏秋冬四季月将及都城隍之神。坛西南有先农坛，东有旗纛庙，南有耤田，令每祭用。惊蛰、秋分各后三日，遣官祭山川坛诸神。嘉靖年间，又更令每岁孟春正月及岁暮十二月持祀。并更风云雷雨之序为云雨风雷，以为天神。岳镇海渎、钟山、天寿山、京畿是并天下名山大川之神，以为地只。每岁仲秋八月行报祭礼，同日异时祭城隍神。而每岁孟春及岁暮持祀时，太岁月将与享太庙同日。

旗纛祭祀：明代，每年仲秋八月祭山川口祭旗纛于庙；霜降日又祭旗纛于教场；岁暮十二月享太庙日，又祭旗纛于奉天门外。

有司祀典：明洪武二十六年（1393年），太祖朱元璋令天下府州县合祭风云雷雨、山川社稷、城隍、孔子及无祀鬼神等，有司官员则依期举行祭祀典礼。

岳镇海渎之祭：明代，凡岳渎所在之地，每逢年节即由本地有司官员致祭。致祭的岳镇海渎有泰安州东岳泰山、华阴县西岳华山、河南府中岳嵩山、衡州府南岳衡山、直定府北岳恒山、青州府东镇沂山、陇州西镇吴山、平阳府中镇霍山、绍兴府南镇会稽山、辽东北镇翳无闾山、莱州府东海、蒲州府西海、广州府南海、怀庆府北海、成都府江渎、蒲州河渎、南阳府淮渎、怀庆府济渎。

祭厉：各府州县。每春清明日、秋七月十五日、冬十月一日，祭无祀鬼神、两京大厉、王国国厉、各府州郡厉、各县邑厉、各乡乡厉以及城隍、里社、群祀等。

祀社：立春后五戊日为春社，立秋后五戊日为秋社。凡春秋二社，有司官员则祭社稷。民社，则从各乡居人自立祭祀，且随民俗。又，山东有司官员，每年清明、仲冬时各乡的僧道率众里长，每里盛装稷饭为一器，敬献于城坛，有司官亲加验视，待祭社稷毕后，将此稷饭全部施舍给养济院的孤贫之人，其名为“设谷”，这是古代祀社的一种遗留风尚。

年节宴享：明代年节宴享的礼仪规制，据《大明集礼》记载可分为节日赐宴、节日赐食两部分。其节日赐宴的礼仪是：永乐年间，每年立春、元宵、端午、重阳、腊八等节日时，天子要通赐百官宴。用乐宴毕后，光禄寺官员要面奏赴宴百官，入班叩头。天子圣驾还宫，百官出宴，于午门外，不用乐，竟日，复向阙叩头乃退。而节日赐食的仪规是，每岁节日时，天子赐百官饮食于午门外；逢立春日，吃春饼；端午日，吃粽子；重阳日，吃糕；腊八日，吃粥（即腊八粥）；圣寿日，吃面（即长寿面）。这些事项多由有司官员先期奏请，然后奉旨行事。

年节服饰礼仪：明代官员的年节服饰礼仪，朝廷也有非常明确的规定和要求，对何时穿着何种式样的服饰，必须遵守严格的等级秩序。如每年自十一月起，朝廷命百官戴“暖耳”护套。又命百官自四月初四日起，开始穿纱；九月初四日起，开始穿罗；十月初四日起，开始穿纻丝。而在京的京官，更因年节礼仪的不同而穿着不同式样的服饰。其中，官员凡遇谢鲜、奏请、谢胙、谢暖耳、祭祀礼仪时，均著青锦绣服。而有谢恩、见辞、宴赏、朔望、谢驾、散官、实授礼仪时，官员则穿公服幞头。参加圣节、冬至、年节、习仪、宣捷、进春、颁历、日食礼部救护、颁诰命、传制、册封、领诏等礼仪时，官员则穿朝服。若遇正月初十日五更进朝、谢灯、节驾、庆贺、殿试、于秋、传胪、进场、朝审、煎除、封印、开印、腊八、用宝、淹毡、重阳、詹拜、分献、到任、点斋、斋宿、监斩等活动时，官员俱著吉服。凡有辞见、引奏、祈祷、上陵、谢差、差回、辍朝、忌辰、升迁、修省、月食中府护月、考满、会批、缴批吏部、过堂等活动时，官员俱著素服角带。

月令政事：月令政事活动的内容非常丰富，不仅有其礼仪规制，而且多由天子亲自谕告或命官员颁施。它涉及刑狱、抚恤、养老、谕民、农事生产、社学等方面。

刑狱：明朝规定，每年立春以后，秋分以前为禁刑之月。而每月的禁刑日期，分别为初一、初八、十四、十五、十八、二十三、二十四、二十八、二十九、三十日等。

抚恤：明代许多州县均设有养济院，对孤贫老人进行抚恤。朝廷每岁选官外放时，天子要敕谕授职官员“到任须知”事项，其中，第一事是祭祀；第二事便是要恤孤，可见其重视程度。如前所述，每年清明、仲冬等节令时，官员及僧道、各乡里长祭祀社稷礼毕时，便将祭食稷饭遍施养济院中孤贫无依之人，称为“设谷”。

养老：养老是月令政事中的一项重要内容。明朝所指定的养老政策，包括物质上的供给、生活上的服侍两个方面，其政策与措施，主要有以下五项：供给米帛、赐给粟帛、高年给侍与侍丁免役、鼓励官吏致仕侍养和严惩弃亲之罪等五个方面。如洪武元年（1368 年），明太祖朱元璋诏令天下，凡民人中年龄在七十岁以上者，准许男丁一人侍养老者并免除差役。洪武十九年（1386 年），又谕令，民人中凡年龄在八十岁以上者，由朝廷月给米五斗、肉五斤、酒三斗。九十岁以上者，每岁加给帛一疋、絮五斤。永乐十九年（1421 年），诏令民人年龄在八十岁以上者，各地官府给予绢两匹、酒一斗、肉十斤，并且不时派遣官员关心和慰问老者。永乐以后，此项举措作为岁令的重要事项之一，始终得到贯彻执行。

谕民：明朝规定，在月令政事活动中，谕民的方式采用“乡约”和读法令、讲“圣谕”的办法。“乡约”谕民，系指民间每月朔望或有故而更日，会集一乡或一社之人会讲，宣谕圣谕，谕人民要做到孝顺父母、尊敬长上、和睦乡邻、教训子孙、各安生理、毋作非为等六条。又，嘉靖八年（1529 年）时，嘉靖帝更令每州县村落为会，每月朔日，社首、社正率一会之人，捧读圣谕，教民榜文，申致警戒。有抗拒者，重则告官，轻则罚米入义仓，以备赈济。此外，自明初开始，尚有各儒学师生，于每月朔望，讲读法令之举，以利将来更好地谕民。如洪武二十年（1387 年），规定每月朔望时，国学祭孔行“释菜礼”，朝廷遣内臣降香致祭。届时，各班监生务要一名名亲赴庙随班行礼，有怠惰失仪及点阅不到者，严惩。洪武二十四年（1391 年），又令各处儒学，每遇朔望，有司官员，及日早诣学，谒庙行香。成化四年（1468 年）时，又令各处有司官员，每遇朔望，到学行香之时，令师生讲说《大明律》及御制书籍，俾使官员、吏员及合属人等，通晓法律伦理，以使他们能更好地处理政务、教化人民。

农事：对农事生产的关注，教谕人民不误农时、勤于耕作一向是中国古代月令政事中的重要内容，明代更是如此，并赋予其新的内涵。为表示对农事生产的重视，天子和皇后每年春季时要分别行“田礼”、“亲蚕礼”。从洪武元年（1368年）开始，每年仲春二月，天子即行田礼。到嘉靖九年（1530 年）时，又续定每岁仲春二月的行礼时间为上戊日。届时，天子祭社稷，并行耕礼。皇后所行的

"亲蚕礼"是嘉靖九年所定，即每年季春三月时，由皇后亲蚕于西苑，以示对蚕桑农事的重视，并祈祝蚕事顺利。除此之外，每年二月至十一月时，每月朔旦之日，由文书房向皇帝请旨，传宣谕一道，顺天府尹率宛平、大兴两县官员自会极门领出，于承天门桥南面谕耆老，每月一行成为规定的制度，语随时易。唯在正月和十二月，农事未兴，所以没有传谕的仪式。这些关于农事的圣谕月令，均多为劝谕人民，不误农时，及时耕耘收割等内容。

关于明代皇帝对节令农事活动的重视，可从其每月颁布的诏令内容窥知一斑。如正德十二年（1517 年）二月，武宗帝宣谕农事，说与百姓，每年春气发生，都要宜时栽种桑枣。十四年二月宣谕，说与百姓，各务农事，不要游荡赌博。十五年宣谕，如今天气和暖，都要趁时农务。嘉靖三年（1524 年）二月世宗帝宣谕，说与百姓，要依时务农，不许游惰失业。七年宣谕，养生全靠着谷粟，不要懒惰农务。九年上谕，都要种桑养蚕，不许闲散。十七年宣谕，今年春初，天气融合，趁时整理农务。二十二年、二十三年宣谕，此时天气炎热，抓紧务农。二十八年宣谕，天气和美，正好耘锄。三十三年宣谕，天气炎热，抓紧务农。隆庆二年（1568 年）二月穆宗帝宣谕，说与百姓，如今土脉润泽，都要及时务农，毋得懒惰。万历五年（1577 年）二月，神宗帝宣谕，说与百姓，如今土脉润泽，都要种耘。十八年二月宣谕，如今春和，及时务农。十九年宣谕，即今春土润，各宜用心整理农田事。可见明代历朝皇帝都是非常重视节令时节的农事生产活动的。

对于百姓的节令生活及其疾苦，作为皇帝更是不断下达上谕，要求百姓勤俭节约，老有所养，量入为出，合理支配各种消费，同时做好来年的生产和生活准备。如正德十四年（1519 年）十月，武宗帝宣谕农事，说与百姓，当今天气向寒，都着上紧种麦。十五年宣谕，各守本分，纳粮当差，不可耽误承担的义务。嘉靖三年（1524 年）十月，世宗帝宣谕，说与百姓，桥梁道路，要依时修理。七年宣谕，天气寒冷，父母有年老的，要好好奉养他，莫使他们冻馁。九年宣谕，农工已毕，各务生理，不要游手好闲。十七年宣谕，今农闲时月，务要勤做生理，勿得游惰。二十二年宣谕，须要昼夜巡逻防火防盗。二十三年宣谕，天气寒冷了，父母年老，好好奉养。二十八年宣谕，早起晚眠，小心火烛。三十三年宣谕，要昼夜巡逻防火防盗。隆庆二年（1568 年）十月，穆宗帝宣谕，说与百姓，早起晚眠，小心火烛。万历四年（1576 年）十月，神宗帝宣谕，说与百姓，如今农务已毕，都要安心营生，毋得妄费。五年宣谕，百姓要樽节用度。十八年宣谕，百姓收成既毕，各宜樽节用度，毋得浪费。十九年，宣谕内容同上（〔明〕沈榜编著：《宛署杂记》第一卷《日字·宣谕》）。可见明代皇帝对百姓在节令的生活疾苦等问题是较为关注的。

社学：明代的社学较为发达，这与帝王的提倡和积极鼓励有密切的关系。洪武八年（1375年）时，明太祖朱元璋命各地立社学，以教化民间子弟。朝廷对年节期间各地社学的祭祀及教谕活动也有明确的规定，要求各地社学认真加以执行。

3. 清代节尚令事的各种礼仪规定和施行情况

清代节尚令事的礼仪规制，有的沿袭明代，有的具新的特点，如在祭礼、贺仪方面，清代有了新的礼仪内容，赋予传统礼制新的生命活力，使中国祭祀礼仪的发展达到一个新的水平。

年节祭祀礼仪

清代皇帝与官员所行用的年节祭祀礼仪多沿袭明代的规定。根据《乾隆会典》记载，年节祭祀中的圜丘、祈谷、雩祭、方泽、太庙、社稷等祭为大祀，即由皇帝亲自主祭。而对日月、天神、地只、历代帝王、先师孔子、先农、先蚕、太岁等的祭祀，则为中祀，其中的一部分由皇帝亲自祭祀，但大部分由皇帝遣官致祭。皇帝举行祭祀活动之时，大祀前须斋戒三天，中祀前须斋戒两天。斋戒前一日沐浴，斋戒日不理刑名，不宴会、不听乐、不入内寝、不饮酒、不茹荤、不祭神（即坤宁宫祭神）、不扫墓。祭品用牛、羊、猪和其他大批祭物，并有乐舞，礼仪庄重、肃穆而虔敬。此外，年节时对先医、龙王等庙，贤良、昭忠等祠的祭祀活动，称之为群祀。群祀典礼，全由皇帝遣官祭祀，其礼仪也有严格的规定程序，届时预备丰盛而干净的祭品和祭物献祭。

除大祀、中祀与群祀等年节祭祀之外，清代独具特色的祭祀礼仪，还有坤宁宫祭神、堂子致祭的“内廷祭祀”以及奉先殿飨祀、谒陵祭祀等礼仪。其中，坤宁宫祭神、堂子致祭带有满族信奉的萨满教祭祀的特点。这是清朝宫中祭祀活动不同于历朝历代的一个特殊之处，也是其民族性特征与汉文化相结合的一个生动体现。其礼仪规定和内容程序如下：

坤宁宫祭神：坤宁宫位于皇帝居处的正宫乾清宫的后面。除特定日子之外，坤宁宫每天要进行朝祭、夕祭活动，有时皇帝还要亲自到此宫行礼祭祀。据《钦定满洲祭神祭天典礼》记载，朝祭之神为释迦牟尼佛、观世音菩萨、关圣帝君。祭祀时，各神陈列西炕，供器以及果、糕点、酒等供品设于炕上下。朝祭从寅时开始，若皇帝、皇后参祭，司祝（又称萨满太太）祭神时要擎神刀，诵神歌三次，祷祝九次，奏乐，献祭（生猪二头），歌“鄂罗罗”等祭祀的歌词。夕祭之神有穆哩罕神、画像神、蒙古神。自申时始，皇帝皇后亲祭时，司祝束闪缎裙与腰铃于身，执手鼓，盘旋步祝祷，内监击鼓鸣拍板而和，先后共三次，司祝再解其内裙和腰铃。朝祭后，帝后要分胙吃祭肉；夕祭后，撤祭食之祭肉交膳房。除朝祭、夕祭外，尚有坤宁宫求福（保婴）之祭、春夏秋冬四季献神之祭，祭品有白马二匹、牛二头、金二锭、银二锭、各色缎十匹、毛青布四十匹等。

堂子致祭：为满族固有的年节祭祀风尚。堂子建于京师（北京）长安左门外，内有祭神殿、拜天圜殿、立杆石座、皇子和王公致祭杆石座、上神殿等。每年元旦，皇帝要谒堂子行礼。届时，皇帝着礼服、乘礼舆出宫，卤簿为前导，仪仗随行，午门鸣钟。不参加行礼的百官、外藩蒙古王公台吉、外国使臣等，皆穿朝服跪送、迎驾。到堂子后，皇帝率随祭群臣，在圜殿外向南行三跪九拜礼，礼毕回宫。堂子还有月祭、王公致祭、浴佛等祭，天子均不主祭。只有皇帝亲征、出师凯旋时才告祭；另有每年三月、九月朔日的立竿祭祀，皇帝要参加，并受胙(祭肉)，将祭祀胙肉分赐王公。其祭仪与坤宁宫祭神相似。

奉先殿飨祀：这也是清代内廷年节祭祀的主要活动之一。奉先殿在紫禁城内，供奉的是清朝历代帝后的牌位。每年元旦、冬至、万寿圣节三大节日、各代帝后诞辰忌辰、节令时，要上香行礼祭祀。有时皇帝亲自主祭，要设中和韶乐、乐舞，并献供、读祝文，上香行礼，以示敬忱。

谒陵祭：每年清明、中元、冬至、除夕、帝后忌辰或国有大庆时，皇帝要身着素服，在隆恩殿祭祖宗牌位，除供品外，有初献、读祝文、亚献、三献、送燎、跪拜等礼仪。此外，还有皇帝着素服、率群臣亲谒、拜祭各代帝后陵寝的礼仪；每年清明节时，皇帝、群臣着素服，于黄帝陵行“敷土礼”，有皇帝捧筐，为帝陵增土等仪节内容。

年节庆贺礼仪

清代每年元旦、冬至、万寿节三大节日时，宫中要举行盛大庆贺朝拜礼仪。这些礼仪内容大体相同，且多沿袭明代礼制规定，只是略有损益和满族的特色而已。

每年元旦时，皇帝要在太和殿受群臣朝贺，又称为“前朝大礼”；然后在乾清宫内廷，皇帝接受皇后、贵妃、妃嫔等拜贺，是为“内朝礼”或“庆贺礼”。

元旦太和殿朝贺：天将明时，王公和百官先在午门外集合，随即在礼部官员的导引下，入殿立候。届时，午门鸣钟鼓后，皇帝着礼服，先乘舆在中和殿升座；随后在中和韶乐声中入太和殿宝座升座。乐止后，阶下三鸣鞭，奏丹陛大乐，宣表官捧表跪读贺词，并进表于案。随即王公百官在丹陛大乐声中，向皇帝行三跪九叩礼；外国陪臣另行三跪九叩礼。接着，皇帝赐群臣及外国陪臣座，王公由左右门进入太和殿座，其他官员就立位座，并跪行一叩礼。又进皇帝茶，皇帝赐群臣茶，饮毕，再行一叩礼。此时，陛下三鸣鞭，中和韶乐起奏，皇帝降座，百官依次而退，朝贺礼毕。此外，冬至节、万寿节（当朝皇帝诞辰日）的朝贺礼仪，大致相同，只是表文贺词有所不同而已。

元旦乾清宫贺仪：每年元旦时，皇帝在太和殿接受王公、百官群臣和外国陪臣的拜贺以后，还要在乾清宫内廷接受皇后、贵妃、妃嫔等拜贺。此礼又称为“内朝礼”或“庆贺礼”。其具体礼仪规制，在乾隆朝初年编的《钦定宫中现行则例》卷二中有详细载述。其中，“冬至、元旦、万寿圣节行礼则例”规定：凡遇冬至、元旦、万寿圣节，前朝大礼毕，内庭等位应行庆贺礼。设中和韶乐于乾清宫檐下；设丹陛大乐于乾清阁内；设丹陛大乐于乾清宫后檐下。是日宫殿监将皇后仪仗由乾清门两旁门引至交泰殿左右陈设，引王妃、公主、格格、命妇由苍震门入，在交泰殿外丹陛下排立。宫殿监奏请皇后率皇贵妃、贵妃、妃、嫔等具礼服会集乾清宫东西暖阁，候皇上还宫时起祝，奏中和韶乐，皇上升乾清宫座毕，乐止。槅扇垂帘。宫殿监引皇后率皇贵妃、贵妃、妃、嫔等，各依次序就拜位前立，行六福三跪三叩礼，奏丹陛大乐，礼毕，乐止，升帘。宫殿监引皇子等，在殿外丹陛上行三跪九叩礼，奏丹陛大乐。宫殿监率阖宫首领太监在东西丹墀下随皇子等行礼，礼毕乐止。宫殿监奏礼毕起柷，奏中和韶乐。皇上起座还后宫，乐止。宫殿监奏请皇后还宫，随引皇贵妃率贵妃、妃、嫔等至交泰殿内两旁立候，王妃、公主、格格、命妇在交泰殿外丹陛下排立起祝，奏中和韶乐，宫殿监奏请皇后升交泰殿座毕，乐止。随请皇妃率贵妃、妃、嫔、王妃、公主、格格、命妇行六福三跪三叩礼，奏丹陛大乐，礼毕，乐止。宫殿监奏礼毕起祝，奏中和韶乐，皇后起座还后宫，乐止。宫殿监请皇贵妃率贵妃、妃、嫔等各还本宫。宫殿监将王妃、公主、格格、命妇引出。随引皇子等至皇后宫中，行三跪九叩礼。宫殿监率阖宫首领太监在东西丹墀下随皇子等行礼。此礼仪系由礼部奏准，行总管内务府转行敬事房遵照奉行。其贵人等诣皇上前行礼、皇后前行礼俱在后宫。由宫殿监预先请旨。唯万寿圣节皇后前不行礼。

年节宴享礼仪

清代每年元旦、万寿、上元、端阳、中秋、重阳、冬至、除夕等年节时，都要在宫中太和殿举行筵宴，皇帝赐宴王公、百官群臣；同时，还在乾清宫举行家宴，由皇帝赐宴内庭皇后、皇贵妃等人。对其具体的年节宴享礼仪规制，在乾隆《钦定宫中现行则例》“皇上赐外廷王公大臣等宴仪则例”条下有详尽描述。则例规定：凡遇元旦、上元、端阳、中秋、重阳、冬至、除夕等节，皇上于寓中赐王公大臣宴，宫殿监预先请旨备办，照例设中和韶乐、丹陛大乐，届时引侍宴王公大臣先入分翼立候。宫殿监奏请皇上升座，起祝，奏中和韶乐，坐毕乐止。宫殿监引侍宴王公大臣，各按品级行一跪三叩礼。奏丹陛大乐，礼毕，乐止。两边列坐，王公设椅、大臣设褥进馔。丹陛大乐奏海宇升平日，乐止。承应宴戏，进果檐下，清乐奏万象清平，乐止，进酒。丹陛大乐奏玉殿云开。钦命进酒人进酒，皇上饮酒时，诸臣各出座，跪行一叩礼，乐止，仍各入座，承应宴戏。宴毕颁赏、恩赐等物，诸臣出座谢宴，行一跪三叩礼。奏丹陛大乐，礼毕，乐止。宫殿监奏，宴毕起祝，奏中和韶乐。皇上起座，还后宫，乐止。宫殿监引侍宴王公大臣退。其进酒之人及恩赐之物，宫殿监预先奏请钦定。而关于后宫的年节宴仪规制，在《皇上赐内庭等位宴仪则例》条下，有所记述，这些节宴在乾清宫举行。则例记载：凡遇元旦、万寿、上元、端阳、中秋、重阳、冬至、除夕等节，皇上于宫中赐皇后、皇贵妃等人，宫殿监预先请旨备办，照例设中和韶乐、丹陛大乐，设皇后宝座地平于宝座左侧。设皇贵妃等座次于两旁。届时奏请皇后率皇贵妃等，具盛服会集宴次，各就本位立候。宫殿监奏请皇上升座，起祝，奏中和韶乐，坐毕乐止。皇后率皇贵妃等各依位次，行一跪一叩礼，奏丹陛大乐，礼毕乐止。皇后率皇贵妃等各入座毕，进馔，丹陛大乐奏海宇升平日，乐止，承应宴戏。进果檐下，清乐奏万象清平，乐止进酒。丹陛大乐奏玉殿云开，钦命进酒人进酒。皇上饮酒时，皇后率皇贵妃等各出座，跪行一叩礼。乐止，仍各入座。承应宴戏。宴毕，皇后率皇贵妃等出座，谢宴，行二福一跪一叩礼。奏丹陛大乐，礼毕，乐止。宫殿监奏宴毕，起祝，奏中和韶乐。皇上起座还后宫，乐止。宫殿监奏请皇后率皇贵妃等各还本宫。

（2）民间节令礼仪活动的兴盛。在民间节令习尚方面，明清两代有许多自身的特点。一是统治者将民间节令的礼仪习尚统统纳入整个社会礼制生活的轨道，从而对包括庶人礼在内的诸多礼仪加以规制化，以利于礼乐教化的实施。这对于民间有关礼仪风俗的形成起着规范性的重要作用。二是在年节祭祀活动方面，朝廷有遣官员进行的群祀活动，民间百姓也多有祭从并形成群祀的民间时尚。由此可见，官员群祀对民间年节群祀活动的重大影响以及其对民间群祀“俗成”所起的导向作用。三是宫中与民间的年节风习有互为相通、相互影响的关系，这对民间年节礼仪习尚的“俗成”起着重要的加速推进作用。四是明清的民间年节礼仪习尚，不仅对前代多有所传承，而且清代多承续明代的一些风尚并赋予新的时代特点。现对明清时期岁时庶人礼仪、年节群祀风尚与朔望祭祀等风俗内容重点叙述如下：

岁时庶人礼仪

据明人冯应京撰《月令广义》一书记载，明政府对民间庶人的岁时年节礼仪是有明确而详尽的规定的，即凡民庶以齿（即年龄）为先后，致仕官序爵，爵同序齿，至处亲族则不论爵。洪武五年（1372 年）时诏令，凡乡党序齿，民间士农工商人等，平居相见及岁时宴会揖拜之礼为，幼者先施座次之列，长者居上。如佃户见田主，不论序齿，并以少事长之礼。若亲属不拘主佃，只行亲属礼。洪武十二年时，又令内外官致仕居乡，唯于宗族序尊卑，如家人礼，于其外祖及妻家，亦序尊卑。若筵宴则设别席，不许坐于无官者之下。如同致仕官则序爵，爵同序齿。其与异姓无官者相见，不需答礼。庶民以官礼谒见，敢有凌辱者，论如律令。洪武二十六年时又规定，凡民间子孙弟侄甥婿，见尊长生徒、见师范，奴婢见家长久别，行四拜礼，寻常近别行揖礼。其余亲戚长幼，照依等第，久别行两拜礼，寻常近别行揖礼。平交同上。到清代，届年节岁时，庶人交往仍大体沿袭此明代所规定的礼仪要求和规范。

民间年节祭祀

根据《月令广义》记载，每逢年节时，民间的群祀活动多采用“时祀”的办法。这些群祀的月日、群祀的神灵分别是：正月十五上元天官、正月初九日玉皇诞、正月中旬紫姑显灵等。二月初三梓潼帝君诞、十一日祠山张大帝生、十九日观音菩萨诞等。三月初二日玉皇现生、初三日玄天上帝诞、十八日后土灵妃诞、二十日子孙天妃诞、二十八日东狱帝诞等。四月初四日文殊菩萨诞、初八日释迦佛诞、十四日吕纯阳真人诞、十八日紫微大帝诞、碧霞元君诞、二十一日普贤菩萨诞、二十八日药王诞等。五月十一日都城隍诞、十五日关义勇武安王诞等。六月初六日崔府君诞、二十三日马神诞、二十四日雷神诞、二十六日二郎神诞等。七月十五日中元地官诞、十八日西王母诞、二十一日普庵祖师诞等。八月初三日灶神诞。十月庚子日至圣文宣王诞、初二日张天师诞、初三日茅真君诞、初八日火星诞、十五日下元水官等。十一月十一日太乙天尊诞、二十三日张仙诞、南斗生等。十二月二十九日华严菩萨诞等。这些民间年节的群祀活动，一直延续至清代，没有什么变化。

民间朔望祭祀习俗

对民间朔望祭祀习俗，《月令广义》也有记载，说道明代的民俗是，每月朔望供佛饭，以索羞或茶果作供品。夕则以三牲祀五猖神毕，别以汤饭祀无祀鬼神于街衢或巷尾，此种风习，名为“度伤”。清代一些地区民间仍盛行此种风习。

节令文化繁荣与社会生活多元化

从明初到清末数百年间，自宫廷至民间的年节活动，形式多种多样，内容丰富多彩，涉及政治、礼仪、祭祀、宴享、歌舞、竞技、文化、娱乐、民俗等方面的内容，颇具时代和民族特点，从而呈现出一派色彩纷呈、仪态万千的年节文化活动景象。明清时期的年节社会风尚，又可分为宫廷节令礼仪活动、民间岁时祭拜与娱乐活动、民族年节活动等三个不同层次和有机组成部分。它们之间，彼此互相渗透、互相联系，互相融汇，产生了新的文化效应，构成了中国节令文化发展的新图景。

1. 年节与宫廷礼仪活动

明清统治者对于一年之中作为一岁之始的元旦节（亦称正旦，正月初一日）、一阳之始的冬至、人君之始的万寿圣节（当朝皇帝的诞辰日）最为重视，称之为“三大节”。届时，百官有年节之假，如明代，凡逢正旦、冬至节令日，百官依例放假。如遇元宵节，赐假十日。清代，遇有年节也有百官封印、放假之举。同时，宫中还要举行一系列的庆贺礼仪活动。其中，尤以元旦前后以至元宵节期间的年节活动最为隆重与热烈。在拜贺礼仪方面，冬至、万寿两节大体与之相仿，但在规模、时间延续上又稍逊于元旦。因此，元旦节的年节活动在宫中的岁时节令礼仪活动中最具典型性。

（1）明代宫中的正旦与元宵节庆活动

明代宫中的元旦节庆活动，以元旦拜贺与元宵皇上赐宴观灯为其高潮。

元旦朝贺：每年正月初一日，根据《大明一统赋》记载，宫中有“正旦百官朝贺”天子的礼仪活动。对明代元旦朝贺的具体情景，这一活动的参加者——明代吏部尚书、大学士李东阳在《元旦早朝》一诗中有所描述。他的诗说当时是一番“九门深掩禁城香，香雾笼街不动尘。玉帐寒更传虎卫，彤楼晓色听鸡人”的情景。而在另一个参加者——明代礼部侍郎程敏政的《元日早朝》诗中，更展现出一派“寒鸦集曙彩鞭挥，剑佩森森拱太微，日晃御床明绣衮，云回鸾辂见青旗”的景象，从而使得朝贺礼仪活动的肃穆、庄重气氛，天子仪卫的森严与气派，百官届时在宫门外的云集等景象都得以生动显现，读后颇使人有如闻其声、如见其人、如临其境的真切感。除元旦宫中朝贺之外，尚有“天下大小衙门拜阙”之礼仪，即京官之外，地方州县的百官亦要衣着盛服，到衙门中去进行“望阙遥贺”，叩头遥向天子拜贺的仪式。此外，官员之间亦有往来“拜年”的礼仪。明人陆容在《菽园杂记》卷五中记载：“京师元日后，上自朝官，下至庶人，往来交错道路者连日，谓之拜年。然士庶人各拜其亲友，多出实心，朝官往来，则多泛受不专。如东西长安街，朝官居住最多，至此者，不问识与不识，望门投刺，有不下马或不至其门令人送名帖者。遇黠仆应门，则皆却而不纳，或有闭门不纳者。在京师仕者，有每旦朝退，即纳伴而往，至入更酣醉而还。三四日后，始暇拜父母。”通过这些记述，使我们对明代朝官元旦时的拜年习尚，以及朝贺礼仪后结伴长饮酣醉的风俗得以具体了解。

元宵赐宴观灯：每年正月十五日元宵节时，明代宫中有天子赐宴百官的活动，同时有观灯的礼仪活动。根据《大明一统赋》记载，元宵时作鳌山，与民同乐，金吾弛禁，普天下皆作灯市，以糖圆、油饼为节食。《酌中志》也载，正月十五日曰上元，亦曰元宵，内臣宫眷，皆穿灯景补子蟒衣。灯市至十六日更盛，天下繁华，咸萃于此。勋戚内眷，登楼玩看，了不畏人。根据《皇明通纪》记载，永乐十年（1412 年）正月元宵节时，明成祖朱棣曾赐百官宴，并听臣民赴午门外，观鳌山三日，自是岁以为常。当时，朱棣兴致所至，登临午门城楼并赋御制诗章，命儒臣奉和。“时夏原吉持其母往观鳌山，上闻之曰贤母也，命中官赍钞二百锭，即其家赐之”。当时，不仅灯市盛况空前，而且烟火名目、种类繁多。对此，《月令广义·正月令》描绘道：燕城烟火，诸制有声者，名响炮。高起，名起火。起火带炮连声者，名三级浪。不响不起旋绕起上者，名地老鼠。筑打有虚实，分两有多寡，有花草人物等形者，花儿名百余种。别以泥函者，名沙锅儿。用纸函者，名花筒。

以筐函名花盆，总名称烟火。“勋戚家有集百巧为一架，分四门，次第传燕通宵。”福建闽中更制造一种烟火，名“秦皇辫者，以火炮及各花、地鼠、水鼠等筒联成串，凡数百相间之，令一人提而逐一放落迸散，其制甚奇”。这都为元宵的赐宴观灯活动增添了热闹的气氛和节日的情趣。

（2）清代宫廷的年节礼仪活动

清代宫中每逢元旦年节，在节前、节中和元宵时，有一系列相互衔接、互为关联的祭拜、宴享、娱乐等活动。其礼仪之隆重、规模之宏大、持续时间之长久、各种活动之丰富，较之明代，更加有过之而不及，充分体现了清代统治者要与朝廷文武百官和普天之下王臣共享节日喜庆场面的气势与独一无二的场面。现根据清代有关文献记载，对其具体内容与活动盛况作简要叙述。

元旦前的年节准备活动：每年自十二月初起，宫中便开始着手准备迎元旦的活动。如宫中每于十二月朔日，内廷大臣就撰拟椒屏吉语题、岁轴吉语联开单呈览，皇帝钦定后，交内府绘士按题作画，然后题字，以便新年时张挂。除夕进岁轴的习俗，从南宋宫廷开始就有了规定模式，此俗与民间贴新年画的风俗是相通的。这时皇帝开笔书写“福”字，贴于宫殿及园囿各处，或赐王公大臣等。据载此习俗始于康熙帝，但不一定自腊朔始，至乾隆二年才确定于十二月初一日紫禁城内漱芳斋开笔书福，以后岁以为常。皇帝书福之余，有时也写成对联或“宜入新年”、“一年康泰”等吉语春条，贴于内宫寝殿。

至腊八日，清宫廷派王公或大臣到雍和宫监视煮粥供佛。皇帝御中正殿佛堂前临时搭设的黄毡圆帐房（名小金殿），由御前大臣侍奉，众喇嘛在帐外念经，有时请达赖喇嘛和蒙古活佛章嘉呼图克图为皇帝拂拭衣冠，以示袚除不祥。佛教传说腊八日是释迦牟尼成道日，教徒皆以米及果物煮粥供佛。清代仍沿此俗。

从十二月十七日（后改为十九日）开始，宫中燃放爆竹，打破平时的寂静，逐渐热闹起来。自十二月二十四日起，皇帝在宫中活动时，每过一门必放爆竹一声。这时，宫廷里的节日气氛也一天比一天热烈起来。从腊月十一日起，重华宫的连台戏拉开了序幕，宫中每天锣鼓声声，热闹非凡。

十二月二十二日是民间祭灶的日子，清宫非常重视这个风俗，规定每年坤宁宫祭灶要设供案、安神牌、备香烛等物。供品有三十二种，并准须由南苑猎取黄羊一只，由盛京（今沈阳）内务府进贡麦芽糖（亦称关东糖）作为供品。届时皇帝、皇后先后到坤宁宫佛前、神前、灶前拈香行礼，以示重视。接着，由钦天监择定吉日，各级衙门照例封印，不理政务，准备过节。此后直至年底，官员皆欢聚畅饮，以酬一岁之劳。宫廷里更是每日宴饮不断，充满节日气氛。

平日，皇帝一般多是单独进膳。只有当元旦或其他年节的时候，才令总管太监传旨，由内廷后妃等陪宴，共同进膳。清代的除夕，是宫中年节活动的高潮。早晨，帝后、妃嫔等分别到宫内外各处拈香礼佛，设供祭祖，祈求神灵保佑，然后在重华宫共进早膳。但到申正（下午四时）在乾清宫举行除夕大宴，才是宫中真正的除夕团圆年饭。除夕宴时，宴桌首先摆冷膳，后摆热膳。先进膳，吃汤饭。进膳毕，上奶茶。奶茶毕，转宴。转宴毕，上酒宴。酒宴毕，进果茶。果茶毕，皇后妃嫔等退席，皇帝出座。茶膳房进转宴毕，再赏亲王及大臣等酒宴。大宴的各项程序，先从皇帝开始，按等级依序进膳、进奶茶、进酒、进果茶。如乾隆四十一年的除夕宴，据乾隆四十一年的《节次照常膳底档》记载，乾隆帝的大宴桌是这样摆设的：头路：松棚果罩四座，上安迎春象牙牌四个。两边花瓶一对，中间点心五品，用青白玉盘。二路：一字高头点心九品。三路：圆肩高头点心九品。此十八品用青白玉碗。四路：红色雕漆果盒二副。两边苏糕鲍螺四座，用小青白玉碗。五路、六路、七路、八路膳均为十品。此四十品用青白玉碗。除果盒外，全桌八路共摆膳六十三品。

又，在膳桌东边，还要摆设奶子一品，小点心一品，炉食一品。两边摆敖尔布哈（满语，即油糕）一品，鸭子馅临清饺子一品，米面点心一品。这些用五寸青白玉盘。两边再各摆上南小菜、清酱、三样、老腌菜等四品菜。在皇帝近前，左面摆上金匙、叉子，右面摆羹匙、筷子，正面摆筷套、手布和纸花。

皇帝宴桌摆毕，由敬事房摆设内廷后妃陪宴宴桌。宴桌用的是有帏子的高桌，分左右两排，设在皇帝宴桌左前方和右前方。宴桌上，按后妃地位之别，分绿龙黄碗、白里酱色碗、里外酱色碗、霁红碗摆放。紫龙碗每桌全备，并各安绢花。每桌高头点心五品，干湿点心四品，银碟小菜四品（内有清酱一品）。

时至未初二刻（下午一点三十分），太监传摆热膳宴，始设皇帝升座，此时乾清宫中和韶乐声起，皇帝御座，总管太监步出殿外，皇后、妃、嫔、贵人、常在等依次入宴。在乐声中，给皇帝送汤膳盒一对：左一盒内有红白鸭子大菜汤膳及粳米膳各一品，右一盒内有燕窝捶鸡汤及豆腐汤各一品，用雕漆飞龙宴盒。皇帝汤膳盒盖拿出后，送后妃汤膳和粳米膳各一品，用毕，奏乐也即行停止。随之，在南府承应戏的演唱声中，开始呈送奶茶。当皇帝喝的白玉奶茶的碗盖拿出宫外后，方送后妃奶茶。奶茶饮毕，茶桌撤下，承应戏随即而止。

接着，转宴大席开始。转宴是先从皇帝的面前向外转起，然后才转内廷诸宴。先转汤膳碗，再转小菜、点心、群膳、捶手、果盅、苏糕、鲍螺、金羹匙、金匙、高头松棚果罩等，仅有花瓶、筷子、叉子及果盒不转。接着摆酒宴。此时乐声再起，随上皇帝酒膳一桌，用铜胎掐丝珐琅盘摆设。酒膳分五路，每路八品，共四十品。由五对飞龙宴盒呈进。头对盒：荤菜四品，果子四品。二对盒：荤菜八品。三对盒：果子八品。四对盒：荤菜八品。五对盒：果子八品。在乐曲声中，头对盒摆设完毕，进二对盒。在进二对盒的同时，即摆设后妃各桌酒宴。后妃酒膳每桌十五品：菜七品，果子八品，每桌由一对盒呈进。酒宴摆设毕，摆宴人俱出殿外。乐曲稍停，开始送酒，启奏丹陛大乐。皇帝进尝酒后，后妃接次一一进酒。进酒之后又上果茶。送过果茶，便由首领太监四人将酒桌搬下。接着后妃起座。这时，乾清宫侍宴总管太监启奏宴毕，顿时祝乐奏起，皇帝离宴回宫。随即传旨，赏赐王公大臣。于是乐止宴撤。纵观历代清宫除夕家宴，其宴仪均如此，皇帝大宴桌和后妃陪宴桌摆设也相同，只是膳品有不同而已。其席间的礼仪、程序和膳桌形式，无一不体现宫廷等级制度的森严以及满族年节的风俗习尚。

元旦的年节活动：正月初一日是元旦，届时，宫中将有一系列的年节活动。而清代皇帝这一天的活动，是从半夜开始的。以乾隆帝为例，他这天于子正一刻十分（午夜零点二十五分）起床。一个钟头后，即丑初二刻（清晨一点三十分），出吉祥门，乘四人抬亮轿到钦安殿拜真武大帝，到斗坛（在澄瑞亭内）祭斗母，到天穹殿（即玄穹宝殿）等处行磕头礼。然后进景和门，到乾清宫西暖阁稍事休息。

丑正（即两点钟）时，乘十六人抬画轿出乾清门，到奉先殿祭祀列祖。祭祀后，仍从原路回乾清宫，再到乾清宫西侧的弘德殿，然后换乘四人抬亮轿至养心殿天地香亭，焚化天地三界神画像及黄钱、金银元宝（钱粮）。

寅初三刻（三点四十五分），从养心殿吉祥门乘四人抬亮轿到坤宁宫磕头后，步行到乾清宫东暖阁供前拈香。然后至乾清宫东庑圣人前、北五所御药房药王前磕头。继而回至乾清宫喝奶茶，随后到弘德殿吃煮饽饽（饺子）。

寅正（四点钟），乘大礼轿出乾清门到长安左门外“堂子”（满族祭祀场所之一）去祭祀。磕头后，仍由原路回乾清宫，然后乘四人抬亮轿出隆福门，至中正殿、建福宫、重华宫拜佛。

卯正一刻（六点十五分），乘四人抬亮轿进隆福门，至乾清宫西暖阁稍事休息后，出乾清门到外西路的永康左门外降舆，步行到慈宁门栏外，率诸王、贝勒等爵及一、二品大臣、将军等，到皇太后住处行庆贺礼，其余文武官员都在午门外行礼。给皇太后拜年后，到养心殿月供前拈香，然后至弘德殿稍事休息。

辰初（七点钟）时，乘十六人抬画轿出乾清门至中和殿，升宝座受内大臣、侍卫以及内阁、翰林院、詹事府、礼部、乐部、都察院等衙门官员礼后，再到太和殿升座，诸王、贝勒等及文武大臣官员和来京蒙古王公、台吉等行庆贺礼。然后从原路回乾清宫。

皇帝在乾清宫升宝座，坐下即停止奏乐。受皇后率妃嫔行庆贺礼后，受皇子率总管及首领太监行庆贺礼，行礼毕，奏乐。皇帝离宝座，乘四人抬亮轿出凤彩门，至重华宫，受贵人、常在等贺礼。更衣后，皇帝就同皇后、妃嫔等共进早膳。

早膳后，乾隆帝又乘八人抬暖轿出花园门，出神武门至大高殿（景山西侧）磕头。然后至承光殿码头（团城西侧），乘冰上托床，至河西码头后，到弘仁寺、阐福寺（北海西北岸）拜佛。之后，乘托床至承光殿码头，上岸至寿皇殿（景山之后）对先祖御容（画像）瞻拜。磕头后，进神武门，至重华宫。

同时，作为皇帝，还要参加太和殿盛宴、乾清宫大宴活动。乾清宫大宴，除皇后、贵妃、妃嫔等参加外，在皇帝宴桌东西两边有亲王、郡王、皇子多人陪宴。酒宴时，皇子拿酒一杯，要到皇帝宝座前，跪着进酒。皇帝尝酒后，要送陪宴者酒。其他礼仪、程序则与除夕家宴大同小异。至于太和殿盛宴，不仅规模盛大，礼仪也最为隆重。

在太和殿举行筵宴之前，首先要在殿内宝座前设皇帝的御宴桌，殿内再设前引大臣、后扈大臣、豹尾班侍卫、起居注官、内外王公、额附以及一二品文武大臣和台吉、塔布囊、伯克等人员的宴桌共一百零五张。其次，太和殿前檐下的东西两侧，设中和韶乐和理藩院尚书、侍郎及都察院左都御史、副都御史等人的宴桌。太和殿前丹陛上的御道正中，南向张一黄幕，内设反坫，反坫内预备大铜火盆两个，上放大铁锅两口，一口准备盛肉，另一口装水备温酒。丹陛上共设宴桌四十三张，在这里入宴的是二品以上的世爵、侍卫大臣、内务府大臣及喜起舞、庆隆舞大臣等。再次，丹墀内设皇帝的法驾卤簿如同大朝之仪，两翼卤簿之外，各设八个蓝布幕棚，棚下设三品以下文武官员的宴桌，外国使臣的宴桌设在西班之末。太和门内檐下，东、西两侧设丹陛大乐。太和殿筵宴原设宴桌二百一十席，用羊百只、酒百瓶。乾隆四十五年裁减宴桌十九席、羊十八只、酒十八瓶。嘉庆、道光朝以后，太和殿筵宴的桌张，根据实际情况有所增减。

太和殿筵宴，皇帝御用宴桌归内务府恭备，其他宴桌由大臣们按规定恭进，如若不敷再由光禄寺负责增备。大臣恭进宴桌的规定是：亲王每人进八桌（其中大席一桌：银盘碗四十五件、盛羊肉大银方一件、盛盐银碟一件；随席七桌：每桌铜盘碗四十五件、大铜方一件、小铜碟一件），羊三只，酒三瓶（每瓶十斤）；郡王每位进五桌（其中大席一桌，随席四桌，每桌等级均与亲王数同），羊、酒数额与亲王同；贝勒每位进三桌，羊二只，酒二瓶；贝子每人进二桌，羊、酒数同贝勒；入八分公每人进一桌，羊一只，酒一瓶（贝勒以下进宴席的器物，与亲、郡王随席同。所进器物都用红布遮盖；羊只也都是蒙古大羊）。筵宴之前，先行文宗人府，报明大臣的名爵、应进桌张以及羊、酒的数目，宗人府汇总送礼部查核后奏明皇帝阅览。

太和殿筵宴之日，王公大臣著朝服，按朝班排立。至吉时，礼部堂官奏请皇帝礼服御殿。这时，午门上钟鼓齐鸣，太和殿前檐下的中和韶乐奏《元平之章》。皇帝升座后，乐止，院内阶下三鸣鞭，王公大臣各入本位，向皇帝行一叩礼，坐下以后，接着是一整套繁多的进茶（此时丹陛清乐奏《海宇升平日之章》）、进酒（丹陛清乐奏《玉殿云开之章》）、进馔（中和清乐奏《万象清宁之章》）仪式，然后进喜起、庆隆二舞。

喜起舞毕，“吹笳人员进殿”奏蒙古乐曲，接着掌仪司官员“引朝鲜、回部各掷倒伎人，金川番子番童等，陈百戏”，表演杂技，这时筵宴进入高潮，然后鸣鞭奏乐，皇帝还宫，众皆出，宴毕（参见光绪朝：《钦定大清会典事例》卷五百十五、卷五百二十八）。太和殿的筵宴活动至此结束。

元宵节的年节活动：正月十五日，是中国传统的元宵节。元宵节的年节活动，是元旦新年活动的延长，也是清宫每年庆贺的隆重节日之一。元宵节期间，帝后要举行各种类型的宴会、家宴，还要开展观灯、施放烟火等节庆活动。这些活动，具有浓厚的清宫特色。

根据有关文献记载，清宫元宵节于年前十二月十四日举行安灯仪式；年后二月初三日收灯。安灯要举行规定的仪式活动。先是宫殿监引掌仪司首领和乐队从乾清门入，至乾清宫丹陛上两边排列。营造司首领向上行跪拜礼后，敬事房和乾清门太监各一名在乾清宫檐下起标灯，乐队奏清乐，营造司太监等上万寿灯，各处太监分别于乾清宫、乾清门、日精门、月华门、两廊、回廊和石栏杆等处上灯。乾清宫前安万寿灯十六盏，大小灯一百二十八盏。乾清门挂灯五盏，日精、月华两门各挂灯一盏。两廊、回廊挂灯一百二十盏，栏杆挂灯一百九十四盏。御花园中也同时安灯。安灯毕，乐止。

清代皇帝和后妃元宵观灯的活动，前期在圆明园，后期在三海（即南海、中海、北海）或颐和园，这主要为防止宫中火灾。圆明园西边的山高水长楼，就是乾隆时期元宵观灯的固定场所。山高水长楼，俗称西厂，其楼分上下两层，房九间。楼前有宽绰的场地，有小河流经这里。《乾隆御制诗》说："山高水长楼在园西，其外苑囿宽敞，宜陈火戏。"清代元宵观灯，有时也改在宫中进行。如乾隆三十年（1765 年），因乾隆帝南巡浙江在即，元宵时设灯改在宫中景运门外。也有元宵节不观灯的特殊情况。如乾隆十四年（1749 年），因乾隆帝的孝贤皇后死后不到一年，元宵观灯就免了。此外，灯节时如果正逢皇帝出巡在外，住在行宫或路次，就在行宫、路次举行筵宴，设灯观烟火，以为年庆助兴和令人观赏娱乐。

每逢元宵节前后，即正月十四日、十五日或十六日，皇帝还要举行各种类型的宴会。如在十四日，在圆明园的清晖阁或含辉阁举行皇太后宴，在奉三无私殿或宫中赐宴近支王公和皇子皇孙，还要举行家宴，与后妃等共进节膳。十五日，在圆明园的正大光明殿或宫中保和殿筵宴王公大臣和蒙古王公台吉等。如乾隆元年（1736 年），因乾隆帝还在为其先考（雍正帝）服丧，故这年正月十五日，乾隆帝与皇后妃嫔在重华宫、养心殿共进的节膳是十分简单的。据乾隆元年至三年立《节次照常膳底档》记载：乾隆元年正月十五日早膳，"重华宫后殿进早膳，用照常膳桌摆：珐琅碗菜八品，点心四品（黄盘）、攒盘肉一品（金盘）、银葵花盒小菜一品、金碟小菜二品。皇后用膳桌摆：膳八品（黄碗）、点心二品、金碟小菜二品。妃嫔等五位用膳桌摆：菜八品（绿龙黄碗）、点心二品（绿龙盘）、碟小菜二品。晚膳，养心殿用照常膳桌摆：珐琅碗菜八品、点心四品（黄盘）、攒盘肉一品（金盘）、银葵花盒小菜一品、金碟小菜二品"。十六日，在正大光明殿或乾清宫赐宴廷臣。皇帝和廷臣筵宴间，还要进奶茶、元宵、点心和茶果。用膳、饮酒和进茶时都要奏乐和演出承应戏，其场面隆重而热烈。

在通常情况下，元旦过后，还要选择初二或初五、初八、初九等日早膳后，乾隆帝亲至紫光阁设宴，招待蒙古族、哈萨克族、维吾尔族以及外国的使者。如乾隆五十三年（1788 年）正月初九日，早膳后，乾隆帝在紫光阁设宴招待他们。据乾隆五十三年的《节次照常膳底档》记载，正月初九日，早膳后，乾隆帝至紫光阁升座毕，"送奶茶，赏奶茶毕，随送上用饽饽奶子一桌十五品、饽饽五品、米面五品、蒸食炉食三品、奶子二品（俱用黄盘）；上赏人用饽饽奶子十五品。巴图进酒，上进酒毕，赏巴图酒，随送殿内两边，赏胡土克图、蒙古王、郭什哈额驸、乾清门额驸、外边行走蒙古王公、额驸、台吉、杜尔伯特、土尔扈特、库库纳勒、年班回子、番子、朝鲜国、琉球国、额思尹等人。用一等饭菜二十桌，每桌银热锅二个，蒸食一盘、炉食一盘，盘肉三盘、羊肉丝汤、膳房饭，螺蛳盒小菜二个。用次等饭食六十桌，每桌锡热锅二个，内管领炉食一盘、螺蛳盒小菜二个、羊肉丝汤，外膳房饭。额食六桌：奶子十二品一桌，干湿点心八盘一桌，盘肉十六蕊二桌，羊肉四方二桌”。此外，元宵节前后三日，宫中向例要吃元宵。吃元宵的时间在晚上，酉初以后，还须在神祖前供元宵。时间在早膳后，由皇帝亲自上供。

至于元宵节礼俗，宫中最隆重的时刻要算是上元之夜了。正月十五日未申之交（下午三四时），皇帝、皇后和妃嫔们以及王公大臣、蒙古王公台吉、外国使臣等，会集于圆明园西的山高水长楼，楼下为皇帝御座，楼上为皇后和妃嫔们观灯之所，王公大臣、蒙古王公台吉和外国使臣等各有规定场地赐坐。然后，善扑营进撩跤名单，掌仪司进各种玩艺名单，供皇帝亲点。表演的内容有撩跤（即相扑）、马戏、爬杆、西洋秋千、罗汉堆塔、新疆乐曲等。表演之后，在山高水长楼前舞灯。数百人乃至千余人，按照一定的队形排列，每人手执彩灯，口唱太平歌，翩翩起舞，彩灯摇动，循序渐止，忽而排成一“太”字，进而转成一“平”字，再转成一“万”字，又转成一“岁”字，最后组成“太平万岁”四字。亭台楼阁灯光闪耀，千人舞灯变换无穷，使整个山高水长楼形成了一个灯火世界。

舞灯毕，施放烟火。先由皇帝传谕烟火之戏开始，御前侍卫用“顺风耳”（铜制的传声筒）传皇帝谕，随即有侍卫将楼前左右柱上挂的烟火盒子药线淬火引着，金蛇电掣，转瞬间烟火柱架高达数丈，悬于架柱上的烟火盒被点燃后，组成“天下太平”四字。有些烟火盒内装鸟笼，笼内放有鸽子和喜鹊数十只，乘火飞出，取其放生之意。施放烟火时，宫中侍卫、大小官员也乘兴手执花筒，争相点燃，以助欢乐。山高水长楼前沿河编花篱笆，遍置花炮，点燃之后，万声齐鸣，天空地面，明若白昼，炮响声如雷霆，宫中的元宵节便在施放烟火的高潮中结束。

2. 民间年节与社会生活的多元化

明清时期，民间年节祭拜娱乐风尚，因时、因地、因年、因节不同而各具特色，无论是从内容的丰富性还是形式的多样性，地域覆盖的广泛性和代表性，以及所赋予的特殊含义及娱乐性而言，都达到了历史发展的最高水平，体现了集大成的特征，呈现出一派社会生活多元化的繁盛景象。现根据有方志和文献记载，对民间年节的祭拜习尚、饮食风情与娱乐活动等内容进行简述。

（1）正月民间年节与社会生活风尚

正月有元旦、立春、上元等民间年节，每逢这些年节时，民间有着系列的祭拜、饮食与娱乐活动，以示庆贺。

祭拜习尚：《月令广义》记载，每逢正月时，民间将天地神佛“设供于堂，自元旦至十八日止者，或径自家堂供香灯者”，举行祭拜礼仪。明人刘侗、于奕正的《帝京景物略》一书，对京师（今北京）民间在正月的祭拜习尚作了详尽的介绍，正月初一日，子刻后祀神，谓之接神。遍至戚友家拜于堂，谓之拜年。初二日，祀财神。初三日，旃檀寺打鬼。初五日，名破五。以前五日，禁妇女往来。初六日，归宁。琉璃厂开市。初八日，夜以油灯百八盏，祀星。十三日，试灯。黄寺打鬼。自初一至十五日，游大钟寺。十九日，游白云观。二十日，雍和宫打鬼。清代，由除夕夜起，民间有摆供桌和祭食以祭祀祖先和供奉诸天圣的习俗。在京师地区有名为供“天地桌”的祭祀习尚。《燕京岁时记》记载，自除夕起，家家对所供天地桌“接递烧香，至灯节而止”。其余正月祭拜习尚，与明代大体相似。

饮食风俗：明代元旦民间的饮食习尚，明人刘若愚的《酌中志》作了介绍：“初一日正旦节。自年前腊月二十四日祭灶之后，宫眷内臣，则穿葫芦景补子及蟒衣。各家皆蒸点心，储生肉，将为一二十日之费。三十日，岁暮，即互相拜祝，名曰辞旧岁。大饮大嚼，鼓乐喧阗，为庆贺焉。门傍植桃符板、将军炭，贴门神。室内悬挂福神、鬼判、钟馗等画。床上悬挂金银八宝、西番经轮，或编结黄钱如龙。檐楹插芝麻秸，院中焚柏枝柴，名曰熰岁。正月初一日五更起，焚香放纸炮，将门闩或木杠于院地上抛掷三度，名曰跌千金。饮椒柏酒，吃水点心，即扁食也。或暗包银钱一二于内，得之者以卜一岁之吉。是日亦互相拜祝，名曰贺新年。”

清代民间元旦的首要事项是祀神祭祖和拜尊长。在亲朋互相贺岁、贺元旦、拜年时，一般要留下喝春酒。在元旦期间，相互请客吃饭，名为“年节酒”。此外，清人尚有在北方吃水饺（又名馄饨、煮饽饽）、南方吃元宵（汤圆）的习俗。《燕京岁时记》记载：“是日，无论贫富贵贱，皆以白面作角而食之，谓之煮饽饽，举国皆然，无不同也。富贵之家，暗以金银小锞及宝石等藏之饽饽中，以卜顺利。家人食得者，则终岁大吉。”澳门的正月初二有吃开年饭的习俗，饭菜要有发菜、蚬肉、蠔豉、生菜、鲤鱼，取其“发财大显”、“发财好市”和“生财利路”之意（本书所引澳门节庆习俗的内容，主要以《中华民俗大全·澳门卷》编辑委员会出版的，由禤伟旗总编辑、胡国年主编辑的《澳门民俗大全》内容为根据，下同）。又正月初五日，民间称为“破五”。正月初七日，民间谓之“人日”。澳门华人正月初八日，要吃生菜粥，取其“生菜”的谐音；家有读书的人则吃及第粥，取其“状元及第”的好兆头，也保留了吃汤圆的习俗。民间传为“诸星下界”，故有燃灯与陈汤点等食品以祭之的习尚。每年立春日时，清人有吃春饼、萝卜、生菜等做成的春盘的传统，谓之“咬春”。清代上元节期间，南方北方民间不仅盛吃元宵，而且还用元宵等食品作为“祭食”来祀神祭祖。

娱乐活动：明清两代，每年除夕至正月二十日，在京师和江南、北方民间几乎每天都有娱乐活动，但最为集中的时日，就是立春、上元两日。明代立春日，将竞技（跑马）、欢宴（咬春）、应景（戴闹蛾）等多种节庆娱乐活动集于一体，别有情趣。《酌中志》记载：“立春之前一日，顺天府于东直门外迎春，凡勋戚、内臣、达官、武士，赴春场跑马，以较优劣。至次日立春之时，无贵贱皆嚼萝卜，名曰咬春。互相请宴，吃春饼和菜。以绵塞耳，取其聪也。自岁暮正旦，咸头戴闹蛾，乃乌金纸裁成，画颜色装就者；亦有用草虫蝴蝶者。咸簪于首，以应节景。”此外，在立春日还有一系列围绕春牛的礼仪活动。到清代，根据《帝京岁时纪胜》记载，每届“立春日，各省会府州县卫遵制鞭春。京师除各署鞭春外，以彩绘按图经制芒神土牛，舁以彩亭，导以仪仗鼓吹。交春之刻，京兆尹帅两学诸生恭进大内”。至于江南地区，其打春拜春之盛况，更不亚于岁朝元旦。袁景澜在《吴郡岁华纪丽》中描述说：“立春日，侵晨，郡守率僚佐，以采仗鞭春牛，碎之，谓之打春。农民竞以麻麦米豆抛掷春牛。街市以花装栏，置小春牛于中，及春胜春幡出卖里胥，以春球馈贻贵家宅舍，预兆丰稔。百姓买芒神春牛亭子置堂中，云宜田事。士庶即于是日交相庆贺，谓之拜春，拈粉为丸，祀神供先，其仪不亚于岁朝。”

上元节的娱乐活动，是正月年节的高潮。自明初始，自正月初六至十六日，向有张灯十日之举。明朝京师的灯市，设于五凤楼前，后徙东华门外。上元夜，届时有灯张、乐作、杂耍、施放烟火等多种娱乐风尚。《帝京景物略》对此有生动描述：十五日“向夕而灯张（灯则烧珠，料丝则夹画、堆墨等，纱则五色，明角及纸及麦秸，通草则百花、鸟兽、虫鱼及走马等），乐作（乐则鼓吹、杂耍、弦索，鼓吹则橘律阳、撼东山、海青、十番；杂耍则队舞、细舞、筒子、斤斗、蹬坛、蹬梯；弦索则套数、小曲、数落、打碟子；其器则胡拨四、土儿密失、乂儿机等），烟火施放（烟火则以架以盒，架高且丈，盒层至五，其所藏械：寿带、葡萄架、珍珠帘、长明塔等）。于斯时也，丝竹肉声，不辨拍煞，光影五色，照人无妍媸。烟罝尘笼，月不得明，露不得下”；“童子挝鼓，傍夕向晓，曰太平鼓。二童子引索略地，如白光轮，一童子跳光中，曰跳白索。妇女相率宵行，以消疾病，曰走百病，又曰走桥”。清代，上元夜宫中除放烟火外，民间更有各种“元宵杂戏，剪彩为灯”的娱乐活动。《帝京岁时纪胜》记载，这些杂戏有博戏骑竹马，扑蝴蝶，跳白索，藏蒙儿，舞龙灯，打花棍，翻斤斗，竖蜻蜓；闲常之戏有脱泥钱，踢石球，鞭陀螺，放空钟，弹拐子，滚核桃，打尜尜，踢毽子等。而延庆县民间上元节前后三夜，除有盛大灯会外，更有施放烟火、扮演戏文、且歌且舞等娱乐活动，出现了“男女聚观”的盛况。所张之灯，《延庆县志》记载：“或作黄河九曲灯，共灯三百六十盏，或作混元一气灯，共灯五百盏。又有灯山，以席为高楼，约三四丈，中以木作架，按小灯数千盏，排列佛神等像。”可见工艺之精巧，并为百姓增添年节欢乐气氛。

（2）二至四月民间年节与社会生活风尚

明清时期，每年二月民间有中和节、春社、文昌会、花朝节活动，三月有上巳节、寒食节、清明节，四月有浴佛节等习俗，时令年节不同，风俗各异，其祭拜、饮食、娱乐活动内容也有一些呈现出地域文化的特点。

祭拜与饮食习尚：每年二月初二，为中和节。各地风俗不同，祭祀的对象有王母、真武、社稷、祖师、城隍、文昌君、水神、龙王、药王等。传说这一天为龙抬头的日子，故又称为龙头节。在北方祭祀龙神是常态，如明《宛署杂记》记载，都人呼二月二日为“龙抬头”，乡人用灰自门外蜿蜒布入宅厨，旋绕水缸，呼为“引龙回”。清代京师地区龙头节时，每年二月初一、初二日，民间要吃太阳糕，以为“祭日”供品；同时，还要食“龙鳞饼”、“龙须面”、油煎糕点等，名之为“薰虫”。《帝京岁时纪胜》记载：“京师于是日以江米为糕，上印金乌圆光，用以祀日，绕街遍巷，叫而卖之，曰太阳鸡糕。其祭神云马，题曰太阳星君。焚帛时，将新正各门户张贴之五色挂钱，摘而焚之，曰太阳钱粮。”而在南方则少有“龙抬头”的历史记载。与北方祭祀龙神不同，南方广大地区，每年农历二月时，民间主要以祭祀土地神祭祀为主，被称为春祈活动，又称为春社，如在湖北、湖南、浙江、福建、广东和广西等地区。这种风俗差异，源自南北地区不同的地理生态环境和社会环境。北方大部分地区常年干旱少雨，人们把龙看作是会行云布雨、主管雨旱之神，于是产生了一套崇龙、敬龙的习俗，以祈求风调雨顺、五谷丰登。南方地区相对山多、江河多而土地少，因此对土地的崇拜更甚于北方。故自上古以来产生的祭社习俗在南方一直传承至今。据传农历二月二是土地公诞辰，明清以后，南方至少长江流域一带，社日已被土地诞取代，其日期也被逐渐固定在二月初二。土地诞影响到社祭，成为古代社日习俗的一种延续，而社日习俗活动也大大丰富了“二月二”的节日内涵。清人对祭社祀谷十分重视，因此，将春社祀神活动也称之为祈年。澳门社会特别注重土地诞的祭祀活动，当天各处土地庙以及各街头土地神坛，香火鼎盛，祈福许愿的善男信女络绎不绝。届时沙梨头土地庙和雀仔园福德祠还在庙前空地搭起戏棚，聘请著名粤剧团，一连三四天上演“神功戏”贺诞酬神。立春后，五戊日即为社日，不仅是祭神祀谷的日子，而且是人们欢聚饮宴的节日。祭祀毕，人们要吃“馂馀”、分肉，群饮为欢，称之为“打社”、“饮福”、“散福”。由于民间传说二月初三日是文昌帝的诞辰，而文昌帝在人间有“赏功进士”的功德，所以官府与士人都要为他祝寿，取名为“文昌会”。据《清朝续文献通考》记载，由于天下府县处处建立文昌庙和文昌宫，故每逢文昌会时，儒生士子“秩而祀之”。他们不仅供奉各种“祭食”和供品，祈求来年“金榜题名”，富贵显荣，而且还在祭祀后作会饮宴。如在甘肃成县地区，据《成县新志》载，每年二月初三日，儒生士人便聚“集文昌宫祝寿，作会饮酒”。二月十二日（有的地区为二月初三，亦有的地区为二月十五日）传为花王的生日，故民间和士人有过“花朝节”的习俗。清代民间幽人雅士，此节不仅要赋诗唱和，而且还要赏花、饮花朝酒、聚宴，江南花农更要祭祀花王。江西瑞州府地区花朝节（二月十五日）时，《瑞州府志》记载，该地学者士人则有“采百花酣饮赋诗，各学徒争饮渴长，谓之花朝酒”，以示庆贺的风尚。至于苏州一带，《吴郡岁华纪丽》云：“今吴俗以二月十二日为百花生日”，“虎丘花农，争于花神庙陈牲献乐，以祝神厘，谓之花朝。”且以此祈求吉顺。农历二月二十五日包公诞辰日，澳门从1891年建包公庙直到1966年为止的75年间，每年都举行包公神像巡游，同时上演神功戏庆贺。此为澳门独有的年节习俗。

三月初三，为民间的“上巳节”，每逢此节，清人有携酒食出游，踏青聚饮的习俗。如《帝京岁时纪胜》记载，京师百姓此日要游蟠桃宫致祭饮宴，呈现一派“都人治酌呼从，联镳飞鞚，游览于此。长堤纵马，飞花箭洒绿杨坡；夹岸联觞，醉酒人眠芳草地”的春游景象。同治《瑞州府志》云，江西瑞州府百姓是日更有“携酒盒郊游踏青”的风习。而寒食节与清明节是一个重要的民间年节。届时，家家户户制作各种“祭食”，以祭扫祖先的坟墓。明《帝京景物略》记载，顺天府民间，清明日“男女扫墓，担提尊榼，轿马后挂楮锭，粲粲然满道也”。可见祭扫景况之盛。清同治《云和县志》载，浙江云和民间，清明时亦要制作“蓬果”，不仅祭祀先人，还用它馈赠亲友。据道光《繁昌县志书》记述，安徽繁昌民间，清明供祭祖先则于宗祠内，祭拜毕，聚饮于祠，并按丁分享胙稻、胙肉。可见风尚与其他地方有所不同，很有地方特点。农历三月廿三日是天后诞，澳门有妈阁庙，终年香火旺盛，每年的天后诞辰日，除了大批善信上香敬贺以外，还有上演神功戏贺诞的习俗。其目的是酬神贺诞，同时娱乐街坊。

四月初八日，民间传说是佛祖的生日，因此要过浴佛节。明代此节民间有舍豆“结缘”之习。《帝京景物略》记载，八日舍豆儿，曰“结缘”。“先是拈豆念佛”，则“一豆佛号一声，有念豆至石者”。至日，“熟豆人遍舍之，其人亦一念佛，啖一豆也”。清代届时不仅要浴佛、祭祀，而且有撒豆结缘习俗。据《燕京岁时记》云，每逢此节，京师好善百姓，则取青黄豆数升，宣佛号而拈之。拈毕煮熟，散给市人，称为“舍缘豆”，意为“预结来世缘也”。每年的浴佛节，澳门都举行一种特别的活动，即澳门鲜鱼行总会（又叫澳门鱼行、鱼栏总会，是澳门卖鱼商贩的传统行业组织）举办的“舞醉龙巡游”。此为澳门浴佛节的独有习俗。

娱乐活动：二月龙头节时，明代民间有“打柭柭”的比赛。及至清明、浴佛节时，京师民间还有踏青郊游的娱乐活动。《帝京景物略》载，二月二日为“龙抬头”，“小儿以木二寸，制如枣核，置地而棒之，一击令起，随一击令远，以近为负，曰打柭柭”。三月清明日，男女扫墓，但多哭罢而不归家，却“趋芳树，择园圃，列坐尽醉。有歌者，哭笑无端，哀往而乐回也。是日簪柳，游高梁桥，曰踏青”。而都人踏青游高梁桥，有乘舆轿者，有骑马者，有徒步者，更有挈壶和携棚席者，游人以万计，簇地三四里。同时，还伴以扒竿、筋斗、倒喇、筒子、马弹解数、烟火水嬉等竞技以助兴。“浴佛、重午游也，亦如之。”据《帝京岁时纪胜》载，清代京师民间，每逢文昌会时，俱于文昌祠、精忠庙、金陵庄、梨园馆及各省乡祠“献供演戏，动聚千人”，以为娱乐。清明节时，扫墓毕，还有在郊外施放“纸鸢”（风筝）进行比赛的娱乐时尚。“清明扫墓，倾城男女，纷出四郊，担酌挈盒，轮毂相望。各携纸鸢线轴，祭扫毕，即于坟前施放较胜。”且这些纸鸢制作“极尽工巧，有价值数金者”，颇有争妍斗奇之兴。

（3）五至六月民间年节与社会生活风尚

明清时期，每年五六月间的民间年节为端午节和天贶节。各地风俗不同，生产生活方式不同，文化传统存在差异，举行的活动内容和形式也各有特点，由此反映和折射的是地方文化的背景与年节外文化发展的多样性特征。

祭拜与饮食风习：明代，每年五月初五日端午节时，百姓有祭地、祭祖先、拜节祠的风尚，家家还有挂艾于门，用雄黄酒涂抹耳鼻以避毒虫，饰戴端午索以驱邪的节令风俗。据《月令广义》和《帝京景物略》记载，在京师，百姓于端午时，皆“渍酒以菖蒲，插门以艾，涂耳鼻以雄黄，曰避虫毒。家各悬五雷符，簪佩各小纸符簪，或五毒、五瑞花草。项各彩系垂金锡，若钱者、若锁者，曰端午索”。在饮食方面，民间多以角黍（粽子）、杏子等相互馈赠以贺节。清代端午节习与明代大致相仿，但更加丰富多彩。在京师民间，逢端午用各种年节食品奉祀祖先。同时，还争饮雄黄酒、菖蒲酒以避虫毒，吃粽子、举行家宴以贺节。如《帝京岁时纪胜》载称，每逢端午（端阳）时，家家“悬朱符，插蒲龙艾虎，窗牖贴红纸吉祥葫芦。幼女剪彩叠福，用软帛缉逢老健人、角黍、蒜头、五毒老虎等式，抽作大红朱雄葫芦，小儿佩之，宜夏避恶。家堂奉祀，蔬供米粽之外，果品则红樱桃、黑桑椹、文官果、八达杏。午前细切蒲根，伴以雄黄，曝而浸酒。饮余则涂抹儿童面颊耳鼻，并挥洒床帐间，以避虫毒”。

每年六月初盛夏时节，为感戴天日给人间的造化，明清两代，民间六月初六日要过天贶节，且有祀神祭祖的节尚。其祭食主要是制作尝新解暑避热的食品，以供献给马神、雷神、火神、井龙王、关王、二郎神、土神、谷神、田祖和各自的祖先。据《月令广义》记载，明代云南民间，此节有“滇俗祭祖”和祀诸神之习尚。清代陕西延绥镇地区，据嘉庆《延安府志》载，民间家家户户此日“鸡初鸣，作绿豆汤，俗名浆水。迟明各携至祖茔浇奠，名解炎热”。北方山西朔州、甘肃西和等地民间此节家家要制酱、造醋和采百草和曲以酿酒。农历六月十九日是观音诞，澳门善信保留了当天到望厦观音堂（普济禅院）参拜贺诞的习俗。

娱乐活动：每逢端午节，民间有各种娱乐活动。明清两代，此节南北方娱乐风尚不同。据《帝京景物略》载，北方京师除宫中有龙舟竞渡外，民间则“无竞渡俗，亦竞游耍”。百姓于“五日之午前，群入天坛，曰避毒也，过午出”，然后或走马坛之墙下，或南耍金鱼池，西耍高粱桥、东松林和北满井。虽“为地不同”却“饮醵熙游也同”。清代，游乐聚饮之节风更盛。据《帝京岁时纪胜》载，届时，文人雅士，或于南预城隍庙游回；或午后家宴毕，仍修射柳故事，于天坛长垣之下，骋骑走懈。更有甚者，还入坛内神乐所前，摸壁赌墅，陈蔬肴，酌余酒，“喧呼于夕阳芳树之下，竟日忘归”。而地处江南的吴郡，端午则有龙船竞渡的娱乐活动，盛况较前无比。《吴都岁华纪丽》记述：“龙船，阊胥门南北濠及枫桥西路水滨皆有之，各占一色绣盖，霓旌四围遍列。舱中鼓乐笙箫，粗细间作。”装饰一新的龙船竞渡时，“先有船长手执五色旗，插画舫楣，诸龙舟视旗插处，必回向盘旋，曰打招也。于时水珠飞溅，鼓乐杂奏，画桡鳞次，聚观曼衍。彩旗飐空，锦标悬竿，波起龙跃，云摇风举。往来倏忽，粲如霞锦。士女靓装炫服，倾城出游。藻川缛野，楼幕尽启。罗绮云积，山塘七里，儿无驻足，河中船挤，不见寸澜”。与此同时，各种水上宴饮、岸上市易、民间杂耍，伴之举行，以为游人助兴。入夜，更呈现一派“燃灯万盏，烛成山，月波摇白，尤为奇观”的景象。端午节活动体现的是关爱生命的主题，是卫生与健康的主题。艾蒿、菖蒲、雄黄等的各种运用是要维护生命，粽子的性质表示调和阴阳，赛龙舟是通过体育竞技磨砺与讴歌生命力，妇女回娘家探亲是生命报本、感谢生命之源的仪式（参见高丙中著：《中国民俗概论》，北京大学出版社，2009 年 10 月）。

（4）七至九月民间年节与社会生活风尚

明清时期，每年七月的民间年节为“七夕”和中元节，八月的民间年节为中秋节，九月的民间年节为重阳节。届时，各地都有围绕节庆内容主题开展系列的祭拜、饮食与娱乐等活动。在文化风尚方面，明清两代各有特色，交相辉映，异彩纷呈，反映出同样的节庆活动所具有的时代与地域发展特点。

祭拜与饮食风尚：七月初七日晚，民间有姑娘、童女乞巧的风俗。因此，这天亦称乞巧节或七夕。据《宛署杂记》载，明代七夕时，民家“女予以碗水暴月下，备自投小针浮之水面，徐视水底月影，或散如花，动如云，细如线，粗如椎，因此卜女之巧”。清代，七夕的主要活动则是家家陈瓜果等食品和焚香于庭；用以祭祀牵牛郎、织女二星乞巧。苏州民间，据《清嘉录》载，百姓用巧果或偕花果，“陈香烛于庭，或露台之上，礼拜双星，以乞巧”。京师民间，据《帝京岁时纪胜》载，七夕时，“街市卖巧果，人家设宴，儿女对银河拜，减为乞巧”。七月十五日，是人们祭祀祖先、怀念亡灵的日子，这天民间称为中元节，又称鬼节、七月半或麻谷节。明代，据《月令广义》载，燕城乡民在此日将薯黍苗、麻粟苗“连根及土缚，竖门之左右，别束三丛，立之门外，供以面果，称为祭麻谷”。至于祭祖上坟习尚，据《帝京景物略》载，则如同清明。人们“或制小袋以往。祭甫讫，辄于墓次掏促织，满袋则喜，秫竿肩之以归”。是夜，京师“诸寺建盂兰盆会”，以超度亡灵。清代，中元时家家要制作各类祭食，以祭奠先人。如山西阳高县民间，据雍正《阳高县志》载，有七月“十五日墓祭，家家送面人”风俗。京师民间的习俗，据《帝京岁时纪胜》载，除作祭食祀祖外，寺观设盂兰会，超度亡灵，并燃河灯以普度慈航。

八月十五日是中秋节，家家户户不仅要赏月、拜月，而且还有聚吃月饼、瓜果等节日饮食活动。明代中秋祭月时，据《帝京景物略》载：“其祭，果饼必圆，分瓜必牙错瓣刻之，如莲华。”而京师“纸肆市月光纸缋满月像，趺坐莲华者，月光遍照菩萨也；华下月轮桂殿，有兔杵而人立捣药臼中。纸小者三寸，大者丈，致工者金碧缤纷”。中秋夜，“家设月光位于月所出方，向月供而拜，则焚月光纸，撤所供，散家之人必遍，月饼、月果，戚属馈相报”。清代，中秋又称八月节、八月半、团圆节。据同治《云和县志》载，浙江云和民间，此夜由“儿童陈月饼，罗拜于庭，谓之拜月”，拜月后合家吃月饼、瓜果。京师民间，据《燕京岁时记》载，除祭月、拜月外，“是时也，皓魄当空，彩云初散，传杯洗盏，儿女喧哗”，一派佳节气氛。

九月初九日，为重阳节。明清民间，有饮重阳酒、吃重阳糕（又名花糕）且将此糕供祭家堂、祀其祖先之习尚。据《帝京景物略》记载，明代京师民间制作“面饼种枣、栗，其面星星然，曰花糕；糕肆标纸彩旗，曰花糕旗”。清代花糕品类更多，制作更精。据《帝京岁时纪胜》载称：“市人争买，供家堂，馈亲友。”此节有女之家，“馈遗酒礼，归宁父母，又为女儿节云”。

娱乐活动：明代，中元夜在寺中，有在水中放花灯、烟火为乐习俗；重阳有载酒具、茶垆、食榼，登香山诸山、法藏寺高塔、显灵宫和报国寺高阁的游乐活动。据《帝京景物略》载，京师“岁中元夜，盂兰会，寺寺僧集，放灯莲花中，谓灯花，谓花灯。酒人水嬉，缚烟火作凫、雁、龟、鱼，水火激射”以为娱乐。清代，此风依旧，名为放河灯，届时民间儿童，手持荷叶灯，群游天街，称斗灯会以为嬉戏作乐。据《燕京岁时记》记载，重阳京师文士，有“提壶携榼，出郭登高”赏菊的雅兴，且“赋诗饮酒，烤肉分糕，洵一时之快事”，以为登高赏景之乐事。

（5）十至十二月民间年节与社会生活风尚

明清时期，每年十月的民间年节为寒衣节，十一月的民间年节为冬至节，十二月民间年节有腊八节和祭灶节。每个时令年节都有相应的祭拜、饮食与娱乐活动。

祭拜与饮食风俗：每年十月初一日，为寒衣节。这是一个以祭食祭祀祖先，并为祖先亡灵送寒衣的民间年节。据《帝京景物略》载，明代京师民间“纸肆裁纸五色，作男女衣，长尺有咫，曰寒衣”，衣上“有疏印缄，识其姓字辈行，如寄书然”。到此夜“家家修具夜奠，呼而焚之其门，曰送寒衣”。清代，送寒衣的风俗更为隆盛。据《帝京岁时纪胜》载，不仅家家用“五色彩帛作成冠带衣履”，晚夕于门外祭奠焚化；且“士民家祭祖扫墓，如中元仪”。而祭食供品，也与中元节大致相同。

十一月时，各地民间要过冬至节。明清两代民间对此节十分重视，其节“仪如元旦”，某些地方又称它为“亚岁”，甚至有“冬至大如年”的民谚。据《帝京岁时纪胜》载，北方及京师民间，此节除“祀祖羹饭之外”，又以细肉馅包角儿（即馄饨）奉献神灵和祖先，且有“冬至馄饨夏至面”的节尚。江南苏州一带，据《吴郡岁华纪丽》载：“郡人最重冬至节。”除“亲朋以食品相馈遗”外，“前一夕称冬至夜，人家更开筵饮，谓之节酒”。还要磨粉为团，用豆沙、肉菜作馅，制作冬至团，用以“祀先祭灶”，其“仪文加于常节”，故有“肥冬瘦年”之称。

年终岁尾十二月，有腊八和祭灶两节。传说十二月八日是佛祖释迦牟尼得道成佛的日子，寺院要作佛会并熬粥供佛或施粥贫者。据《帝京景物略》载，明代民间此日则家家“效庵寺豆果杂米为粥，供而朝食，曰腊八粥”。清代南北民间此节也熬腊八粥，北方用米豆枣果等物，南方以菜果莲实杂煮为粥且阖家聚食并馈送亲邻。十二月二十三日或二十四日晚（广东有的地区为二十五日）的祭灶，又称为灶王节、小年、小年夜、小除等。据《帝京景物略》载，明代届时由男子主祭，用糖剂饼、黍糕、枣、栗、胡桃、炒豆祀灶君，用糟草秣灶君马，并祝告上天言家中事时“好多说，不好少说”。据《燕京岁时记》载，清代民间风尚相似，但为防止灶王说坏话，供品则多用南糖、关东糖、糖饼及清水草豆，使之“胶牙”，且燃放鞭炮为之送行。而湖南永州民间，据道光《永州府志》载，每年此节都有同食“口数粥”以避瘟气、免家人罪过的特殊风俗。

娱乐活动：明清时期，深秋至岁暮时，每年届时民间有形式多样的娱乐活动，且南北各异，据《吴郡岁华纪丽》记载，十月，江南吴郡民间，“郡人每赁山笄，结伴往游”。同去天平山看漫山“珊瑚灼海”般的枫叶壮景，以为游乐。而冰天雪地的隆冬北国，据《帝京岁时纪胜》和《水曹清暇录》记载，民间此时，或在冰上作“蹴鞠之戏，每队数十人，各有统领，分位而立，以革为球，掷于空中，俟其将坠，群起而争之，以得者为胜”，欢腾驰逐，以为快事；或踢皮球以取乐。更有甚者，据《燕京杂记》和《帝京景物略》两书记载，民间少年儿童则以在街市群击太平鼓（又称羯鼓、腊鼓、迎年鼓），玩石球竞踢以取乐。踢石球是“以二石球置前，先一人踢一令远，一人随踢其一，再踢而及之，而中之为胜；一踢即着焉，即过焉，与再踢不及者同为负也。再踢而过焉，则让先一人随踢”。此类活动呈现一派年节欢乐景象。

3. 独具特色的民族年节社会生活习俗

从明初到清末，生活在东北蒙古、西北西南和中东南地区的诸多民族，较之中原广大汉族而言，在年节生产和生活方面，由于经济社会发展环境不同、宗教文化差异较大、传统风俗习惯不同以及其他主观和客观原因，在年节生活方面形成了许多独具特色的祭拜、饮食与娱乐等风俗，对中国年节文化的发展注入了新的元素，使中国传统年节文化更加绚丽多彩，富有生机和活力。

(1) 东北蒙古地区的民族年节与生活风俗

明清时期的东北地区，包括今辽宁、吉林、黑龙江三省一带地方，蒙古地区则包括内外蒙古，即大漠南北和漠西一带。分布在这一地区的少数民族主要有满族、朝鲜族（后迁入）、赫哲族、蒙古族、达斡尔族、鄂温克和鄂伦春族等民族。他们在漫长的历史发展过程中，在与其他民族的交往中，逐渐形成了别具特色的民族年节风俗。

祭拜与饮宴风俗：据《桦川县志》记载，满族“节令均与汉族同”。但在年节祭拜与饮宴风俗方面，却有自身特色。《满洲源流考》云：“我朝自发祥肇始，即恭设堂子，立杆以祀天，又于寝宫正殿，设位以祀神。”可见，祭杆与祀神由来已久。可分为常祭和春秋二次。大祭，在冬至之后举行。在祭食方面，《满洲祭神祭天典礼》规定：“每岁春秋二季立杆大祭，则以打糕、搓条饽饽供献，正月以馓子供献，五月以椴叶饽饽供献，六月以苏叶饽饽供献，七月以黍蒸淋浆糕供献，八月以新稷蒸饭，用木榔头打熟，作为饺子、炸油供献，余月俱用酒糕供献。”又《双城县志》记载：“满人最重祭祀典礼，无论富贵仕宦，其内室必有神牌，只一木板无字，亦有用木龛者。”至于所奉神灵有三：一为观世音菩萨，一为伏魔大帝，一为土地神。祭祀时，有跳家神、领牲、邀亲邻同食“背灯肉”等传统礼仪。而冬至后的大祭祀，多由富家举行。这是一种相当奇特的年节酒筵：客人不请自来，主人迎而不陪，吃的愈多愈好，主人感谢宾客。其所以如此，是因为它要以“宴人”的形式来“敬神”，客人“此乃享神之馂余，不谢也”，故而食毕可以扬长而去。此外，据《绥化县志》记载，满族民间“其他清明、年节、七月望、十月朔，谓循例祭，皆祭于墓”。其祭拜风尚也有所不同，“惟清明上坟送佛头，木杆长五尺许，取五色纸扎如头，每坟插其一”；十月朔“贮五色大纸焚于坟前，谓送寒衣”。至于年祭，据《桦川县志》记载，设祖堂，祭祖用黍酒；除夕烧包袱，名为“辞岁”等等，颇具民族特色。据《朝阳县志》称，明清时期，蒙古族民间“年俗与汉族同，惟汉族多供神，蒙族止供佛与关帝而已。节不过端午、中秋”。又据《黑龙江志稿》记载，除“蒙人无祀祖礼”外，“达呼尔种族，供铜佛一尊”，“俱不祀祖先”。但“赫哲人刻其祖宗之像”，却“一年数祭祖，祭时惟以一鹿而已”。可见达斡尔和赫哲族祭祖注重祭祀礼仪，祭品是本地特产鹿。

娱乐活动：东北各民族的年节娱乐活动，据《朝阳县志》记载，该地蒙古族除每年举行四次大的庙会，民人祭“敖包”，相邀聚食“手把肉”外，正月四月或六七月间，还要在蒙古大寺举行类似演戏的“跳鬼”娱乐活动，“有道行者妆演之，以示感化”。届时，“男女争往观之，谓之看鬼”。这种娱乐方式，在其他民族中少见，反映出蒙古族的年节娱乐内容确实有其独特的文化含义。

（2）西北西南地区的民族年节与生活风俗

明清时期的西北地区，包括今陕西、甘肃、宁夏、青海和新疆等地方。在这一地区，聚居着回族、撒拉族、裕固族、维吾尔族、哈萨克族、柯尔克孜族、蒙古族、东乡族、藏族、锡伯族、塔吉克族、乌孜别克族、塔塔尔族等民族。而西南地区包括今西藏、云南、贵州、四川等地。聚居在这一地区的少数民族有藏族、门巴族、珞巴族、羌族、彝族、白族、哈尼族、傣族、傈僳族、佤族、拉祜族、纳西族、景颇族、布朗族、阿昌族、普米族、怒族、崩龙族、独龙族、基诺族、苗族、布依族、侗族、水族、仡佬族等。尤其是西北与西南地区的民族年节与生活风俗确实存在较大的差异，每个民族都有其独到的风俗和文化特征，这些内容构成了中国传统年节文化的重要组成部分，至今仍然富有生命活力。

祭拜与饮宴风俗：明清时期，生活在新疆地区的维吾尔族由于信奉伊斯兰教，他们的年节是按照回历来计算的，所以在年节方面形成了许多与宗教活动密切相关的祭拜、饮宴风尚。清代的《西域图志》记载：“回俗……大年节一日如中国之元旦……赴礼拜寺（按，即清真寺）行礼……先期三十日必把斋，俱日出闭斋，星见开斋，不茹浑。惟产妇不把斋；儿大则补之。其大年前十五日，相传教主是日下降，监察人间善恶，先一夜，举家昼夜诵经不寝，达旦，悬葫芦于树，盛油其中，点以为灯，油尽灯落，遂踏破之，以是为破除一切殃咎云。元旦后七十日为小年，杀羊以祭天。”而聚居在西南地区的藏族使用藏历，每逢藏历年时有盛大的祭拜、饮宴活动。清代《西藏志》记载，“西藏年节如腊月大，以元日为年，小以初二为年。凡商民停市者三日，各以茶、酒、果肉等食物互相馈送为礼。郡王于元日设宴布达拉，请汉番官员及头人过年。”每逢“岁时令节郡王亦知宴客，或在家，或于各柳林中”，饮宴食品则有面果、生熟牛羊肉、藏枣、藏杏、藏核桃、葡萄、冰糖、回回果、焦糖等，并饮用奶茶，吃抓饭。“凡此食物等品，自郡王下至小民皆同”；“民间宴筵，男女同居，坐亦同坐，彼此相敬，歌唱酣答竟日，始散时，男女团聚，携手趺坐而歌之，至门外街中歌唱而散，富者每月二三”。至于彝族，据清代《越儁厅全志》记载，每年农历六月二十四日“为过小年，杀牲以木杵击其脑，饮酒欢庆。夜燃炬跳舞，满山星火名火把会。十月朔日为大过年，必打牛羊，跳锅庄”，以相庆贺，富有浓厚的民族气息，反映各民族的节庆活动内容及其形式都与其传统习俗与文化相关，构成了与汉族年节体系相互补的文化系列。

娱乐活动：凡遇年节，维吾尔族除举行祭拜与宴饮活动之外，还有“努鲁斯”的娱乐风尚。据《西域闻见录》记载，元旦后又数十日，维吾尔族“老少男女鲜衣修饰，帽上各簪纸花一枝，于城外极高之处，妇女登眺，男子驰马较射，鼓乐歌舞，饮酒酣眺，尽日而散，谓之努鲁斯”。又据《西域杂述诗》云：“回部过年，不定为中国何月，每逢岁首，亦寻乐事，以闹新年。”其年节事娱乐有赛马、跌跤（摔跤）、斗羊、舞刀盘、荡秋千等活动。此外，藏族节宴的妇女、儿童行酒歌舞，苗族年节的“踩花山”，彝族过年时的跳锅庄等，都是独具风韵的民族年节娱乐活动。

（3）中东南地区的民族年节与生活风俗

明清时期的中东南地区，包括今湖南、湖北、福建、广东、广西和海南及台湾一带。聚居并生活在这里的少数民族，主要有壮族、瑶族、仫佬族、毛南族、京族、土家族、黎族、畲族和台湾原居民等。由于自然环境、生产条件及文化传统与其他各民族有较大的差异，所以在长期的发展与周边汉族的经济和社会文化交流方面，形成了具有地域特色的民族年节文化特征，展示了各民族的文化风貌，构成了有别于中原和其他民族地区的年节风俗。

祭拜与饮宴风俗：据《粤西诸蛮图记》和《桂平县志》记载，明清时期，壮族每逢元旦、蚂蚜节、三月三歌节、牛魂节、莫一大王节、中元节和霜降节等民族传统年节时，民间多用五色饭、包生饭、猪籽粽、牛角粽、羊角粽、驼背粽、米酒、木薯酒和白薯酒等，作为祭神祀祖、打醮等祭拜活动的祭食与供品。而聚居在台湾的原居民民间每遇年节时，既举行祭神祀祖活动，喜欢举办节庆宴会，且必定互为邀饮、痛饮自家用糯米、黍秫酿制的酒类，不醉不止。对此情景，《重修台湾府志》、《番社采风图考》和《清稗类钞》都有相关的记载：台湾原居民“每俟秋米登场，即以酿酒，男女借草剧饮歌舞，昼夜不辍，不尽不止”。至于其年节祭拜活动，甚为频繁且富有各自的特点。如台湾的布农人，其祭典多围绕粟谷农事而进行。元月有粟谷播种祭，二三月有移植间苗祭，四月有平安祭，六月有摘穗祭以及入仓祭，七月有丰年祭，以酬谢粟神、神灵和祖灵。明末清初，台湾的平埔人与汉族接触较早，但每年在黍收成后，仍要用酒、肉进行丰年祭以祀神祭祖。其人数最多的阿美人，每年亦举行丰年祭的礼仪活动。

娱乐活动：明清时期，壮族民间每逢年节，除有祭拜与宴饮活动之外，还有颇具民族特色的抢花炮、演戏、杂技、武术表演、舞彩龙、舞彩凤、唱采茶等丰富多彩的年节娱乐活动。而生活在连阳八排的瑶族，其与祭拜、宴饮同时进行的年节娱乐活动内容很丰富。据清代《连阳八排风土记》记载，其中有正月初一的“击锣鼓，放铳，吹牛角”的活动，有元宵节的“击锣挝长鼓，跳跃作态”，“男女相杂，至山岐唱歌”的风俗；有十月高堂会时的“击锣挝鼓赛宝唱歌，各排男女来会，以歌答之”等歌舞节庆活动。至于清代被称为“番族”、“番人”的台湾原居民，每届年节时，聚集在他们居住的“番社”地方，举行各种形式多样的年节娱乐活动。如阿美人每年秋后举行隆重的丰年祭（此种丰年祭，颇似古代的丰收祭），届时，不仅祭神祀祖，饮酒食肉，而且男女老幼盛装而来，集体表演歌舞，以庆祝五谷丰登，祈求来年百谷丰盛，能获得好收成。这些娱乐活动内容说明，各民族尽管在经济文化交流中，对彼此社会生活风俗的影响很大，共同的价值观和认同感在形成，彼此的差距在缩小，联系较之以往更加紧密和频繁，但可以看出民族的节庆活动及其特色却始终被传承保留和弘扬发展。

年节文化中的信息辐射效应

明清时期，各种岁时节令与宫廷形形色色的隆重礼仪活动、民间年节与系列的祭拜娱乐风尚，以及别具特色而丰富多彩的民族年节内容与风俗习惯，其所展示和反映的是社会各阶层、各地区的岁时节令生活五光十色的画面以及节令文化在社会历史发展中的重要作用与意义，而节令文化中的信息辐射效应则通过这一历史时期社会生活的具体实践过程，得到了多层次、多侧面、多角度与全方位显现。明清时期的节令文化活动，由于是在较之以往全新的社会历史背景下形成、展现和发展的，是中国节令文化集大成时代的产物，因此，其信息辐射社会功能和效应具有诸多新的时代发展特点，发挥了其自身所具有的文化特性和多重效应的作用，对中国社会历史发展都产生了重大影响，是中华文明发展的重要象征，具有非常积极的现实意义。具体而论，它表现在以下六个方面：

1. 多元化特点和政治信息辐射效应

明清两代，每逢年节时，宫廷的各种朝贺、祭祀、宴享、服饰仪礼以及系列的月令政事与娱乐活动，从形式到内容，都呈现出多元化的特点，对整个国家和社会各阶层的生产和生活产生了积极作用，发挥了政治信息由上向下迅速辐射传导的效应。通过年节祭祀礼仪和活动，不仅可以向百姓万民传播“君权神授”、“万物有灵”等政治信息和理念，灌输君权的神圣不可侵犯，而且通过政治信息的不断传递和辐射过程，可以更好地慑服官民、治理国家，使之君权、神权合二为一。《明通鉴》卷一记载，洪武元年春季，正月“太祖祀天地于南郊，即皇帝位”。接着，二月钦定“郊社宗庙礼”规制。其中关于圜丘、方丘之祭的重要意义，经朝臣上奏以及由明太祖钦定的礼仪规定认为：“王者事天明，事地察。故冬至报天，夏至报地，所以顺阴阳之义也。祭天于南郊之圜丘，祭地于北郊之方泽，所以顺阴阳之位也。”《周礼·大司乐》记载：“冬日至礼天神，夏日至礼地只。《礼》曰：‘享帝于郊，祀社于国。’又曰：‘郊所以明天道，社所以神地道。’经典所载，或以社对帝，或以社对郊，是祭社所以亲地。又《书》言：‘敢昭告于皇天后土，是知古曰地只，曰后土，曰社，皆祭地，则皆对天而言也。’此三代之正礼而释经之正说。”正因如此，按其定制，“大祀圜丘、方丘、宗庙，皆天子亲祀”，且“岁以为常”。到了清代，不仅其祭祀礼制对明代多有承袭，而且天子“奉天承运”、“膺承大统”，而“君临万民”之上的政治信息，通过这些规定的礼制和固定的程序，借助政治传导系统，得以顺利传达和发挥积极作用。

皇帝的月令政事是对农事生产、社会生活带有政权指令性意义的活动，通过这样一个较为固定的传导方式和管道，皇帝要教化万民顺天时、应节候、尽地利、用民力的信息，以及由此实现仓廪充裕、国泰民安、根基巩固的政治目的及其意图，也获得了较为理想的效果。至于朝贺、年节宴享、服饰以及娱乐活动方面的诸多礼仪规制与具体要求，更是封建等级、礼乐制度的生动体现，其由皇帝颁布和示范进之后，却使臣民提高了守制（礼制）、明理（尊卑有序、贵贱有别的伦理）的政治觉悟与意识，从上到下推进并完成了政治信息辐射的复杂过程。

2. 民间化特点和社会文化信息辐射效应

如果说，明清时期宫中的年节礼仪与月令政事活动，属于节令文化中的“礼”、“雅”（即皇室、王公贵族）两个高层次部分的话，那么，广大城乡人民每逢民间年节所进行的祭拜宴享与娱乐活动，则是节令文化中“俗”文化层次的生动体现。广大民众是从事民间年节活动的主体，这种社会实践得以体现、展示的场所，也主要在城乡地域。因此，它除有着民间化的重要特点之外，更显示出一种特定的社会文化信息辐射的功能。在以宗法社会为基础的明清时期，以血缘为纽带的家族、宗族，构成了社会有机体的细胞，通过年复一年的具有强烈时令性、自发性、习惯性的民间年节的祭拜、宴饮与娱乐活动，不仅可以缅怀祖先、祭祀神灵，以寻求精神的寄托、心灵的慰藉，又可以在分享祭食、供品，参加节宴、互相馈赠节令饮食活动中共享劳动成果，从而敦睦亲情、维系伦常纲纪、强化家庭与宗法意识；还可以在盛大、丰富多彩的年节娱乐活动中，增进人们之间的交往、融洽城乡之间的关系。民众借以宣泄、排遣心中的各种情感，以表达自身的期望，进而为开阔视野、多侧面认识、了解社会世态百相，为信息的传递与沟通提供有利的、难得的契机和管道。而这些又恰恰是民间年节文化活动的社会协调力、凝聚力、亲和力等社会文化信息辐射效应与功能的具体表现形式和主要途径。

3. 商业化特点和经济信息辐射效应

在明清时期的节令文化活动中，广泛开展于城市、乡村集镇的年节商业贸易活动是其中重要的、不可或缺的组成部分。如在北方年节的灯市或庙会、南方年节集市和墟市、场市所进行的各种商贸活动，具有商业化特点和色彩，通过年节场所，使民众得以实现社会生产、生活资料的交换和经济信息的交流与传播，维护其社会日常生产、生活的有效和正常运转，进而发挥出节令文化的特定经济信息辐射功能与效应。明人黄梅石昆玉的《灯市》诗对北京元宵灯市期间开展的市场盛况及其灯市上的信息沟通情况作了形象描述：“灯市百货聚，穹窿象山谷。波斯细举名，最下亦珠玉。满城恣意观，履舄时交触。侧肩趁有朋，转盼遗童仆。楼上楼下人，徙倚自相瞩。佻佻白面郎，囊里金如粟。访古探瑰奇，十仅偿其六。

为君话所从，原出巨家楱。向购此场中，而今在此鬻。伫看市道间，何事无反复。”清人方朔的《庙市诗》，对其重要性和必要性，有一个较为生动的了解，他在诗中说：“北货重，南货轻，方分道路持权衡；前院鼓，后院钲，一闻便窜何其神。”其中有价格差异的信息和交易场所信息的内容和传播方式的描述。康熙《宛平县志》记载，每年正月元宵前后，“八日至十六日，商贾于市集灯花百货，珠石罗绮，古今异物，贵贱杂沓贸易，曰灯市”。在江南地区是另一番景象，《吴郡岁华纪丽》云，每逢端午节，一方面是江河中龙舟竞渡，观者如潮；另一方面，“岸则居奇列肆”，“商贩贸易所在，成市半月始罢，总之曰划龙船市也”。由此可以对节令文化期间，各种商业信息、物产货物交易、生活资料交换以及生产技术传播的情况，略见其一斑。

4. 民族化特点和社会风俗信息辐射效应

中国自古以来，就是一个多民族国家。明清时期，边疆地区各族人民与内地各族人民之间的社会经济和包括年节文化在内的社会风俗的信息交流传播，更加密切与频繁，从而使得民族年节文化活动不仅有自身民族化的传统特点，而且更显示出与包括汉族在内的其他民族文化相交汇的社会风俗信息辐射效应。其中，以明清时期的连阳八排瑶族的年节文化风俗最具典型性。据《连阳八排风土记》记载，此地瑶族“正月初一日鸡鸣先击米箕后，击锣鼓，放铳，吹牛角，天明备酒肉糍茶各二碗，箸二双，拜祖宗。是日新婿亲送酒肉至岳翁家拜年，主人请亲族聚饮”，“元宵击锣挝长鼓，跳跃作态，长鼓其形头大中小黄坭涂皮，以绳挂颈或云亦古制也。男女相杂，至山岐唱歌。三月初三日谓开春节，备酒肉祀祖宗，请岳翁饮酒。清明，凡祭新坟，亲族各送楮纸一束，焚于墓前，主人酬以米糍四块，肉二片，相聚轰饮”；“四月初八日谓之牛王诞节，备酒肉祀祖宗，请岳翁来饮。七月初七日，谓之七香节，备酒、肉、茶、盐、米饭各二碗，箸二双，祀其先祖。此节瑶排最重，有事于外者，必归其家”；“十月谓之高堂会，每排三年或五年一次，行之先择吉日，通知各排届期至庙，宰猪奉神，列长案于神前，延道士坐其上，每人饭一碗，肉一碟，口诵道经。瑶人拜其下，以茭卜吉凶。富者穿五色绣衣，或袍或衫，必插鸡羽于首，足穿草履或木屐，或赤足不鞋，系金银楮纸于竹篙上，手执之”；“除夕，备酒肉祀祖宗，男妇聚饮，客至宜款待者，瑶妇立侍左右”。这些年节活动，不仅有瑶族的特殊风俗习惯，更有瑶族与其他民族年节社会风俗信息辐射交汇的印记在内。

5. 区域化特点和礼仪信息辐射效应

明清时期的民间年节文化活动，由于“千里不同风，百里不同俗”，加之地理条件、经济文化发展程度诸方面的差异，从而有着区域化的重要特点。一些地区年节特定风俗习惯的保留和传承有序，更使得其礼仪信息辐射效应得以显现。其具体表现，一是一些地区有其独特的年节文化习尚，如北方的填仓节、龙头节等某些习俗为南方所无，而南方的荐社年节活动北方却很少见。二是在年节礼仪习尚方面存在有差异，如破五日北方的填五穷，南方的祭路头；正月初六北方爆六甲；人日北方的“鼠嫁日”；立春北方多咬春；上元节北方多“走百病”，南方盛迎神赛会；清明北方多“荡秋千”；浴佛节南方好做“乌饭”；端午节南方“赛龙舟”；送灶风俗北方有“赶乱岁”，南方有“口数粥”、“照田蚕”等等风俗，同样的节令，南北却在岁时内容方面存在很大差别，蕴含的文化底蕴不同。再就城市与乡村而言，其年节文化风俗，也不尽相同，往往是城市的规模大、持续时间长、名目繁多，而乡村则反之。这些正好表明民间年节礼仪信息辐射交融后，各地民众又根据其自身条件和地区发展需要，加以改造和进行选择，以更好地适应生产和生活需求与目的。

6. 时尚化特点和新风尚信息辐射效应

明清时期，节令文化活动的时尚化特点和新风尚信息辐射效应，最为生动地体现在城市，尤其是东南沿海地区城市的节令生活与娱乐活动之中。清末较之明初、城市的各种信息传播和交流速度，要比乡村快且具诸多优势条件。如在澳门由西人带来的许多新事物，使澳门从南海之滨的平常地域，成为一座近代城市，塑造了新的生活形态，不仅影响到了居住在这里的中国人的精神生活，而且生活在澳门的葡萄牙人和其他国家的西方人，也受到环绕在他们周围的充满中国情调的生活条件及精神气质的影响。在人们的日常和节庆生活中，尤其在澳门的宗教信仰方面，中西彼此都互相尊重。华人群体和西人群体各自过着自己的宗教生活，既没有一方压服另一方的敌对情形，也没有激烈的交锋，各取所需，平安相处。当时不仅华人在节庆期间举行供奉各种神只的巡游活动，而且在西方的圣诞节、元旦、复活节、圣母诞辰日、万圣节等，西人的庆祝活动和典礼，也有华人参加，还用中国文化中的词汇描述西人的习俗，如将12月25日的圣诞节称之为“西邦冬至节”、将天主教的圣母说成是中国人熟悉的“观音”，将澳督府举办的化妆晚会称为“古傩礼”等。当时有人评论中西宗教信仰相容并包的现象，强调：“中西之俗虽异，而其敬畏神明之心，则无或异。特是所奉之名，所行之礼，各有不同耳。连日澳中各教堂，男女奔趋，异常热闹，皆因颂赞真神而至，盖缘澳之时疫已靖，追念神恩，同为酬谢。”（《本澳新闻·酬答神恩》，载《镜海丛报》光绪廿一年六月初三条。）这种对宗教的理解，与中国传统文化对于宗教的兼容并蓄的态度是一脉相承的（参见吴义雄：《〈镜海丛报〉反映的晚清澳门历史片段》，载李向玉主编：《“辛亥革命与澳门”学术研讨会论文集》，澳门理工学院出版，2012 年 4 月）。总之，明清时期的节令文化活动，富有多重文化的内涵和特色，尤其是各种信息通过年节节令活动这一活媒体加速交流、传播、融汇，从而在整个社会生活中发挥着积极的推动发展与催化更新的作用。但也不能否认，其中某些弊端和陋习，也必然导致一些社会劣根性的加深与负面效应的产生。